财产权利与会计制度研究

A Study on Property Rights and Accounting Institutions

曹越　著

中国人民大学出版社
·北京·

国家社科基金后期资助项目
出版说明

后期资助项目是国家社科基金项目主要类别之一，旨在鼓励广大人文社会科学工作者潜心治学，扎实研究，多出优秀成果，进一步发挥国家社科基金在繁荣发展哲学社会科学中的示范引导作用。后期资助项目主要资助已基本完成且尚未出版的人文社会科学基础研究的优秀学术成果，以资助学术专著为主，也资助少量学术价值较高的资料汇编和学术含量较高的工具书。为扩大后期资助项目的学术影响，促进成果转化，全国哲学社会科学规划办公室按照“统一设计、统一标识、统一版式、形成系列”的总体要求，组织出版国家社科基金后期资助项目成果。

全国哲学社会科学规划办公室

2014 年 7 月

前 言

中国从行政控制型经济到市场决定型经济的转型，本质上是一场财产权利界定、交易与保护的变革，使得资源配置从等级规则过渡到产权规则。市场经济是产权经济和法治经济。会计在市场经济的良序运行中处于基础性地位。会计与财产权利、法律制度有着紧密的联系。本书旨在挖掘财产权利与会计制度之间的内在联系，为财产权利的保护、会计理论的产权解释、财务会计信任功能、财务报告概念框架、会计制度设计、会计制度变迁、会计法律制度体系优化以及会计计量与列报等重大理论与现实问题贡献新知和解决方案。全书分为两篇：上篇为财产权利与会计理论解释，涵盖科斯定理、会计本质、会计目标、会计对象、会计要素、会计等式和会计职能等内容；下篇为会计制度的产权分析，涵盖财务会计信任功能、财务报告概念框架、会计制度设计、会计制度变迁、会计法律制度体系优化以及会计计量与列报六个方面，并以会计利润与应税所得差异（BTD）为切入点检验了会计制度与税收法规差异的程度。

上篇包括五章（第 2～第 6 章），分别为：“财产权利、科斯定理缺陷与会计学弥补”“会计本质与会计目标：产权及外部性分析”“会计对象：从资金运动到财权流动”“会计要素、会计等式与产权关系”“会计核算与监督的产权含义”。本书认为，财产权利溯源于产权经济学理论和财产法理论。会计学中的配比思想完善了专业化、一体化、企业边界理论以及产权制度选优准则，可以拓展科斯定理的应用范围。会计的本质是外部性内部化，会计的目标是内部化外部性，现代会计的对象是财权流。会计要素与产权要素具有天然的同源性。会计等式演进史强调了特定时期占主导地位的产权主体的财产权益由主导产权关系决定。会计核算过程体现了会计界定产权具有基础性、针对性和可操作性的突出优势；会计对模糊产权的界定是先“化整为零”，再“归零为整”。会计监督过程及特征体现了会计保护产权具有内部性、基础性和制衡性特征。

下篇包括六章（第 7～第 12 章）。第 7 章是“财务会计信任功能：原因、制度基础与维护路径”。本书认为，财务会计是人类低成本界定产权和保护产权的信任机制，其信任功能源于信息不对称、会计本质与目标、会计职能与计量属性以及复式簿记方法。财务会计信任功能的制度基础是建立以正当会计行为规则为基础、以准确界定产权和有效保护产权为目标的会计法律制度体系，该体系须属于良法，且具有统一性和一致性特征。本书还从准则制定、国际趋同和会计法律制度体系优化维度分别讨论了英美法系和大陆法系财务会计信任功能的维护路径，并分析了我国财务会计信任功能维护路径的特殊性。

第 8 章为“财务报告概念框架及其产权基础”。财务会计概念框架层级形成的产权动因是清晰界定并有效保护产权主体的财产权利。具有共性的会计习俗和会计惯例的逐渐演化是统一会计制度形成的根本原因。在开放进入社会秩序中，采用民间职业团体准则制定模式是最优选择；而在有限进入社会秩序中，最优会计准则制定权是由政府或立法机构主导的。会计对称实质上就是要求会计制度对财产权利增减变动的规制一致性。会计信息真实性悖论根源于依据程序理性生成的会计信息却导致了结果虚假，跳出悖论要求提高会计准则对会计域秩序的遵从度，形成法律遵从型会计准则。会计信息的真实性应定位于“结果理性优先，兼顾程序理性”。会计信息先天性失真归因于会计域秩序偏离产权域秩序，现实性失真则主要发轫于会计制度偏离会计域秩序。

会计制度设计与变迁涉及第 9 章“产权保护、‘三域’秩序与会计制度设计”和第 10 章“产权保护、公共领域与会计制度变迁”。会计制度的相对静止与会计域秩序的动态生发决定了会计制度变迁具有必然性。经济史中的会计制度变迁遵循着从法律遵从型到金融预期型的演进路径，本书勾画了会计制度变迁的一般规律。最优会计制度变迁路径原则就是以最低的交易费用实现新的会计制度高度遵从会计域秩序。对于开放进入社会秩序而言，最优会计制度变迁路径细则是“诱致性变迁为主，强制性变迁为辅”；对于有限进入社会秩序而言，最优会计制度变迁路径细则是“强制性变迁为主，诱致性变迁为辅”。中国会计制度变迁的最优路径是“强制性变迁为主，诱致性变迁为辅”。

会计法律制度体系优化涉及第 11 章“产权保护、适应性效率与会计法律制度体系优化”。会计法律制度体系在市场经济产权保护制度安排中处于基础性地位，其优化旨在实现对财产权利的一体化和基础性控制，确保产权法律制度体系的一致性与统一性。国际趋同引致的会计制度与民法、商法、税收法规等法律制度的分离、冲突等不兼容问题，使得会计法律制度体系的优化显得尤为迫切。会计利润与应税所得差异（BTD）的经验证据表明：BTD 确实存在，且应税所得的变异程度高于会计利润，说明公司很可能存在较强烈的规避缴纳企业所得税的冲动。会计利润与应税所得差异引发的不良经济后果进一步凸显了会计法律制度体系优化的紧迫性。会计法律制度体系优化主要针对大陆法系国家，优化的指导原则是最小化改革成本，优化路径是：若坚持本土特色，最优选择是“先制定或修订法律制度条款，同时启动单独制定或修订补充会计制度条款程序”，次优选择是“先对新经济业务规定应急临时会计处理条款，同时启动会计制度与法律制度的同步修改程序”；若坚持国际趋同，应选择以趋同后的新会计制度为基点，当会计制度属于正当会计行为规则时，须逐步渐进补充（兼容或未规定时）或修订（冲突时）法律制度条款，反之则建议采用附注披露或三重列报方式为法律制度体系运行提供基础数据源。

第 12 章讨论了“产权保护、双重计量与三重列报”。如何实施三重列报方案，将会计法律制度体系优化落到实处，需要依赖会计计量和财务报表列报。准确界定产权是有效保护产权的前提，计量是会计的核心，现代会计计量的对象是财权流。财权可以划分为基于企业公平的通用财权和基于企业效率的剩余财权。在财权的构成内容中：实体财权是“通用财权为主，剩余财权为辅”；虚拟财权则是“剩余财权为主，通用财权为辅”。与通用财权和剩余财权匹配的计量基础分别是历史成本和现行价值。实体财权的计量基础是“历史成本为主，现行价值为辅”；虚拟财权的计量基础是“现行价值为主，历史成本为辅”，由此形成双重计量（对每一项资产或负债既采用历史成本计量又采用现行价值计量）与三重列报（财务报表中分别列示历史成本、现行价值和准则要求数据）。本书分别针对实体财权和虚拟财权提出了三重列报操作方案，该方案可以解决决策有用与受托责任、相关性与如实反映、信任功能与估值功能、会计稳健性的存废、会计法律制度体系冲突等难题，是财务会计适应性变革的可行路径。

在本书的最后，汇总了研究得出的主要结论。

目　录

下篇　会计制度的产权分析

第1章 导 论

1.1 研究背景

党的十一届三中全会的召开是中国市场化转型开始的标志，在底层的自发努力与国家的权威运用之间形成制度变迁的合力，使分散的利益结合成为建设中国经济的伟大力量（周其仁，2013）。中国从行政控制型经济到市场决定型经济的转型，堪称“历史上最为伟大的经济改革计划”（张五常，2009），是哈耶克（Hayek）“人类行为意外结果”理论的一个极佳案例（科斯和王宁，2013），使得约束竞争的权利结构从“以等级界定权利”过渡到“以资产界定权利”。党的十八届三中全会（2013）强调要使市场在资源配置中起决定性作用，党的十八届四中全会（2014）再次强调要加强对私有产权的保护。中国的经济奇迹归因于激发竞争的市场化导向改革以及建立一套激励相容的产权制度。财产权利的保护需要国家提供一套界定产权的制度体系，以便生发出“自生自发的合作秩序”。会计制度是产权制度体系的重要组成部分，在该体系中处于基础性地位。财产权利对会计理论的含义及其与会计制度之间的内在逻辑关系值得学者关注。

只有对私有产权实施有效保护，才能在市场经济中生发出社会信任。产权和信任是市场经济正常运行的两大机制。良序市场经济的有效运行依赖于财务会计的信任功能。近年来，会计信息失真问题仍较严重。2014 年 10 月 28 日，财政部发布的会计信息质量检查公告表明，部分企业存在会计信息不实等严重违反财经纪律的问题，如中国铁路总公司有 24.41 亿元收入不符合确认原则，太平鸟集团账外核算的收入达到 1 932

万元等。大型会计造假案例（如安然、世界通讯、蓝田股份等公司）不仅使经济遭受了重大损失，也降低了投资者和债权人等利益相关者对会计信息的信任，财务会计信任功能由此遭到破坏。在国际趋同、公允价值应用范围不断扩大、可靠性与相关性论争日趋激烈的背景下，探讨财务会计信任功能的原因、制度基础及维护路径显得极为迫切。

实现财务会计信任功能的载体是会计准则体系。维护财务会计的信任功能需着眼于企业会计准则体系的改进。2008 年金融危机之后，20 国集团（G20）和金融稳定理事会倡议建立一套高质量的会计准则已成为全球共识。市场经济本质上是产权经济、法制经济。良好的市场经济秩序离不开会计对存量财产权利的准确计量和对增量财产权利的恰当反映，而这又依赖于一套以财务报告概念框架（Conceptual Framework for Financial Reporting，CF）为基础的高质量会计准则体系。国际会计准则理事会（International Accounting Standards Board，IASB）认为，现行 CF 存在未能包含很多重要领域（如现行 CF 中计量、列报和披露以及如何确认报告主体方面的指引很少）、某些方面（如资产和负债的定义）的指引并不明确和不能反映当前的思路三大缺陷。IASB 于 2013 年 7 月发布财务报告概念框架评论讨论稿（discussion paper，DP），2015 年 5 月发布财务报告概念框架征求意见稿（exposure draft，ED），旨在通过提供一套更加完整清晰且更新后的概念来改进财务报告。CF 将指引 IASB 制定和修订国际财务报告准则（International Financial Reporting Standards，IFRS），并对各国（尤其是新兴转型国家）CF 和准则趋同产生深远影响。本书将介绍和评论 ED 的主要内容及变化，分析其产权基础，并基于中国制度背景提出值得关注的问题。

在此基础上，会计制度如何实现准确界定产权和有效保护产权的目标？如何从会计制度设计和会计制度变迁层面维护财务会计的信任功能？这是值得探寻的重大课题。当前，IASB 以趋同（convergence）为主旨，旨在创建一套符合公众利益、可理解且具有强制性（enforceable）的高质量全球会计准则体系。我国财政部于 2010 年 4 月 1 日发布《中国企业会计准则与国际财务报告准则持续趋同路线图》，要求中国企业会计准则（China Accounting standards，CAS）持续趋同的时间安排与 IASB 的进度保持同步。持续趋同必将导致会计准则与本土产权法律制度体系分离、冲突等不兼容问题。优化会计法律制度体系，形成一套上下逻辑一致、层级分明的产权会计法律制度体系显得尤为关键。如何将会计法律制度体系的优化落到实处？这需要依赖会计计量与列报披露变革。现行混合计量引发诸多问题，如何协调决策有用与受托责任、相关性与如实反映、历史成本计量基础和公允价值计量基础，如何为各国（尤其是大陆法系国家）会计法律制度体系良序运行提供会计数据源，财务会计如何进行适应性变革来适应虚拟经济蓬勃发展的态势，这些都是理论界和实务界亟待解决的重大理论与现实难题。

1.2　研究意义

本书在国内率先专门研究财产权利与会计制度，形成了体系化的研究基础。

（1）凸显财产权理论在剖析会计理论产权基础、财务会计信任功能、财务报告概念框架、会计制度设计、会计制度变迁、会计法律制度体系优化以及会计计量与列报等重大会计理论与实务难题中所具有的独特贡献，揭示了财产权利与会计制度之间的内在关系，这有助于拓展会计制度及会计基础理论新的研究领域。

（2）以“三域”机制、程序理性—结果理性、实体产权—虚拟产权以及通用财权—剩余财权为指导，揭示了财务会计信任功能的制度基础与维护路径、最优会计制度设计原则与细则、最优会计制度变迁路径、会计法律制度体系优化路径与操作方案以及双重计量与三重列报操作方案，这对于指导会计制度制定、会计制度变迁路径、国际趋同方略和会计法律制度体系完善等战略问题具有重要意义。

1.3　文献综述

1.3.1　会计与财产权利的关系

财产权利是“产权”的具体化，其在范围与内容上表现为一组权利束，包括占有、使用、处分与收益四项权能。其中，处分权和收益权的行使导致了产权的价值运动。因此，有必要建立健全产权会计制度及其体系，从而实现对产权价值运动的有效控制。尽管会计的起源很早，但现代意义上的会计却是从人们学会复式簿记来记录经济活动时算起。会计和审计源于产权结构的变化，是在监督企业契约的签订和执行过程中产生的（Watts & Zimmerman，1983）。在产权与会计的融合性研究中，西方的研究内容主要集中在五个方面：

1. 会计（簿记）与私有产权、契约签订及经济控制

帕乔利（Paciolo，1494）在《簿记论》中第一次系统论述了复式簿记原理及其运用方法，其研究蓝本是以威尼斯商业簿记为主的意大利三式簿记。该书强调商人要对经营活动中的财产加强管理，获取合法利润。其中财产管理的方法有：一是进行财产盘存；二是编制财产目录，要写清年月日、地址及姓名，明确财产占有对象，确定财产归属。帕乔利最早从复式簿记的角度强调产权管理的重要性，并从财产盘存和财产目录编制方法上将簿记原理与实务处理结合起来，彰显了会计在保护财产权利过程中具有不可替代的基础性地位。其次，帕乔利在《簿记论》中阐述了结清分类账簿账户的方法以及编制列示所有借方余额和贷方余额总计的试算表，体现了“一人所有财物＝其人所有权之总值”的平衡原理，成为后世会计等式产生的历史根源，也说明了会计与财产权利之间的关系与生俱来，会计等式反映了财产权利价值运动过程中的产权关系。但作者强调技术层面的分析，并未直接论述簿记与财产权利之间的关系。再次，帕乔利在《簿记论》第十章中指出，商人在记录自己所拥有的动产和不动产时，通常要注明有关财产的书面凭证。同时，这些财产凭证与一些信件和零星单据一起置放在小柜或箱内，或用线捆上，或是置入小布袋里，以备随时查清，保障财产安全。在第三十五章中，又专门阐述了如何保存交易凭证底稿、机密信件、保险单据、讼诉传票、法庭判决及如何登记信件，强调应将与债务人账户有关的函件副本保存在更为机密的地方（如私人木箱或匣子等）。作者将这些原始凭证的重要性与财产安全的重要性同等对待，并从合法契约和诚信的高度来对待。这说明复式簿记系统是保障财产安全、维护商人财产利益的重要保障。合法有效的原始凭证及借贷记账法是复式簿记系统具有信任功能的关键。这表明复式簿记对财产权利的保护是与其自身的信任功能紧密相连的。然而，作者仅从实务层面强调了具体的操作方法，并未上升到理论层面专门探讨复式簿记与财产权利、信任之间的关系。

斯普拉格（Sprague，1922）在所著《账户的哲学》第三章“账户结构”中指出：资产负债表数据根源于账户的余额汇总；左边是资产，由

财产以及财产索偿权组成；右边是负债，是所有被称作负债或是除负债之外的“业主权益”“资本”“股权”抑或是简单地以业主为名的净资产。作者在第五章“资产负债表”中做了进一步论述，指出个体企业的资产负债表是在特定时间点对个人或集体财富所有组成要素的汇总，它必须包括：(1) 资产价值，财富和所有权的构成，享有所有权的个人或集体的名称；(2) 相对于所有权存在的资产和从中所获得的利益；(3) 从 (1) 中减 (2) 的剩余价值和价值中各自的利息。其中，(1) 等于 (2) 和 (3) 之和，习惯上将 (2) 和 (3) 放在账户的同一侧。上述论述表明作者将资产视为一种财产权，体现了从所有权或财产权利视角来理解资产的本质含义。这种会计要素和会计报表层面的解释体现了会计与财产权利之间存在紧密的联系，对本书具有重要借鉴意义。但是，作者对于会计与财产权利的关系仅涉及资产层面的理解，并未深入到其他会计要素（如负债、所有者权益、收入、费用等）。

坎宁（Canning，1933）在所著《会计中的经济学》第二章“资产的性质”中指出：资产代表可享受某种服务或收益的权利；确证资产存在的最重要因素，是有价值的预期服务，即未来某一时刻的货币回报；一项权利想成为资产，必须是合法合理的，而不能仅仅是“道义上的权利”或纯粹的预期；进一步讲，权利必须具有强制性，如果权利依然存在但补救办法已经取消，资产也就不存在了。作者将资产定位于能够获取服务或收益的具有强制性的合法权利，实质性上是将资产看作一种财产权利，因为财产权利能够给主体带来收益、具有排他性并受法律救济保护。这对于本书会计要素的产权分析具有重要参考价值，表明会计要素与财产权利之间存在紧密联系，但是坎宁关于会计要素与财产权利的结合分析仅限于资产要素，并未拓展至其他会计要素。

利特尔顿（Littleton，1933）在所著《1900年以前的会计演进》中论证：簿记所关心的只是有关财产和产权的各种事实；资本是私有财产所有权的最重要表现，是财产权利发生转化的最基本表现方式，它改变了商品交换的空间和规模，其重要性决定了它是复式簿记反映与监控的重点；对所有权的认定是复式簿记的根本特征。可见，作者初步认识到簿记与私有产权之间的关系，认为私有产权是簿记核算与监督的对象，这对于本书具有重要启示。但是，该书仅仅在论证复式簿记的科学性时提出了这些观点，没有深入讨论和论证簿记与产权之间的逻辑关系。斯科特（Scott，2003）在所著《财务会计理论》一书中，力图以信息经济学的框架来解释财务会计在现实世界中所面对的基本矛盾：源自解决信息不对称的财务会计难以在协调股东与管理层关系的基础上同时保证满足外部投资者的信息需求，即财务会计难以既反映管理层受托责任的履行情况，又满足投资者决策有用的信息需求；该论著强调了会计在解决信息不对称的过程中对相关主体的利益具有重要影响，从而影响他们的一系列决策行为，充分表明会计与产权保护之间有着必然联系，对于拓展会计的产权功能具有重要借鉴价值。但是，该专著仍侧重实证研究基础上的理论归纳，没有直接从产权理论和契约理论角度探究会计的基础理论问题，有关会计与产权的内容若隐若现，探讨仍处于不自觉的朦胧状态。于内曼等（Unerman et al.，2007）在专著《可持续性会计与社会责任》中论证：会计可以助推经济增长，其结果有助于改变一个充满不确定性的未来，通过减少经济组织经营风险，间接降低经济生活中的不确定性，以使整个社会发展变得可持续，这就是会计的社会责任。该专著强调会计能够维护社会稳定、助推经济社会可持续发展的观点，对于提升会计的社会地位具有重要作用，会计的社会责任是通过会计的功能（职能）来体现的。尽管该书没有直接讨论会计与产权的关系问题，但是毫无疑问，其观点实质上表明，会计可以通过界定利益相关者的产权达到保护产权的目的，它是维护社会稳定，促进社会持续、和谐发展的基础。兹曼尼亚等（Tsamenyi et al.，2013）发现合伙企业中合伙人之间信任的建立不是自动的，而是依赖于合同、会计信息和良好的制度环境。毕竟会计报表和账簿的公开可以降低合伙人之间信息的不对称性，有助于合伙人之间契约的签订与履行，增强相互之间的信任，维系和助推合伙企业的发展。

2. 会计信息在契约签订与履行、降低信息不对称、减少代理成本和降低资本成本等方面的作用

霍尔特豪森和莱夫特威克（Holthausen & Leftwich，1983）的研究表明，契约中代理冲突的解决需要经常参照以公认会计原则（Generally Accepted Accounting Principles，GAAP）为基础的会计资料。沃茨和齐默尔曼（Watts & Zimmerman，1986）在其经典著作《实证会计理论》中，对会计在订约过程、报酬计划和债务契约中的作用给予了应有的关注，论证了契约理论和各种最佳选择在会计中的必要性，强调了契约理论在审计中的应用，隐喻会计与契约、产权之间存在紧密联系，对于会计学的产权变革研究具有重要启迪。但是，该书主要是在解释实证研究

结论的基础上运用契约理论和代理成本理论，目的是预测未来的会计现象和会计实务，对于契约的会计分析显得较为零碎；此外，没有从契约理论和委托代理理论，尤其是产权理论的角度系统讨论会计基础理论问题。斯密（Smith，1993）研究发现，契约约束经常体现在以会计数据为基础的条款上。桑德（Sunder，1996）的专著《会计与控制理论》运用企业契约理论阐释了会计在简单组织和复杂组织中的功能。组织中的会计与内部控制能够为利益相关者提供信息分享，影响契约的设计并有助于利益冲突的解决。可见，在契约观看来，会计在企业契约签订、履行和维护方面具有重要功能，彰显了会计的契约功能，对于产权会计的研究具有重要参考价值。但是，由于契约的基础是产权，该论著没有深入到更为基础的产权层面对产权与会计的相关问题进行探讨。谢（Xie，1996）的研究表明，当详细考虑交易成本时，有关会计问题分析的价值绝不可低估。默尔斯（Moers，2006）在格罗斯曼和哈特（Grossman & Hart，1986）以及霍姆斯特朗和米尔格罗姆（Holmstrom & Milgrom，1994）的基础上，论证了解决委托代理问题中的激励难题依赖于财务业绩计量的敏感性、准确性和可验证性。这表明会计可以降低交易成本，促进自由市场交易，维护市场经济秩序。佩罗蒂（Perotti，2010）将激进性作为评估会计信息有用性的一个重要指标，发现投资者对会计信息需求的激进性随着非预期盈余绝对值的增大而提高，这为交易者签订和执行契约所利用。萨德卡（Sadka，2011）强调了股票流动性的不同途径可以潜在地用会计信息透明度来解释，会计数据通过流动性的不同方面可以影响企业价值和资本成本。钱尼等（Chaney et al.，2011）证明了具有政治背景的企业的盈余质量显著低于其他企业，报告盈余的低质量间接提高了非政治背景企业的负债成本。可见，会计信息是解决委托代理问题、影响契约签订和执行的重要可观测变量，可以降低代理成本和违约风险。因而从产权的角度来挖掘会计学对交易成本、市场秩序不可低估的作用显得尤为迫切。

3. 不同制度背景下利用会计进行盈余管理与投资者保护之间的关系

德丰等（Defond et al.，2007）研究发现，在完善的投资者保护制度下，盈余公告更具信息含量。科恩等（Cohen et al.，2009）讨论了《萨班斯-奥克斯利法案》（Sarbanes-Oxley Act，SOX）对盈余管理的影响。韦米尔（Waymire，2010）认为，企业的起源对于会计有着基础性的需求。李等（Li et al.，2011）认为，评估中国财务数据的整体质量对学术研究和监管者而言均非常重要，通过使用中国制造业数据，作者考察了利润操纵的制度特征，发现在中国企业盈余管理比成熟的市场经济国家更普遍，这些企业采用将盈余报告为零的方式实施“保持沉默，获取现金”策略，增加的盈余管理与国有企业及市场化程度高的地区企业相关。泽加尔等（Zéghal et al.，2011）分析了强制采用 IAS/IFRS 对盈余管理的影响，作者以法国 2003—2006 年 353 家上市公司为样本，发现强制采用 IAS/IFRS 使得具有良好公司治理的企业和依赖国外金融市场的企业的盈余管理水平降低。亚特蒂斯（Iatridis，2012）探讨了 IFRS 执行、套利与盈余管理之间的关系，发现采纳 IFRS 对套利者的权益、盈余、财务杠杆和流动性均有显著的正向影响，套利与盈余管理存在逆向关系，企业价值与套利之间存在正向关系，而与可操控的应计项目和管理层机会主义负相关，有效的公司治理机制与可操控的应计项目负相关，与企业价值正相关。王和坎贝尔（Wang & Campbell，2012）使用 1998—2009 年 1 329 家中国上市公司的数据考察了 IFRS、国有产权和董事会是如何影响盈余管理的，发现国有产权在一定程度上抑制了当前中国上市公司的盈余管理，但是，IFRS 的实施看起来并未阻止盈余管理，独立董事数量的增加可以抑制盈余管理，但非独立董事并不具有这种效应。哈丹尼等（Hadani et al.，2011）探讨了机构投资者、股东积极性与盈余管理之间的关系，发现企业主要股东意见数量的多少与下一期的盈余管理存在显著的正相关，但同时，机构投资者的监管与盈余管理负相关。姜和哈比卜（Jiang & Habib，2012）探讨了中国股权分置改革与盈余管理之间的关系，股权分置改革的独有特征是要求不能交易的股东补偿可以交易的股东，研究发现来自不能交易的股东的理性反应是：如果盈余管理使得其收入提高，他们并不重点关注可交易股东的行为。张等（Zhang et al.，2013）检验了中国上市公司强制实施与国际趋同的企业会计准则后盈余管理水平的变化，结果显示，盈余管理水平显著提高，其中重要的因素是针对内部人的激励政策导致管理层利用原则导向的企业会计准则操纵盈余水平。这在一定程度上会损害投资者利益，如何制定政策使得管理层的行为符合投资者利益是一个极大难题。可见，不同制度环境中的企业从事盈余管理的动机和手段具有差异性，一般而言，盈余管理损害了投资者切身权益，也决定了制度对投资者的保护力度。我们需要从产权的角度思考不同国家制度背景下会计准则的适应性效率问题，使准则以低成本实施，达到预期的规制效应。

4. 准则制定与执行以及会计确认、计量标准对利益相关者的经济后果

基尔申海特尔（Kirschenheiter，1999）和朗贝（Lamber，2001）从利益相关者角度讨论了会计规则的制定与执行问题。斯科特（2003）强调会计在解决信息不对称的过程中对相关主体的利益具有重要影响。尤尔特和瓦根霍费尔（Ewert & Wagenhofer，2005）发现准则制定还必须考虑管理层利益驱动的行为，力求准则运行的社会总成本最低。帕尔姆罗斯（Palmrose，2009）的研究表明，财务报表蕴含的会计信息在界定和保护利益相关者的产权方面具有重要影响。于内曼等（2007）经论证得出：会计可以助推经济增长，并使整个社会发展变得可持续。德肖等（Dechow et al.，2010）发现实行资产证券化的企业的收益与未实行资产证券化企业的收益存在反向关系，并将该现象归因于管理层利用公允价值会计的灵活性平滑盈余。巴思和泰勒（Barth & Taylor，2010）澄清了公允价值会计在资产证券化过程中的角色，认为公允价值并非导致盈余管理的决定因素，还有其他很多因素共同作用，关键取决于管理层意图。科尔贝克和沃菲尔德（Kohlbeck & Warfield，2010）考察了过去30年来美国实施的19项通用目的会计准则的质量特征，以期从提高会计信息质量的角度增进对美国准则制定过程的理解以及领会原则基础和规则基础的争论，分析表明，准则既有原则基础特征也有规则基础特征，随着新准则的实施，会计信息质量（盈余管理是其代理变量）不断提高。瓦特林和乌尔曼（Watrin & Ullmann，2012）探讨了德国1994—2005年会计准则的盈余质量和采纳IFRS报告激励的不同效应，发现与德国公认会计准则相比，IFRS表现出更低的盈余质量，IFRS可能导致企业之间同质化的盈余质量效应。雷扎依等（Rezaee et al.，2010）针对美国是否采纳IFRS存在的不确定性调查了学术专家和实务工作者，大多数受试者认为，与一套全球公认的会计准则有效趋同对于报表编制者、使用者、审计师、分析师和准则制定者都是有利的，准则趋同需要美国的准则制定程序和执行程序发生广泛的、高成本的改变，并需要对管理层、审计师和投资者进行适当的培训。本特松（Bengtsson，2011）讨论了全球金融危机发生后，欧盟争夺IASB控制权以及会计准则制定的再次政治化，发现为了追求政治利益，国际会计准则制定的利益相关者正在寻求准则制定权的再次平衡。福尔纳罗和黄（Fornaro & Huang，2012）以资产报废义务准则解释为案例，探讨了原则基础会计准则下的盈余管理与机会主义行为的关系，发现遵守原则基础的准则必须建立有效的监管。当准则

缺乏明确性时，在原则基础会计准则环境下存在明显的盈余管理机会，这证明了在贯彻执行原则基础的精神方面审计委员会和外部审计师的重要地位。阿卜杜拉等（Abdallah et al.，2012）探讨了跨境上市对分析师预测误差效应的影响是否因不同会计准则而存在差异，发现直接采纳IAS/US GAAP的公司与IAS/US GAAP协调的公司相比，分析师有更高的预期，且预测误差下降。王等（Wang et al.，2012）探讨了中国新准则2007年实施前后国外分析师行为是否发生改变，发现新准则实施后，与国内分析师相比，国外分析师预测误差不管是绝对数还是相对数均下降，且国外分析师对盈余的预测频率更高，表明中国资本市场上新准则的实施减少了中国上市公司与国外投资者的信息不对称以及国外分析师的偏见。德梅简（Demerjian，2011）认为美国准则制定者转向资产负债表法降低了资产负债表数据对于签约的有用性，并提供了在债务合同中以资产负债表数据为基础的契约数量下降等证据。斯金纳（Skinner，2011）则认为，准则制定的演化非常复杂，关于债务合同的经济决定因素仍有一些公开讨论的议题，资产负债表法并非决定性因素。会计准则的制定是一个政治博弈过程，尤其体现在金融危机后各国对国际会计准则制定权的争夺方面，准则的执行具有微观和宏观层面的经济后果，准则中会计确认和计量标准的变化具有资源再分配的功能，影响着利益相关者的产权收益，因而从产权的角度来厘清会计准则制定和执行具有重要现实意义。

5. 会计与受托责任、透明度及人权保护

加尔霍弗等（Gallhofer et al.，2011）将受托责任、透明度和会计与人权联系在一起，认为人权是一个非常复杂和非常重要的组合体，考虑到与会计的对接因素。他们发现许多因素（尤其是公司）在全球化背景下都是相互影响的，会计是保护人权、推动全球化的重要力量。库珀等（Cooper et al.，2011）关注在一个安全环境中工作的人权，通过一个案例设计了在任何组织背景下均可适用的一套关于健康和安全的会计账户体系。格雷（Gray，2011）对会计受托责任与人权之间的关系进行了尝试性探讨与评论，认为尽管表面看来会计和财务处理规则几乎与人权没有任何关系，但是通过对注册会计师（certified public accountant，CPA）执业过程和执业结果的考察，发现会计系统是保护人权的重要保障。格雷还分析了人权与会计之间是否存在基础性冲突，认为没有产权，公司和会计的关键元素就会消失。范等（Fan et al.，2012）探讨了中国不同地区的产权保护是怎样影响所有权信息流和管理层披露财务、经营业绩的激励的。他们将研发溢价作为信息泄露的替代变量以检验低透明度是否充当了减缓信息泄露的机制，研究发现：当所有权信息泄露威胁大时，企业报告的信息是模糊的，这种联系主要出现在知识产权保护欠佳的地区，考虑到保护敏感信息的倾向，他们证明了企业价值与会计透明度没有关系，制度因素影响了企业信息披露政策的成本收益。可见，近年来国外学者对会计受托责任问题给予了特别关注。会计与受托责任的渊源与生俱来，部分学者认为会计的本质就是受托责任，是会计诞生之初产权关系的反映。所有者与经营者之间委托代理关系的解除，需要会计提供高透明度的会计信息，降低信息不对称。会计通过扩充核算领域发挥保护人权的功能提升了会计学在现代社会的重要地位，但产权是人权的基础，离开产权谈人权是毫无意义的。

整体而言，西方对产权会计的研究仍处于萌芽状态，文献甚少。产权的载体是契约，契约的基础是产权。因而，这些讨论为本书提供了重要参考。但是，西方会计学者没有通过契约层面的探讨深入到更为关键的产权层面，没有明确提出“产权会计”范畴，更没有形成相应的理论体系。对产权与会计的“无形”融合研究仍处于离散、不自觉状态，缺乏必要的整合与应有的系统性创新。主要原因：一是西方过去三四十年以来，实证会计研究证伪主义范式盛行，忽视了规范会计研究逻辑演绎方法的理论推演；二是西方资本主义发展较为充分，产权相对明晰，其会计研究是“长在肥沃的产权土壤里”，因此学者们弃“产权”而转向更为具体的“契约”问题的实证。

中国会计学者从产权经济学的视角对会计的基本理论问题进行了卓有成效的探索，取得了丰硕的成果。会计对产权的贡献是与生俱来的，且一直是产权思想的忠实随从；体现产权结构、反映产权关系和维护产权意志是会计产生、发展和变更的根本使命（伍中信，1998）。学者以“产权—契约—制度—会计”为逻辑主线，研究内容集中体现在：(1) 运用产权理论研究会计基础理论问题，包括从产权经济学角度探讨会计本质（伍中信，1998；田昆儒，1999；周冰和宋智勇，2008）、会计目标（王一夫，1997；李梅英，1999；胡凯，2000）、会计职能（伍中信，1998；田昆儒，1999；杜兴强，2002；蔡宁等，2008）、会计对象（赵士信，1995；伍中信，1998；施先旺，2006，2010）、会计要素（施先旺，2011）、会计确认与计量（颜廷，2007；葛家澍和孙丽影，2008；吴泷，

2007，2008）、会计信息（伍中信，1998；刘昌盛和汤湘希，2010）、会计准则（刘峰，1992，1996，2000）、会计地位（刘峰等，2009；杨丹等，2009）以及会计核算（伍中信，1998；钱廷智，1999）等。（2）借鉴产权理论、制度变迁理论和契约理论研究会计应用理论问题，包括诠释会计制度变迁的产权动因（伍中信，2003，2006，2007）、会计规则制定权合约安排（谢德仁，2001）、会计契约运行（林钟高和刘永祥，1997；徐加胜和张培臣，1999；雷光勇，2004；吴联生，2004）、公允价值会计的产权保护功能（张荣武和伍中信，2010；王秋生，2012；刘谷金和胡振国，2012）、生态产权的会计确认与计量（雷新途等，2007；龚光明等，2012）以及解读会计起源、发展和变革的历史（郭道扬，2002，2004，2005，2008；康均，2005；龚翔和许家林，2008）。（3）研究与产权紧密相关的排污权交易会计处理、在线会计产权等特殊问题（王虎超和夏文贤，2010；周志方和肖序；2010；蔡立新和崔也光，2011；王爱国，2012；伍中信，2013；刘会芹，2015）。这些研究均涉及产权与会计问题，但纵观上述研究成果发现，目前我国有关财产权利与会计理论、会计制度的研究仍显得零碎分散，对财产权利与会计理论、会计制度及其变迁之间的关系缺乏系统分析，未能有效结合中国经济制度转型特征来讨论会计问题。

1.3.2 会计制度与财产权利的关系

仅有少数学者讨论了会计制度与财产权利的计量（周华等，2008；刘谷金和胡振国，2012；曹越等，2014）、投资者保护（贺建刚和刘峰，2006，2007；刘浩和孙铮，2006）、碳排放权（张薇等，2014）以及排污许可证核算（蒋德启等，2009）。因为会计制度是有关财产权利确认、计量、记录和报告的一套规则体系，不同的计量规则会带来财产权利的重新分配，若计量规则无法实现投入的努力与产出结果相互匹配，将引发经济组织的分配性努力行为，降低经济组织的效率，所以，财产权利的计量对于会计准确界定产权和有效保护产权非常关键。投资者保护必须以会计制度真实反映财产权利为前提。碳排放权和排污许可证对企业而言是一种合法的权利，能够为企业带来收益或服务，其会计核算的规范化对于促进节能减排、保护环境具有重要意义。

然而，有关会计制度的现有文献大多从“契约有用性”维度展开，研究集中体现在以下方面：一是会计制度不完全性（唐松华，2000；李荣梅，2005；Dye & Sridhar，2008）；二是统一会计制度体系建设（张惠忠，2001；冯淑萍，2001；郭道扬，2005；徐晟，2009；周明春和刘西红，2009）；三是公允价值与会计制度（沈小南和陆建桥，1999；王乐锦，2006；李红霞，2008；董必荣，2010；郝振平和赵小鹿，2010；周中胜和窦家春，2011；刘斌等，2011；李英等，2012；杨敏等，2012）及公允价值会计制度对金融稳定的影响（郑鸣等，2009）；四是会计制度与税收法规的协作（戴德明和周华，2005；戴德明等，2005；Simone，2015）；五是会计制度变迁（Ijiri，2005；吴水澎和刘启亮，2005；雷光勇，2005；李连军，2007；郭道扬，2013；毛新述和戴德明，2009；朱凯等，2009；Perumpral et al.，2009；修宗峰，2011；Zhu，2012；付磊，2012；戴德明等，2013；姜英兵，2013；张先治等，2014）；六是会计制度制定（葛家澍，2001；吴水澎和刘启亮，2007；刘启亮和陈汉文，2010；Foraro & Huang，2012；Jorissen et al.，2013；Bamber，2015）与执行的文化影响（Zhou，2007；Nurunnabi，2015）；七是会计制度国际趋同难题及路径（曲晓辉，2001；Fontes et al.，2005；汪祥耀和邓川，2005；葛家澍，2006；林钟高和徐虹，2007；Peng et al.，2008；Carmona & Trobetta，2008；刘爱东，2008；刘玉廷，2009；路晓燕和魏明海，2009；陈艳等，2009；Nobes，2009；Ding et al.，2009；杨敏等，2011；毛新述和余德慧，2013；陆建桥，2013；Chen et al.，2014）；八是会计制度与信息含量（潘琰等，2003；杜兴强，2008；张然和张会丽，2008；陆正飞和张会丽，2009；Elston，2010；游家兴和罗胜强，2011；Demerjian，2011）。

作为产权规则，会计制度界定了资本提供者和资本使用者之间的权利与义务关系，赋予资本提供者享用会计信息的权利，规定了资本使用者揭示会计信息的义务，它不仅是信息使用者与提供者的权利义务的集合，而且是双方之间达成的社会契约。西方国家相继发布和实施了相关产权流转会计制度，包括矿业权流转的会计规范、土地使用权流转的会计规范、租赁业务的会计规范，并对矿业权价值计量和信息披露、土地使用权价值计量和信息披露及租赁资产价值计量和信息披露进行了深入研究（Horace et al.，1997；Harry et al.，2004；Amanda et al.，2010；Sarah et al.，2010；Mark et al.，2011），这表明会计制度对于维护财产权利非常重要。王等（2012）讨论了特定时期会计制度变迁的经济后果，但忽视了从经济史演进和法律制度维度讨论会计制度变迁及会计法律制度体系优化。

1.3.3 会计与信任的关系

帕乔利（1494）在《簿记论》中强调，复式记账系统中的数据字符是反映信用的唯一可靠基础。具体而言，在《簿记论》第一章中，作者总结了成功的商人必须具备的三个条件：一是现款或某些与此等值的经济实力，许多意大利人凭借良好的信用获得信贷而从事大量的商业活动，人们对商人的诚实抱有极大的信任；二是商人必须是精明的会计员和敏捷的数学家，因为每笔交易所必须遵守的记账规则和惯例需要理解；三是所有商业事务必须采取有条不紊的方式加以记录，使商人对自己的经营活动一目了然，应该使用借贷记账法，因为它是记述经商活动的最有效的方法。可见，作者将商业信用与记账责任联系在一起，认为良好的信用是经营取胜的关键。从簿记的信用与责任来看，关键在于坚持借贷记账规则，正确处理好账目，真实反映商业经营活动的来龙去脉。这一点直接影响后世会计中所讲的受托责任，正是从这一点出发，可以说，复式簿记制度是建立受托责任理论的起点（郭道扬，2008）。

针对会计与信任的关系，当前学者的研究集中在信任、印象管理与公共会计职业之间的关系（Neu，1991），会计制度的信誉基础（李心合，2002），信任与会计丑闻（McMillan，2004），管理会计系统与识别信任（Busco et al.，2006），供应链会计对超市和供应商之间信任的影响（Free，2008），企业之间交换关系与“会计—控制—信任”的联结（Vosselman et al.，2009），会计核心价值与人类相互信任、诚信的关系（葛家澍，2012；刘峰和葛家澍，2012；刘峰，2015），财务会计具有信任功能的原因（雷宇，2012）以及契约和会计在信任发展过程中的地位（Tsamenyi et al.，2013）。上述研究为本书奠定了重要基础，尽管雷宇（2012）从委托代理关系、复式记账、会计准则和外部审计维度论证了财务会计具有信任功能的原因，但在国际趋同、公允价值应用范围不断扩大、可靠性与相关性论争日趋激烈的背景下，仍需深入探讨财务会计信任功能的原因、制度基础及维护路径。

1.3.4 会计计量基础与计量方式

整体而言，现代会计已形成历史成本计量基础和公允价值计量基础。学者针对会计计量的研究集中在：一是会计计量属性的选择

(Khurana & Kim，2003；陆建桥，2005；葛家澍和徐跃，2006；夏冬林，2006；刘志娟，2006；葛家澍和占美松，2007)、作用（刘峰等，2009；Catalds & Mclnnes，2009)、优缺点（李艳和王则斌，2003）以及不确定性（王雨平，2009)；二是公允价值与金融危机（Benston，2008；于永生，2009；周明春和刘西红，2009；王守海等，2009；陈旭东和逯东，2009；刘思森，2009；Bowen & Khan，2014)、会计稳健性（张荣武和伍中信，2010；毛新述和戴德明，2011；Shao et al.，2012)、信息披露（Dietrich et al.，2000；Blacconiere，2011)、信息含量(Barth et al.，1995；徐虹，2008；Barth & Taylor，2010；刘永泽和孙翯，2011；谭洪涛等，2011；Livne et al.，2011；曲晓辉和黄霖华，2013；陈骏，2013；Goh et al.，2015）以及金融工具计量（Bhargava & Dubofsky，2001；于永生，2009；陈秧秧，2009；黄珺等，2010；Dechow et al.，2010；许志胜，2011；Bhat et al.，2011；Roggi & Giannozzi，2015)；三是会计计量与财务会计的目标定位（葛家澍和黄世忠，1999；葛家澍，2003，2007，2009；葛家澍和杜兴强，2009；周华等，2009，2010；葛家澍和刘峰，2011；Choudhary，2011；葛家澍等，2013)；四是主张用二元计量（葛家澍和叶丰滢，2009；葛家澍等，2010；葛家澍和叶丰滢，2010）和多重计量（万红波和孙雅琼，2007；梅波，2014）来解决单一计量基础存在的问题。上述研究为本书奠定了重要基础，但如何协调决策有用与受托责任、相关性与如实反映、历史成本计量基础和公允价值计量基础，如何为各国（尤其是大陆法系国家）会计法律制度体系良序运行提供会计数据源，财务会计如何进行适应性变革来适应虚拟经济蓬勃发展的态势，是理论界和实务界亟待解决的重大理论与现实难题。IASB 的现行 CF 由其前身国际会计准则委员会（International Accounting Standard Committee，IASC）于 1989 年制定，其中关于财务报告目标和财务信息质量特征的内容由 IASB 与美国财务会计准则委员会（Financial Accounting Standards Board，FASB）于 2010 年在双方的联合项目中修订。CF 实质上是由一些财务会计最为基本的概念组成，它们相互关联，形成一个完整的框架体系，目的在于指导会计准则的制定或应用（葛家澍和刘峰，2002)。CF 是会计理论体系最实用的部分，其作用体现在：协助 IASB 基于一致的概念制定准则，协助财务报告编制者在某一特定交易或事项没有实用的准则或者某项准则允许选择会计政策时确定一致的会计政策，以及协助他人理解和解释准则。如何建议 IASB 完善 CF 及 IFRS，加快趋同进程，显得尤为必要。

1.3.5 会计法律制度

有关会计法律制度方面的文献集中体现在：一是讨论两大法系会计法律制度体系，包括体系建立的历史过程、运行规律（郭道扬，2002b），架构、特征与适应性效率（曹越等，2014）及启示（李明，2014）；二是探求统一会计制度的历史运行规律（郭道扬，2005）及会计法律制度体系建设思路（胡光志，2003；郭道扬，2004；周华等，2009）；三是考察中国会计法律制度建设历史概况及过程（王世定，1999；朱星文，2008；王遂昆和康均，2012）；四是论证会计法律制度的经济后果，包括对公认会计原则（Gang & Hussein，1996）、会计主体（Biondi et al.，2007）、虚假列报（Kellogg，1984；Lennox & Li，2014）、财务报告质量（卢太平等，2005）、会计准则制定（Mills，1993）以及公司政策和业绩的影响等（Agrawal，2013）；五是分析传统会计原则与税收法规分离的经济后果（周华等，2009；Hellmann et al.，2013）。

上述研究为本书奠定了重要基础，但并未系统讨论会计法律制度体系的优化问题。世界上绝对没有一成不变与一劳永逸的会计法律制度，任何一个法制国家如果不能一如既往、坚持不懈地解决会计法律制度的制定、修订与执行机制运行中的一致性，便不可能避免历史悲剧的重演（郭道扬，2002b）。优化会计法律制度体系，旨在建立针对“产权—债权—财产继承权”三位一体的法律制度规范，实现对产权界定（产权）、产权交易（债权）与产权继承（财产继承权）的一体化控制和基础性控制。可见，优化会计法律制度体系，形成一套上下逻辑一致、层级分明的产权会计法律制度体系显得尤为迫切。

1.4 研究内容

本书旨在挖掘财产权利与会计制度之间的内在联系，为财产权利的保护、会计理论的产权解释、会计制度设计及变迁、会计法律制度体系优化以及双重计量和三重列报等重大理论与现实问题贡献新知和解决方案。全书分为两大板块，具体内容如下：

上篇 财产权利与会计理论解释

该篇涵盖科斯定理、会计本质、会计目标、会计对象、会计要素、会计等式和会计职能等内容，具体分为五个分支：

第一分支，财产权利、科斯定理缺陷与会计学弥补。财产权利的经典理论源自科斯定理。本部分内容包括：财产权利的理论溯源，科斯定理的内容、贡献与缺陷，以及会计学理论对科斯定理的完善与推进。

第二分支，会计本质与会计目标：产权及外部性分析。通过探讨产权与外部性的联系，从外部性及其内部化视角分析会计本质与会计目标，得出关于会计本质与会计目标的全新结论。

第三分支，会计对象：从资金运动到财权流动。在诠释会计对象"资金运动论""价值运动论""产权论"和"产权价值运动论"的基础上，通过将财权的内涵从本金拓展到基金，论证财权流是现代会计对象的恰当表述。

第四分支，会计要素、会计等式与产权关系。考察会计要素与产权要素的同源性，进行会计等式与产权结构互逆生成实验，总结会计等式中的产权关系决定规律，进而推导会计等式的演进规律及趋势。

第五分支，会计核算与监督的产权含义。从会计核算和会计监督两个层面分别论证现代会计的产权功能，其中，会计核算包括核算前提、核算基础、会计原则、信息质量特征和核算流程等内容，会计监督包括监督内容、监督过程和监督特征等内容。

下篇 会计制度的产权分析

财产权利的界定和保护依赖于一套高质量、高效率的会计法律制度安排支撑。该篇涵盖财务会计信任功能、财务报告概念框架、会计制度设计、会计制度变迁、会计法律制度体系优化以及双重计量与三重列报六个层面，具体内容分为六个分支：

第一分支，财务会计信任功能：原因、制度基础与维护路径。财务会计信任功能是会计制度演进的基础。本部分从信息不对称、会计本质与目标、会计职能与计量以及复式簿记方法维度论证财务会计具有信任功能的原因，同时从准则制定、国际趋同和会计法律制度体系优化维度分别讨论了英美法系和大陆法系财务会计信任功能的维护路径，并分析了我国财务会计信任功能维护路径的特殊性。

第二分支，财务报告概念框架及其产权基础。财务报告概念框架是会计理论中最实用的部分，在会计制度体系中处于统驭地位。本部分首先探讨了财务会计概念框架层级形成的产权动因，之后介绍并评论了

IASB最新财务报告概念框架征求意见稿。

第三分支，产权保护、“三域”秩序与会计制度设计。会计制度如何设计才具有信任功能？本部分通过创建“三域”秩序分析范式，探究会计制度设计的产权逻辑，包括推导最优会计制度设计原则和实施细则、评论会计准则制定模式、论证统一会计制度形成的产权基础以及讨论会计对称理论与信息质量问题；从产权保护维度提出“会计信息真实性悖论”命题，并确定会计信息真实性内涵，揭开会计信息失真之谜，为会计制度的完善与变迁奠定基础。

第四分支，产权保护、公共领域与会计制度变迁。即使遵循最优会计制度设计原则与细则，会计制度也必然发生变迁。本部分从公共领域和生产性激励维度探讨了会计制度变迁的必然性，描述了经济史中会计制度的变迁过程，总结了会计制度变迁的一般规律。会计制度变迁路径就是如何实现会计制度持续遵从会计域秩序。通过构建会计制度变迁净收益模型，本部分还讨论了最优会计制度变迁路径原则与实施细则、有限进入社会秩序和开放进入社会秩序最优会计制度变迁细则以及持续全面趋同背景下我国会计制度变迁路径。

第五分支，产权保护、适应性效率与会计法律制度体系优化。本部分首先讨论了会计法律制度体系优化的理论基础，提出并解读基于国际协调与本土特色的会计改革悖论，总结中国会计法律制度体系冲突类型及表现。其次，以会计利润与应税所得差异（BTD）为切入点检验了会计制度与税收法规差异的程度，考察以下方面：BTD是否显著及其变动趋势如何？BTD是否具有行业特征？应税所得除受会计利润影响之外还受哪些因素影响？2007年实施的企业会计准则和2008年施行的企业所得税法这两类制度变迁对税会回归模型的结构性影响如何？最后，讨论了会计法律制度体系优化的指导原则、优化路径与实施方案以及中国会计法律制度体系优化方案。

第六分支，产权保护、双重计量与三重列报。会计法律制度体系优化的落实主要体现在计量和列报的改进上。本部分讨论了二元计量的必然性及经济后果，从不完全契约理论与财权理论维度分析双重计量的存在性及形成逻辑，基于双重计量提出三重列报操作方案，讨论了三重列报方案的操作成本及对二元计量瓶颈问题（决策有用与受托责任、相关性与如实反映、信任功能与估值功能、会计稳健性的存废、会计法律制度体系冲突等）的解决，从而为财务会计与会计制度适应性变革提供可行路径。

1.5　基本思路与研究方法

本书的总体研究思路是：基于法学和经济学财产权理论、史论结合的规范研究，兼有会计制度与税收法规的经验研究。根据研究内容，行文基本思路如图 1—1 所示：

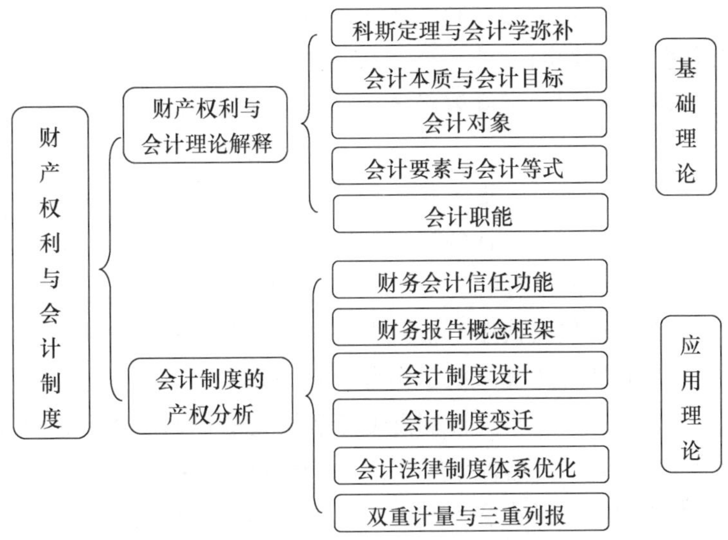

图 1—1　财产权利与会计制度行文思路

本书综合运用现代产权经济学和财产法理论的基本原理，以“准确界定产权和有效保护产权，促进生产性努力的增长”这一基本思想为指导，贯穿财产权利保护之魂，以产权分析方法为主线，系统剖析会计理论的产权基础、财务会计信任功能、财务报告概念框架、会计制度设计与变迁、会计法律制度体系优化以及双重计量与三重列报等难题，挖掘财产权利与会计制度之间的内在联系，切实解决会计制度建设过程中的难题。本书利用跨学科的交叉、渗透研究方法从财产权利维度解释会计理论，利用文献研究法分析财务报告概念框架，利用理论移植与嫁接法提出“产权域秩序”新概念和“三域”机制新分析范式，分析会计信息真实性；构建多元线性回归模型，利用 WLS 回归方法检验税会差异程度；利用演绎法推导最优会计制度设计原则与实施细则、最优会计制度变迁路径原则与细则、会计法律制度体系优化模型与实施方案以及三重列报方案。

1.6 创新之处

在国内，鲜见专门研究财产权利与会计制度之间关系的著作和论文。近十年来，国内学者过于迷信西方实证会计研究范式，忽略了基于国情的规范研究。中国的经济奇迹发轫于市场化导向的产权改革和制度建设。财产权利与会计理论、会计制度之间的逻辑关系，是在中国情势下值得体系化研究的重大课题。

（1）从财产权利的维度解释会计理论，发掘科斯定理与会计之间的逻辑关系，以及会计本质、会计目标、会计对象、会计要素、会计等式和会计职能的产权基础，揭示财务会计信任功能的原因、制度基础与维护路径，推演会计制度设计的产权逻辑和变迁路径，优化会计法律制度体系。这一点是前所未有的。

（2）创建“产权域秩序”新概念和“三域”机制新分析范式，重新确定会计信息真实性内涵，揭示会计信息失真本质。这将进一步深化会计信息真实性研究，对于会计制度变迁和会计法律制度体系建设及优化具有指导性作用，并且这种作用具有切实性和针对性。

（3）本书提出的最优会计制度设计原则与实施细则、最优会计制度变迁路径原则、有限进入社会秩序和开放进入社会秩序中的最优变迁路径细则、会计法律制度体系优化路径模型与实施方案以及三重列报操作方案，具有针对性、实用性和可操作性，这是本研究对于中国会计改革和会计法律制度体系完善具有参考价值的关键。

1.7 研究约定

1.7.1 财产权利

财产权利又称产权。经济学家和法学家对其界定存有差异。经济学产权学派对权利给予了特别关注，着力研究资源稀缺条件下产权、激励与经济行为关系，强调不同产权结构对资源配置的影响。然而，法学家认为，仅仅注意到稀缺资源的约束是远远不够的，制度或法律约束理应成为分析产权关系的焦点，权利的界定和保护从合法权利的配置切入才能符合资源配置的基本要求。因而，本书对财产权利的定义应寻求经济学与法学的交集。科斯（Coase，1960）指出，产权是所有者在法律保护下支配、使用其财产并获取收益，增进自己的福利的一组权利。德姆塞茨（Demsetz，1967）认为，产权是界定人们如何受益及如何受损的权利。阿尔钦（Alchian，1994）主张，产权是一个社会所强制实施的选择一种经济物品使用的权利。樊纲（2014）强调，作为产权核心内容的所有权不仅仅是一种权利，也是一种责任；不仅仅意味着收入，也意味着可能遭受的损失；不仅仅是一种获益凭证，也须承担一定的风险。任何一种所有权都同时意味着权利与责任，所有权的本质从正面说是收入索取权，从反面讲就是风险责任。波斯纳（Posner，1997）认为，财产权是对有价值资源进行排他性使用的权利。在法律文献中，产权存在两种含义：在大陆民法中仅指狭义上的产权（仅与有形物品有关，即物权），在盎格鲁美国普通法中指较为宽泛意义上的产权（即不仅与有形物品有关，也无形物品有关，包括专利、版权和合约权等）（Lawson & Rudden，1982）。梁慧星（2001）指出，财产权是指可以与权利人的人格、身份相分离而具有财产价值的权利，包括物权、债权和知识产权等。本书认为，产权（property rights）的本意是财产权利，单词使用复数表明财产权利是多种权利的组合，即权利束。综合经济学和法学定义的交集，可以发现，产权是指围绕财产而内化的一系列权利束的耦合体，包括占有权、使用权、收益权和处分权及其组合；它不仅反映人与物之间的关系，还反映人与人之间的权利关系。产权由权能和利益组成。产权的权能越充分，产权的利益越有保障。《中华人民共和国民法通则》（以下简称《民法通则》）第七十一条规定："财产所有权是指所有人依法对自己的财产享有占有、使用、收益和处分的权利。"《中华人民共和国物权法》（以下简称《物权法》）第三十九条规定："所有权人对自己的不动产或动产，依法享有占有、使用、收益和处分的权利。"也就是说，占有、使用、收益和处分是所有权的积极权能。此外，所有权还有排除他人干涉（排他性）的消极权能。在大陆法中，所有权是财产权借以构建的标准模式，而英美法中所有权和财产权基本上是可以相互替换的。可见，所有权是一切财产权利的基础和核心。产权的本意是财产权利，是财产权的简称。物权是大陆法中的常用概念，是产权的一种存在形式。产权是一个上位概念，而所有权是一个下位概念，所有权只是财产权的一种。

本书关于财产权利的逻辑如下所示：

财产权利＝产权＝财产权＝物权＋债权＋知识产权

财产权的基本原则是权利主体地位平等、财产等价交易和缔约自由。在现实生活中，有关规范财产权利的法律称为财产法，主要包括物权法、债权法和知识产权法。其中，物权包括所有权、用益物权和担保物权，物权法主要是界定有体物（动产及不动产）权利归属的法律；债权包括合同之债、侵权之债、无因管理和不当得利，债权法（合同法和侵权法等）主要是规范财产权利流转的法律；知识产权包括专利权、商标权、著作权等无形专有权，知识产权法主要是界定无体物（专利权、商标权、著作权等）权利归属的法律。在财产法中，所有权具有最完整和最充分的权能，其他财产权利的界定与交换均是建立在所有权权能分离或组合的基础上，即所有权是产权的基础。

1.7.2 会计制度

会计制度是指调整财产权利确认、计量、记录和报告的各种具体规范的总称。它是经济法律制度的重要组成部分。纵观会计发展史，会计制度遵循着“会计习惯→会计习俗→会计惯例→会计规范→会计制度”的演进路径，贯穿其中的核心是财产权利的界定和保护问题。经过历史选择而留存下来的会计制度属于“正当会计行为规则”。现代会计实务中，会计规则的演进经历了会计制度和会计准则。一般而言，会计准则比会计制度更具总括性，主要采用原则导向的会计规则，具有较强的灵活性和较好的适应性，而会计制度是对会计准则的进一步细化，主要采用规则导向的会计规则，更具操作性和针对性，是指导会计实践操作层面的具体规则。众所周知，现代会计实践中，专业判断和管理层意图是影响会计核算能否反映真实情形的重要因素。以原则为导向的会计准则为合理运用专业判断提供了指引，以规则为导向的会计制度为具体化的操作细则提供了指南。美国安然事件发生前，会计准则以规则为导向，难以实现投资者决策有用的财务报告目标；安然事件发生之后，学术界出现了规则导向的会计准则和原则导向的会计准则之学术论争。但是，完全区分一项会计规则属于规则导向还是原则导向非常困难，因为很多具体的会计规则是二者的混合体。多数学者认为，规则导向的会计准则缺乏灵活性，难以真实反映管理层意图，难以反映经济实质，主张采用原则导向的会计准则。美国证券交易委员会

(Securities and Exchange Commission，SEC) 最后认定，应采用“目标导向”的会计准则，即只要是符合财务报告目标的会计规则都应予以采纳，并用“能否实现财务报告目标”作为评判一项会计规则优劣的标准。本书认为，以目标为导向可以与财务会计概念框架的逻辑起点保持一致，有助于构建内在逻辑一致、首尾一贯的会计理论体系。我国 2001 年的会计规范采用“会计准则+会计制度”的形式发布，两者之间的关系是：会计准则处于统驭地位，会计制度是会计准则的进一步细化。2006 年发布的与国际趋同的会计准则体系中，会计准则的架构变为“基本准则→具体准则→应用指南”。基本准则属于我国的财务报告概念框架，规范了我国的会计目标、会计信息质量特征、会计要素、会计计量和财务会计报告。具体准则则是基本准则在各项具体会计业务实践中的细化，而应用指南又是具体准则的进一步细化。实际上，具体准则仍类似于改革前的会计准则，而应用指南类似于改革前的会计制度。鉴于基本准则、具体准则和应用指南均属于财产权利的界定规则，从而属于本书的会计制度范畴。即本书对会计制度的定义除非特别指明，均属于广义层次。之所以这样约定是因为：一是本书的研究内容涉及财务报告概念框架、财务会计信任功能的制度基础、会计制度设计、会计制度变迁以及会计法律制度体系的优化，只有广义层次的会计制度才能涵盖这些主题；二是会计规则属于产权法律制度的重要组成部分，合乎逻辑地将会计制度定位于“会计规则、会计行为规范”，有助于与产权制度和法律制度协调一致，进而方便读者理解。

1.7.3 财产权利与会计制度

本书认为，财产权利与会计制度之间的逻辑关系如图 1—2 所示：

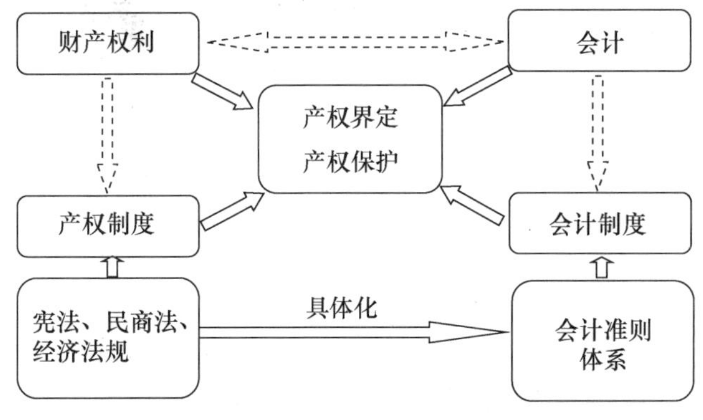

图 1—2 财产权利与会计制度的逻辑关系

财产权利的界定与保护需要会计从基础层面提供信息支撑。现代会计的两大基础职能是界定产权和保护产权。会计在财产权利的界定与保护中处于最基础、最重要和最具操作性的地位，是良序市场经济运行的基础。即财产权利与会计之间存在紧密的联系。现实中，确定财产权利归属、流转、救济办法的规则形成产权制度，而有关财产权利确认、计量、记录和报告的各种具体规范形成会计制度。财产权利归属和流转依赖于权利和义务的准确确认和计量。即会计制度是产权制度正常运行的基础，是产权制度的进一步细化，是产权制度的重要组成部分。实务中，有关财产权利归属、流转和救济办法的规则体现为宪法、民商法和经济法规，而有关财产权利确认、计量、记录和报告的规则体现为企业会计准则体系，即会计制度。民商法和经济法规是分别调整平等主体之间和非平等主体（政府与企业、个人）之间财产权利归属与义务承担的规范，是对宪法“权利法案”精神的落实，而民商法和经济法规中有关财产权利和义务的确认、计量、记录和报告的规则形成会计制度，即会计制度是对民商法和经济法规的进一步细化。由此可见，会计制度是确认、计量、记录和报告财产权利的一套规则体系，财产权利的准确界定和有效保护需要高质量的会计制度予以贯彻落实。

上　篇

财产权利与会计理论解释

人们一定是从错误开始，然后由此转向真理。这就是说，人们必须揭露错误的根源，否则听到了真理也毫无用处。当其他东西占据了真理的位置，真理就不会出现了。

——路德维希·维特根斯坦评弗雷格的《金枝》

本篇内容涵盖科斯定理、会计本质、会计目标、会计对象、会计要素、会计等式和会计职能。本篇首先讨论财产权利、科斯定理缺陷与会计学弥补。因为有关财产权利的经典理论源自科斯定理，包括经济学中的科斯定理和法律实证的科斯定理，前者成为产权经济学的理论基础，后者成为法律经济学的理论基础。本篇分析了财产权利与科斯定理的内容、贡献与缺陷，以及会计学理论对科斯定理的完善与推进，从而凸显会计学与财产权利、科斯定理之间的紧密联系，为从财产权利维度解释会计理论奠定基础。在此基础上，本篇运用财产权利理论（产权理论），遵循阐述会计理论的一般逻辑，从“会计本质→会计目标→会计对象→会计要素→会计等式→会计职能”层面系统解释现代会计理论，得出了新颖的结论。阐述会计理论时，一般认为，会计本质决定了会计目标，会计目标决定了会计职能，而会计职能的讨论又必须涉及会计对象，会计对象的具体化形成会计要素，会计要素之间的内在关系形成会计等式。值得注意的是，鉴于会计核算与监督职能的具体细节讨论需要以会计对象、会计要素和会计等式为前提，所以本篇将其放在最后讨论。这就形成了本篇的章节安排逻辑。

第2章　财产权利、科斯定理缺陷与会计学弥补

2.1　财产权利之理论溯源

2.1.1　产权经济学理论

一般认为，产权经济学融产权理论、交易费用理论、合同理论和制度变迁理论于一体。交易费用成为联系这三个研究领域的纽带。产权经济学有两个核心词：一个是“产权”，另一个是“交易费用”。产权的主要功能是内部化外部性，此外还具有减少不确定性、激励约束、资源配置和收入分配等功能。产权制度既涉及界定产权，也涉及保护产权。产权学派主要研究产权、激励与经济行为之间的关系，尤其关注不同产权结构如何影响收益—报酬制度与资源配置效率，也特别关注经济交易中的权利。在经济学看来，产权结构的效率取决于其提供的将外部性内部化的激励程度，提高产权效率和激励产权主体的关键是明晰产权，而交易费用会对产权的分配和执行方式产生实质性影响。

相对于产权而言，交易费用是一个信息含量更大的概念。从广义上讲，交易费用是指经济制度运行的成本；从狭义上讲，交易费用是指达成契约和保证契约执行的费用。为了弥补“交易费用概念自由度太大”的缺陷，威廉姆森（Williamson，1979）认为描述交易的基本面是不确定性、交换频率及投资交易的专用性程度。交易费用与产权交易的方式紧密相关，也与缔结合同的性质相关。一般来说，交易费用包括当事人碰到一块的成本，搜寻信息的支出，起草合同、签订合同、履行合同的费用等。交易费用是对社会资源和财富的浪费。给定产出一定的情况下，

不同组织交易费用的大小反映了交易效率。要提高效率就必须节省交易费用，而产权结构和产权制度的变化能够降低组织系统运行的交易费用，从而促进经济增长和发展。因为交易是有费用的，所以作为经济问题的产权不可能得到完全界定。使产权、交易费用和资源配置联系起来并成为现代制度经济学核心内容的就是著名的科斯定理：在交易费用为零的状态下，不管初始产权如何界定，市场交易都将导致资源配置处于帕累托最优状态（科斯第一定理）。然而，科斯的本意是要人们远离“零交易费用”的理想世界而重点关注“正交易费用”的现实世界。这就有了科斯第二定理：在交易费用为正的世界里，产权的初始界定和后续调整（即产权安排及其变动）对资源配置效率具有重要影响。

交易需要通过契约来保障，而契约的基础是产权。学者们以此为基点，深化了对企业本质问题的认识。科斯（1937）认为，企业的产生和发展是市场交易的内化，这种内化增加了管理成本但节省了交易费用。张（Cheung，1983）发现，企业产生于要素市场替代产品市场的过程中，或者说是一种合约替代另一种合约。阿尔钦和德姆塞茨（1972）把企业看成是一种团队生产合约。詹森和梅克林（Jensen & Meckling，1976）指出合约关系才是企业的本质。格罗斯曼和哈特（1986）把企业看成是由其拥有或控制的资产组成。拉詹和津加莱斯（Rajan & Zingales，1998，2001）认为，企业是专用性投资的联结点，是相互专业化的资产和人的结合。周其仁（1996）将市场里的企业看作一个由人力资本与非人力资本联结的特别合约。威廉姆森（1979）把企业看成是与一定的交易契约相适应的治理结构，基于描述交易的三个方面，将契约关系划分为如下三种类型：（1）古典契约关系，认为契约条件在缔约时就得到明确、详细的界定，且当事人之间的权利义务关系能得到准确度量；契约各方只关心违约的惩罚和索赔，漠视契约关系的长期维持，因为交易是一次性的，所以忽视交易各方的人格化身份特征。（2）新古典契约关系，认识到契约的不完全和日后调整的必要，当事人关心契约关系的持续，是一种长期契约关系；强调建立一种包括第三方裁决在内的规制结构来解决纠纷，当事各方先谋求内部协调解决，若无法解决再诉诸法律。（3）关系性缔约活动，强调建立一种规制结构使得合作专业化，并通过适应性调整来维持长期契约关系，这种缔约活动与新古典契约的调整以初始契约条件为参照物，一般不需要第三方加入。威廉姆森根据专用性程度不同将资产划分为通用性资产、专用性资产以及混合性资产三类，并得出了相应的规制结构和契约类型。若资产是通用性的，不论交易频率如何，相匹配的是市场规制结构，关系类型是古典契约关系；若资产是混合性或专用性的，交易频率低，相匹配的是当事人双方加第三方参与的三方规制结构，关系类型是新古典契约关系；若资产是非通用性的，交易频率较高，关系类型为关系性缔约活动：当资产具有混合性时，相匹配的是由当事人双方规制的结构，而当资产具有专用性时，相匹配的是由一方当事人统一规制的结构。

现代企业理论认为，企业是多方契约关系的凝结，是要素所有者交易产权的结果。企业产权理论主要研究企业拥有何种产权及内部权利安排两个问题：前者涉及企业与外部的产权关系，后者即为企业内部治理结构问题（黄少安，2004）。企业产权结构的重要性取决于其对交易费用、激励机制和经济行为产生的影响。某种程度的有限理性或者交易费用，使得现实中的契约是不完全的（incomplete）。① 契约不完全的原因在于预见成本、缔约成本和证实成本，当假定行为主体是有限理性的，对契约而言，人们就会发现，包揽无遗的缔约活动几乎是不可能的；当假定行为具有机会主义倾向，对契约而言，对未来作出种种许诺的契约是天真的（Tirole，1999）。格罗斯曼和哈特（1986）、哈特和穆尔（Hart & Moore，1990）以及哈特（1995）根据契约成本理论，把那种能事前通过契约加以明确界定的权利称为特定权利（实质上是通用权利），而将那种不能事前明确界定的权利称为剩余权利，发展了一个奠基于不完全契约的产权理论（GHM 理论），认为现实中的契约总是不完全的，完全契约只是契约理论研究的起点。当明晰产权的成本过高而使契约处于不完备状态时，所有权具有重要意义：剩余权利的有效配置必须使购买者所获得的激励收益超过售出者的激励损失，最优的剩余权利的所有权安排应该归属于对投资行动最重要的一方。

现实中，产权安排及其变动是借助制度装置来实施的，而制度是内生的，它对经济增长影响重大。制度的主要功能在于向人们提供一个稳定的秩序，从而形成有效的激励约束机制以减少环境复杂引起的不确定

① 许成刚（1998）认为，格罗斯曼和哈特等的重要贡献就在于他们发现了交易成本从哪里来、由什么决定的基本原因——合同（契约）的不完备性。许成刚教授的这一理解是值得商榷的。恰是正交易成本的存在决定了合同的不完备性，而不是相反。在零交易成本的世界里，合同是完备的。正因为科斯等以正交易成本为分析前提，才逻辑推导出现实中的合同是不完全的。参见［美］哈特：《企业、合同与财务结构》，上海，上海人民出版社，2006。

性，进而降低交易费用。诺斯和托马斯（North & Thomas，1973）指出，对经济增长起决定作用的是制度因素而非技术因素，一种能提供充当个人刺激的有效的产权制度是促进经济增长的决定因素。这表明，一个社会若想促进财富的持续增长，制度安排就必须鼓励生产性努力[①]，抑制分配性努力。然而，由于一种制度安排相对于产权关系的变化而言具有时滞性，因此，为了促进生产性努力的增长，制度需要适时变迁。制度变迁的原因在于存在现有制度安排无法获取的潜在利润，当内部化潜在利润的收益大于成本时，一般而言，新的制度安排将取代旧的制度，制度变迁就发生了。

产权经济学理论是财产权利的经济学溯源。科斯（1990）曾这样评价会计对现代企业理论的作用："会计数据对于企业行为而言是一个有价值的数据源，如果我是对的，那么人们对会计信息的使用能够极大地帮助发展一个有关企业的理论。然后，我认为会计理论是企业理论的一部分，如果这种观点被普遍认同，我们或许应该期望在经济学和会计学之间的交叉研究不断增加。我希望这会发生，这将给我带来极大的快乐去再一次从事在经济学与会计学之间有关两者相互联系的考察。它是50年或更长时间以前我和我的同事在伦敦经济学院想达到该目标的最高愿景。"产权理论对于探讨会计本质、会计目标、会计职能、会计对象、会计核算流程等具有重要的指导意义；交易费用理论和制度变迁理论提供了理解会计制度变迁与测度会计改革成效的新视角；合同理论（尤其是不完全合同理论）对于会计规则制定的原则导向与规则导向之争以及会计寻租等具有很强的解释力。

2.1.2 财产法理论

一般认为，财产法即调整民事主体之间财产关系的法。大陆法系中的财产法大致包括物权法、债权法和知识产权法，英美法系中的财产法则是指规范对物的归属和排他使用权利的法律，相当于大陆法系中的物

---

① 盛洪（2003）认为，人若追求自己的利益，必须付出努力。一般来说，努力有两种形式，一种是生产性努力，另一种是分配性努力。生产性努力即一个人为了获得收入而进行的创造新财富的活动。在其他人的情况不变的条件下，一个人生产性努力的结果是社会总财富的增加。分配性努力即一个人将别人已有的财富转变为自己的财富的活动。在其他人的情况不变的条件下，一个人分配性努力的结果是社会总财富的不增加，甚至减少。参见盛洪：《生产性努力的增长——论近现代经济发展的一个原因》，载盛洪：《现代制度经济学（下卷）》，北京，北京大学出版社，2003。

权法。物权法主要是调整因物的归属和利用而产生的民事关系，其内容包括物权的一般规则（总则）以及对各种物权和占有的规定，它不仅规范物权归属，还调整物的利用（设立、变更、转让和消灭）。我国《物权法》规定：物权包括所有权、用益物权和担保物权三类，是对特定物（有体物）享有直接支配和排他的权利，即物权是对“物”（包括动产、不动产以及法律规定的某些权利）的权利、对“物”的直接支配权和对“物”的排他支配权。《物权法》坚守四个基本原则：一是平等保护物权原则，即法律保护国家、集体、私人的物权，任何单位和个人不得侵犯，该原则是民法平等保护原则的具体化，是物权法的首要原则；二是物权法定原则，包括物权种类法定（当事人不得自由创设法律规定的新物权）和物权内容法定（当事人不得在物权中自由创设新的内容，如法律规定动产质押必须移转占有，当事人就不能创设不能移转的动产质押）；三是一物一权原则，即一物之上只能有一个所有权，不能有多个所有权，但所有人可以为多人（如三个人按份共有或共同共有），且一物之上可以设置多个物权（所有权、抵押权、留置权等）；四是公示公信原则，即不动产的权利状态（设立、变更、转让和消灭）通过“登记”制度表示，动产的权利状态（设立和转让）则通过“占有”表示，当物权依据法律规定进行了公示，即使该公示方法表现出来的物权存在瑕疵，对于信赖该物权存在并已从事物权交易的人，法律承认其法律效果，以保护交易安全，公信原则赋予公示的内容具有公信力。物权法的根本宗旨是通过界定财产权归属来鼓励人们创造社会财富，引导生产性努力的增长。

与物权法相对应，知识产权法是调整民事主体对“无体物”享有的直接支配和排他性权利的法律，包括著作权法、专利权法和商标权法等。如果发明人的权利得不到保护，将纵容模仿、盗版，这会减弱人们的创新欲望，阻碍技术、文化进步对经济社会发展的贡献。随着知识经济和信息经济时代的到来，政府必须授予创新者对其“专有信息的创新成果”以独占权（产权）来鼓励创新，促进社会利益的生产性努力的增长。物权法和知识产权法主要界定财产权归属和利用，债权法则主要调整财产权流转，主要包括合同法和侵权行为法①。在现代社会中，合同法主要用于调整平等主体之间基于平等、自愿等原则而发生的转让物品或权利、

① 此外还包括无因管理法和不当得利法，鉴于本书主要讨论合同法和侵权行为法，所以在此不做讨论。

完成工作和提供劳务等交易关系，又称交易法（崔建远，2003），其基本目标是促使人们通过交易实现私人目的。合同法的专有原则是缔约自由和鼓励交易，而交易是有费用的。侵权行为法主要保护人们的财产权利和人身权利不受他人侵犯。侵权行为具有三个要素：被告存在过失，原告遭受损害，损害与过失之间存在因果关系。当侵权行为发生时，被告就需承担损害赔偿责任，损失赔偿额应相当于因侵权而造成的损失。

物权和债权是民法中两大基本财产权，物权是债权成立的基础，即只有清晰界定的产权（物权）才可以顺利交易，而债权运动的结果就是物权交换，即交易的结果是为了换取另一种物权。在作为经济组织典型代表的企业中财产权的组合与表现一直是经济学和法学家关注的焦点，因为现代企业是要素所有者交易产权的结果，企业产权问题关系到利益相关者的产权利益。法学上关于企业财产权的制度主要体现为法人财产权制度。法人财产权的核心是赋予企业独立的法人地位，使其享有明确的权利、利益并承担相应的责任和风险，运用权责利制衡逻辑完善企业的经营机制，其获取源自法人财产制度。法人财产权制度旨在增强企业的主动性、积极性和自我约束能力。

尽管目前法学界和经济学界针对“法人财产权”与“法人所有权”之间关系的理解仍存分歧，但较为一致的观点是法人财产权最基础、最重要的组成部分是法人所有权，《物权法》也采纳并佐证了该观点。在实践中，一物一权原则的确立至关重要（杨立新，2007）。出资者所有权与法人所有权似乎违背了一物一权，但其权能在法人与出资者之间进行了重新分配，并不存在权能重叠，即权能还是唯一的。作为整体的权能合一而各项具体权能独自分离，并未违背一物一权原则。法马（Fama，1980）认为企业本身是无所谓“所有者”的，因为企业是多边契约关系的联结体。但“企业所有权”的说法如此根深蒂固，经济学家保留了“企业所有权”概念（沈辉和肖小凤，2006），法学家则称其为“法人所有权”。实际上，企业属于法人之一，即企业法人。若限于拥有独立产权的企业层面，企业与法人本质上是一致的，只是经济学界和法学界的称谓不同而已。由于所有权是产权的基础和核心内容，因而法人产权可称为法人所有权（当然属于产权狭义层面的理解）。但从广义上讲，法人所有权仍是法人财产权的重要组成部分。

财产法理论是财产权利的法学渊源。会计学中的“资产”和“负债”承载的是法学上的“权利”和“义务”，两者之间存在对等关系。“资产”

概念是法学上“财产”概念的会计学表述。物权法定对于理解会计基本概念的内涵和会计核算流程具有重要启示意义。企业法人财产权（所有权）制度界定了会计主体边界。法学上的产权保护方法为构建以会计学为基础的产权保护体系提供了重要参考。会计作为经济组织最重要的计量机制，通过核算和监督，反映经济组织（如企业）的财务状况（财产权利状态分布）和经营成果（财产运作的价值化成果），为法学上财产归属界定和流转交易提供了微观基础。产权（财产权）价值化实现过程中的信息及其成果需要会计提供基础数据信息。会计是量化、控制和降低产权流转交易过程中交易费用，提高交易效率，增加社会福利的基础手段。

2.2　科斯定理

2.2.1　科斯定理：内容与贡献

罗纳德·H. 科斯是芝加哥大学法学院教授，现代产权理论的创始人，公认的产权经济学鼻祖。他于 1937 年发表的《企业的性质》开交易费用经济学研究之先河，被誉为产权经济学的开山之作。1961 年出版的《社会成本问题》提出了广为人知的“科斯定理”（Coase Theorem），并开创了“法律经济学”这一新的经济研究领域。科斯凭借这两篇经典论文于 1991 年获得了诺贝尔经济学奖。

作为现代产权理论支柱的科斯定理，其核心思想形成于《社会成本问题》一文。在该文中，科斯讨论如何处理外部性时揭示了庇古（Pigou）传统的教条式错误，指出了产权界定和产权安排在经济交易中的重要性。庇古认为，面对 A 损害 B 时，要么对 A 课税，要么干脆通过禁令要 A 停止侵害以使 B 免遭损害。科斯敏锐地发现了外部性问题具有相互性，问题的关键不是阻止 A 对 B 的侵害，而是如何避免更严重的损害。他依此原则界定产权：A 是否有权损害 B，或 B 是否有权要求 A 提供赔偿。科斯通过对“养牛人的牛跑到农场主土地吃掉农作物引起纠纷”案例的细致分析，得出了科斯定理的核心内容。科斯力图通过分析不同的产权界定和交易费用对经济活动的影响以寻求最大化产值（最高经济效率）策略下的最优产权界定和产权制度。关于这一命题的经典结论，就是著名的科斯定理。

1. 科斯定理的经济学表述

产权经济学的精华就是由施蒂格勒（Stigler）根据《社会成本问题》一文的主要思想概括的科斯定理。一般认为，科斯定理的经济学形式由两个定理组成。

定理1：若交易费用为零，不管产权初始如何界定，市场交易必将导致资源配置处于帕累托最优状态。

此定理即科斯第一定理。交易费用为零的状态是指市场交易中价格机制的运转费用为零，即发现和通知交易的费用、谈判费用、缔约费用、检查费用和履约费用等均为零。产权的初始界定意指生产要素参与生产活动时，其权属的法律界定（Posner，1997）。科斯强调了市场交易对初始权利界定的自动调节功能。在零交易费用条件下，这种自动调节不会遇到任何障碍。市场交易的这种自动调节是通过不同权利的自愿交换进而改变初始产权界定以形成新的产权安排来实现的。只要新的产权安排能使社会福利增加，即资源配置优化，那么权利的重新安排就会在市场运动中自发产生（Coase，1990）。这就是科斯第一定理的主要贡献。

然而，正如科斯所言，交易费用为零的理想世界，是他极力告诫经济学家远离的世界，经济学家应该关注正交易费用的现实世界，实现从“黑板经济学”向“现实经济学”过渡。以科斯第一定理为铺垫，在《社会成本问题》一文中，科斯通过对外部损害问题的案例分析，阐明在存在交易费用的现实世界中，法律初始界定的权利归属及后续判决引致的权利调整对资源配置效率具有重要影响，其核心思想就是科斯第二定理。

定理2：若交易费用为正，产权的初始界定及其后续调整对资源配置效率具有重要影响。

在交易费用为正的现实世界中，市场交易将对初始产权界定的自动调节功能构成限制。交易费用越大，限制越严重，以致初始产权界定的调整因交易费用过高而无法实现。尽管如此，在初始产权明确界定的情况下，相互作用的各方也会根据“调整使得产值的增加大于调整所耗的成本”原则，通过缔约实现权利的自愿调整。在这里，初始产权界定通过作用于权利后续调整的成本影响资源配置效率。此外，在初始产权界定模糊的情况下，我们可以顺着科斯的思路作如下合理推断：在交易费用为正的现实世界中，初始产权的模糊界定必将导致“公共领域”出现，并引致该产权的租值耗散，阻止租值耗散、提高产权价值与效率的唯一途径就是变“模糊产权”为“明晰产权”，方法就是重新界定产权。即为了提高产权的租值，优化资源配置，需要内部化这种负外部效应，可行的办法就是产权变迁或产权的重新安排。只有这样，才能使该产权的个人收益率与社会收益率相一致，促进生产性努力的增长，提高资源配置效率。

从定理 1 和定理 2 之间的关联中，我们发现，科斯首次研究了交易费用、产权界定与资源配置之间的重要联系，从而将交易费用和产权配置引入现代经济学的分析框架，再结合 1937 年《企业的性质》一文中“企业是对市场的替代，其存在根源于比市场交易更能节省交易费用”的经典观点，创立了现代产权理论。该理论研究在资源稀缺条件下，如何通过界定、变更产权安排来协调人们之间的利益冲突以降低交易费用，并以“交易费用最低”作为选择经济组织形式和体制的评判标准。以此为基础，威廉姆森等人系统发展了经济组织的交易费用经济学，诺斯（North）等通过对经济史的分析创建了制度变迁理论，张五常、阿尔钦和德姆塞茨等通过对企业契约性质的深入考察，深化和完善了源于科斯的现代企业理论。

2. 科斯定理的法学表述

人类历史的演进表明，交易需求先于产权界定的需求，即“交易先于产权”；在人类进入文明社会以后，尤其是进入市场经济社会以后，则是“产权先于交易”，即产权界定明晰是交易顺利进行的前提。科斯（1990）认为，没有这种权利的初始界定，就不存在权利转让和重新组合的市场交易。界定产权有两种主要方式：一是诉诸法律；二是私下交易（段毅才，1992）。《社会成本问题》一文从外部性引致的损害赔偿问题出发，通过分析法律对权利的不同界定所形成的各种可能的权利配置结构的影响，寻求社会成本最低的权利配置结构，开创了法律经济学研究的先河。法律经济学的研究结论实质上在于向经济学家表明，仅仅注意到资源约束是远远不够的，制度的或法律的约束应该成为分析经济关系的焦点，因此，对法律的经济分析便从分析合法权利的配置楔入，用与分析资源配置经济方法相似的方法来确定权利分配的最适度边界（Cooter & Ulen，1999）。科斯的《社会成本问题》一文的核心思想从法学角度可表述如下。

科斯定理：若交易费用为零，不论法律如何通过界定产权来配置资源，只要允许自由交易，资源配置总会达到高效率；若交易费用为正，使交易费用最小化的法律制度是最优选择。

实际上，法学上表述的科斯定理仅仅是经济学上科斯定理限定于“法律界定产权”领域的一种应用。在此基础上，经过法律经济学家的发展，科斯定理取得了法学上的特殊形式，即“规范的科斯定理”和“实证的科斯定理”。

规范的科斯定理：建立法律以消除私人合作协议障碍。

该定理与“规范的霍布斯定理”（建立法律以使私人协议失败造成的损害最小化）成为财产法的两个规范原则，并成为法律经济学分析的核心（Cooter & Ulen，1999）。可见，以“有助于私人谈判合作，促进权利自愿交易，并最小化损害引致的交易费用进行产权界定和制度选择”为准则，已经成为法律经济学的重要价值取向。

实证的科斯定理：当双方能够一起谈判并通过合作解决争端时，无论法律的基本规则是什么，他们的行为都将是有效率的（Cooter & Ulen，1999）。

该定理强调，当存在法律协议时，合作解决争议将符合“最小化交易费用”原则。因而，在因外部性问题出现法律纠纷时，为了避免更严重的损害、最小化双方的交易费用和社会成本，进而提高资源配置效率，法院应以双方在解决争端中合作的可能性为基础来选择是采用“禁令”还是“损害赔偿”惩罚方式。对合作有障碍的，法院应该选择损害赔偿；对合作无障碍的，法院应该选择禁令。考特和尤伦（Cooter & Ulen，1999）用“私害”描述影响极少数人的损害，而用“公害”描述影响许多人的损害，开出了解决财产纠纷的处方：用禁令惩罚对付私害，用损害赔偿惩罚对付公害。理论上讲，各种公害的外部性应该通过要求制造方全面补偿受害者来定价，但是如果损害属于私害，就应选择禁令这种衡平赔偿。因为这种损害的私人特征能通过私人谈判合作解决问题，即对于私害来说，禁令很少构成威胁并符合实证的科斯定理所描述的私人解决条件。波斯纳（1997）在科斯定理的基础上，通过改进和发展其核心思想并将其用于具体部门法的分析，得出了著名的波斯纳定理：如果市场交易费用过高而抑制交易，那么，权利应该赋予那些最珍视它们的人。斯密定理（自愿交易对双方是互利的）、科斯定理和波斯纳定理已经成为法律经济学深化和拓展的理论基石。

2.2.2　科斯定理：争论与缺陷

尽管科斯定理具有非常重要的划时代意义，但科斯在《社会成本问题》中关于政府管制和资源配置效率等问题的相关分析与结论还是引发了热烈讨论。张五常、舒尔茨（Schultz）和布坎南（Buchanan）等提出了不同批评意见。

张五常（1987）在《中国的前途》一书中针对《社会成本问题》一文指出：按科斯定理的解释，只要政府管制成本低于市场交易费用，那么政府管制就比市场交易更有效，这就等于否定了科斯主张的自愿交易有效的结论。但是，科斯认为，过高的交易费用会阻碍市场交易达到资源最佳配置，政府管制此时是不得已的次优选择。科斯在《联邦通讯委员会》中指出："如果市场运行成本大大超过行政机构运行成本，我们可能会默认行政机构由于无知、缺乏弹性以及迫于政治压力所产生的资源分配失误。但在美国，几乎没有人认为这种事情在大多数产业中发生"（方绍伟，1992）。可见，科斯的效率有最优选择和次优选择之分，张五常的批评似乎模糊了科斯的效率标准。

舒尔茨（1977）在《私人利益的公共利用》一书中指出：除交易费用外，垄断也是阻碍资源有效配置的原因；垄断企业减少了市场交易费用，按理应成为资源配置的有力方式，但事实正好相反，因此，零交易费用不是效率的充分条件，只有完全竞争才能保证明晰产权的市场交易达到最优效率。事实上，帕累托最优是以零交易费用为假设的，因而科斯第一定理被认为是同义反复。然而，完全竞争和零交易费用都是理想世界中的图景，科斯的本意是要人们关注正交易费用的现实世界中产权界定对资源配置的影响（科斯第二定理）。

布坎南（1959）在《实证经济学、福利经济学与政治经济学》中坚持"维克赛尔效率"标准，认为一致性是效率的最终尺度，得出了所谓的"布坎南定理"：只要在相互关系中所有交易者都能自由地进行交易，并且所有的交易者的产权界定是明晰的，那么资源就会按其最有价值的用途进行配置，根本不需要任何修正条件。布坎南认为，交易费用、搭便车、策略性行为、不同产权界定和调整都与效率无关，只有非自愿交易或非明确产权交易才构成效率障碍，因此，科斯定理不能成立。尽管布坎南在坚持维克塞尔效率的基础上对科斯定理进行了批判，但由于作为主观主义的维克塞尔效率与作为客观主义的帕累托效率存在重大差异，因而也不是致命性的。

20世纪90年代初期，中国的市场化经济体制改革步入实质性阶段，由于社会主义市场经济体制改革实际上是一种产权改革，因此科斯定理迅速传播到中国，并引发中国经济学界的热烈讨论。

高鸿业（1991）在总结西方学者对科斯定理的批判的基础上，将其缺陷归纳为三个方面：一是科斯定理假设交易费用为零，而事实上并非如此；二是即使交易费用为零，也存在策略性行为①，这可能使社会达到最有效率的状态；三是科斯定理忽略了收入分配效应，因为不同的产权分配方式可以造成不同的收入分配，而这种收入分配效应导致的后果却为科斯定理所忽视，收入分配效应的差异是不同的产权分配所造成的重要后果之一，甚至是最重要的后果，而不公平的收入分配会导致生产率下降、社会动荡甚至社会制度改变。谈论产权的改变而忽视它对收入分配的影响，就是抽象掉了这一问题的最主要内容。

陈郁（1991）对上述三个问题分别做了回应：一是关于零交易费用假设，所谓的零交易费用世界正是科斯竭力说服经济学家要离开的理想世界，目的是研究现实世界（即交易费用为正的世界）；二是关于策略性行为问题，通俗地讲就是机会主义行为，科斯第一定理的前提假设已使得策略性行为赖以生存的环境不复存在，与其说是机会主义行为使得科斯定理不适用于现实世界，还不如说科斯正是以被人称为“科斯定理”的思想来促使人们更加注重现实世界；三是关于收入分配效应问题，任何理论都有其存在的前提条件和适用范围，以此来批判科斯定理的理由并不充分。收入分配首先是一定资源配置下的收入分配，即效率问题优先，但并不意味着不应将收入分配问题作为公平问题来考察，通过引入“交易费用”这一变量，收入分配问题就伴随着资源配置的不同变化而与权利的初始界定、社会政治和经济后果紧密相连了，所以科斯倡导研究有成本的“生产的制度结构”。

林立（2005）认为，法律经济学遵循科斯定理传统，主张法律（作出权利归属的规定）的目的就是透过一种权利归属的规定让交易费用降至最低，即法律应以促进经济效率为目的。科斯的这一主张将导致一个结果，即法律的唯一考量就是促进经济效率而完全不考虑个人之间的分配正义问题。科斯的权利相对化策略和纯经济效率的单向思维与法的公

① 策略性行为是交易者利用现存条件使自己获得最大利益所采取的姿态。

平正义精神是相违背的。

科斯定理遵循经济学传统，以帕累托效率为标准，以效率最大化为价值取向是无可非议的。尽管科斯定理没有考虑收入分配效应，但并不意味着科斯本人不重视公平问题。一个定理要同时囊括促进效率和协调公平的旨意往往是难以达到的。也许科斯的言外之意是：纯经济效率本身就是经济公平的要义，而所谓的“收入分配效应”问题应该由国家政策在再分配环节予以调节。所谓的“权利相对化”策略仅仅是告诉人们：在制定法律界定产权时，应坚持“促进自愿交易以最小化成本”原则，而实际执行法律时，普通法传统（判例法）下的法官可以在借鉴以往判例和相关法律原则的基础上以“最小化交易费用和社会成本”为原则进行权利判决，大陆法传统（成文法）下的法官必须遵循现有法律框架，在可自由裁量权领域，法官进行权利判决也应贯彻“最小化自愿交易费用和社会成本”原则。这实际上是告诉法官，尽管公平正义是法的精神要义，但在制定法规和判案时仍应考虑以效率原则进行权利界定对资源配置效率的重要影响。这才是科斯定理对法学界的重要启迪。波斯纳以及考特和尤伦遵循科斯传统对相关部门法进行了经济分析，并提出了产权效率体制的三大标准：产权的私有性、排他性和可转让性。实际上这三大标准中产权的私有性决定了排他性和可转让性的实现程度。他们由此得出“私有财产是最有效率的”结论。产权效率体制的三大标准与休谟（Hume）主张的正义三自然法则（财产占有稳定、根据同意转移所有物、履行许诺）具有高度的耦合性：产权私有隐喻着财产占有稳定和根据同意转移所有物，而转移所有物又以产权的排他性为前提。产权的稳定性是社会财富增加的重要决定因素。因而，产权效率体制与产权正义三自然法则之间具有内在一致性，即效率传统与公平正义传统并不必然矛盾。我们往往指责产权经济学家将产权改革等同于私有化，实际上他们的本意是强调产权界定清晰。在资本主义国家，私有制是经济制度的基础，因而将产权界定清晰理解为财产应该私有是合乎国情的。而中国市场化经济改革的实践证明，市场化改革本质上是一场产权改革，是变模糊产权为明晰产权的过程。明晰产权体现为具有确定的产权主体（政府、企业、个人和集体等）并承担相应的权责利，这种产权主体的类型究竟是个人、集体还是国家代理人，由该国的基本经济制度决定。中国“以公有制为主体，多种经济成分并存和共同发展”的基本经济制度决定了明晰产权的主体是多样化的，而不仅仅是个人（私人）。因而，中国一贯反对“产权改革就是私有化”的论调。部分西方学者主张“产权改革就是私有化”源于他们对资本主义的信仰，而忽视了社会主义制度的特质。科斯定理是对的，但其政策建议在这一点上被狭隘地理解错了。产权改革的过程实质上就是通过重新界定和调整权利归属以明晰产权主体①的过程。将“财产私有”扩展为“财产归属于明晰的产权主体”，产权效率体制三大标准和正义三自然法则仍然成立。因此，将科斯定理的政策建议理解为私有化是错误的。

综上所述，从经济学角度和法学角度来看，科斯定理似乎没有致命缺陷，但是从会计学角度来看，科斯定理存在两个致命缺陷。

1. 交易费用量化难题

交易费用难以量化首先归因于交易费用概念模糊，即关于交易费用的定义至今没有定论。科斯（1937）认为，市场交易费用包括发现和通知交易者的费用、谈判费用、签订合同以及保证合同条件履行而进行必要检查的费用等。即交易费用是使用价格机制的成本。阿罗（Arrow，1969）将交易费用定义为经济制度运行的费用。德姆塞茨（1968）认为交易费用就是交换所有权的成本。巴泽尔（Barzel，1989）则将交易费用定义为与转移、获取和保护权利相关的费用。现代制度经济学更广泛地将交易费用定义为包括所有与制度或组织的建立、变迁和使用有关的成本。其次，由于生产费用和交易费用被联合决定，使得对交易费用的单独计量相当困难。在现实交易中，部分交易费用构成了会计核算体系中生产费用的内容，进而体现在产品成本中，使得产品生产成本被交易费用和生产费用联合决定。要计量交易费用，就必须从产品成本中分离出交易费用，这增加了交易费用单独量化的难度。尽管产权经济学家从宏观和微观两个维度对交易费用的度量进行了艰苦探索，但因交易费用定义及计量指标的模棱两可而遭受争议。宏观方面，沃利斯和诺斯（Wallis & North，1988）将交易费用定义为美国经济中交易部门发生的成本，试图直接从国民账户数据中分离出交易费用；微观层面，德姆塞茨（1968）用买卖价差及经纪人收费对金融市场交易进行了直接测度，威廉姆森（1979，1985）把专用性投资所采用的不同合同类型进行比较分析以间接测算交易费用，得到的结论是产权和制度结构严重影响交易费用大小。这些计量难题严重限制了以科斯定理为核心的产权经济学理论在现实中

① 明晰产权主体要求责权利相对称。

的应用，使得交易费用分析难以摆脱“凭感觉决策”的困境。交易费用的量化难题亟待解决。

2. 交易费用配比问题

科斯定理隐喻的重要政策建议是：在进行制度选择时，以“交易费用孰低”为准则。然而，这一准则忽视了会计学上的一个重要原则——配比原则。一项交易活动之所以会发生，是因为交易双方想获取交易收益①，并愿意为此支付交易费用。只有当交易收益大于交易费用时，才会激发交易活动。若交易收益小于交易费用，很可能因过高的交易费用抵减了交易收益而导致交易利润出现亏损，进而阻碍交易进行。因此，在选择一种产权制度时，我们不是仅仅比较交易费用孰低，而是需要综合权衡不同制度安排所带来的生产收益、生产费用、交易收益和交易费用。也许产权经济学家会反驳，“交易费用孰低”准则是在假定各种制度收益相同的情况下进行决策的基本准则，但是，该假定在现实中难以成立。正如科斯告诫我们要研究正交易费用的现实世界，我们也告诫经济学家舍弃制度收益相等的理想假设而转向制度运行收益不等的现实世界。此外，即便该假定成立，仅仅考虑交易费用而忽视生产费用也存在逻辑缺陷。科斯在阿罗提出“交易费用”概念的基础上将其引入经济组织结构的分析框架，很大程度上得益于科斯本人的成本会计知识，但遗憾的是他没有利用财务会计非常重要的配比原则来对产权制度进行全面分析，以致引来诸多批评。因此，未考虑交易费用配比的专业化、一体化与企业边界理论及产权制度选优准则亟待借鉴会计学中的配比原则来加以完善。

2.3　会计学对科斯定理的完善与推进

2.3.1　专业化、一体化与企业边界

一个专业化的选择意味着采用市场交易方式，一个一体化的选择意味着采用企业内交易方式（盛洪，2006）。那么，资源配置究竟是采用市场交易方式还是企业内交易方式呢？科斯在《企业的性质》一文中指出：

① 交易收益即人与人之间交易活动中产生的收益。

“企业是市场的替代，这种替代之所以会发生，是因为这种替代是有利可图的，即企业诞生于能比市场节省交易费用的地方。”我们可以用图 2—1 简单解释：TC_m表示选择专业化的交易费用，TC_i表示选择一体化的内部交易费用（组织费用），横轴表示产出，纵轴表示交易费用或组织费用。

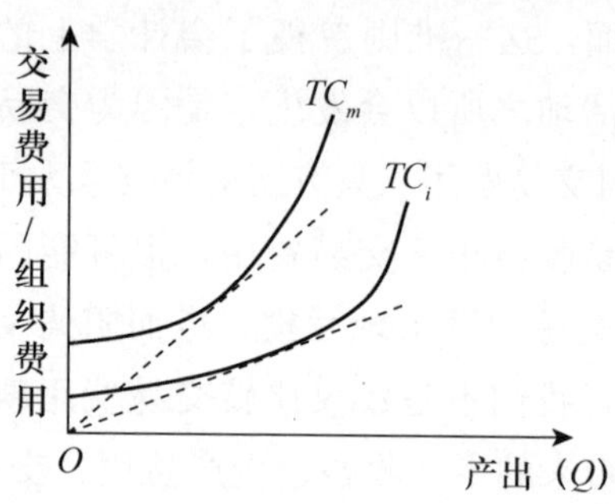

图 2—1 一体化与专业化的基本思想

当$\frac{dTC_m}{dQ}<\frac{dTC_i}{dQ}$时，该项交易应采用一体化方式进行；

当$\frac{dTC_m}{dQ}>\frac{dTC_i}{dQ}$时，该项交易应采用专业化方式进行。

科斯由此推断出关于企业边界的重要结论：当企业的组织管理费用与市场交易费用相等时，企业规模达到最大。即此时$\frac{dTC_m}{dQ}=\frac{dTC_i}{dQ}$。

科斯认为一体化与专业化标准成立的前提是两者的未来预期收益相等，也就是会计学上的关于原材料自制还是外购的决策标准。若未来预期收益不一致，则此时选择一体化还是专业化的标准必须综合考虑两种方式下收益扣减成本费用后（即利润）的权衡。设一体化条件下的利润为 P_c，专业化条件下的利润为 P_s，则有：

当 $P_s>P_c$时，应选择专业化；

当 $P_s<P_c$时，应选择一体化；

当 $P_s=P_c$时，选择无差异。

同理，仅仅考虑交易成本而作出企业最优边界的结论是值得商榷的。企业的边界应由收入与费用（包括生产费用和交易费用）共同决定，如图 2—2 所示。

其中，C 代表成本费用曲线；S 表示销售收入净额曲线；P 代表利润曲线。那么，I 区域就是企业的经济区域，Q_2 就是企业的边界（以产量表示）。

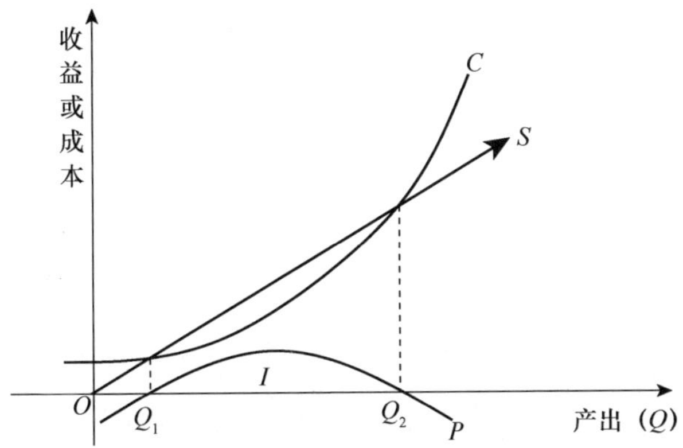

图 2—2 修正的企业边界决定

当$\frac{dS}{dQ}=\frac{dC}{dQ}$时，企业规模达到最优；

当$\frac{dS}{dQ}>\frac{dC}{dQ}$时，企业处于规模收益递增状态；

当$\frac{dS}{dQ}<\frac{dC}{dQ}$时，企业处于规模收益递减状态。

因此，科斯的企业边界理论是值得商榷的，该理论忽视了会计学中非常重要的配比原则隐喻的重要经济含义。

2.3.2 产权制度选优准则

科斯定理的重要政策之一就是：在两种产权制度之间进行选择时，应以“交易费用孰低”为准则。设有两种产权制度（A 和 B）可供选择，制度 A 的运行费用（交易费用）为 TC_A，制度 B 的运行费用（交易费用）为 TC_B，科斯认为：

当 $TC_A>TC_B$时，选 B；

当 $TC_A<TC_B$时，选 A；

当 $TC_A=TC_B$时，选 A 或 B。

这一决策准则存在如下缺陷：首先，没有考虑配比原则，我们不仅要考虑制度运行费用（交易费用），还要考虑制度综合成本（包括生产费用和交易费用）与制度综合收益（包括生产收益和交易收益）的权衡；其次，没有考虑权利的初始界定中原制度过渡到新制度的过渡成本，这也是一种重要的交易费用，是决定产权制度能否变迁的重要因素。因而，科斯的制度选优准则应作如下改进。

1. 两种制度优劣的比较：从交易费用理论到利润理论

设制度 A 条件下的生产收益[①]为 PR_A，生产费用为 PC_A，则生产利润 PP_A为：

$$PP_A = PR_A - PC_A = (C+V+m) - (C+V) = m$$

式中，C 表示劳动资料和劳动手段的价值；V 表示活劳动消耗成本；m 表示剩余价值。

生产利润就是马克思所说的产品（商品）的剩余价值。

设制度 A 条件下的交易收益[②]为 TR_A，交易费用为 TC_A，则交易利润 TP_A为：

$$TP_A = TR_A - TC_A = S - (C+V+m) - TC_A$$

式中，S 表示产品的销售净额。

设制度 A 的总利润为 ITP_A，则有：

当 $PP_A>0$ 且 $TP_A>0$ 时，该制度下的企业生产经营活动才属正常，在此情况下，若 $PP_A-TP_A>0$，表明该制度下的总利润主要来自生产利润，PP_A-TP_A差额（设为 DP_A）越大，表明该制度越具有生产性，可以遏制分配性努力的增长，促进生产性努力的增长，进而助推经济增长。

当 $ITP_A=PP_A+TP_A>0$，即 $S-(C+V+TC_A)>0$ 时，表明该制度下企业的产品收益抵减生产费用和交易费用仍有剩余，这是制度存在的必要前提。

同理，我们也可以算出 ITP_B。至此，我们可以得出两种制度优劣的判断标准：

当 $ITP_A>ITP_B$时，A 优于 B；

当 $ITP_A<ITP_B$时，B 优于 A；

当 $ITP_A=ITP_B$时，若 $DP_A>DP_B$，则 A 优于 B；

若 $DP_A<DP_B$，则 B 优于 A；

若 $DP_A=DP_B$，则 A 与 B 无差异。

2. 现实中的产权制度选优准则：利润理论的一个应用

如前所述，现实中选择新制度时，需要考虑从原制度过渡到新制度的费用，即过渡费用（设为 CT）。其中，过渡到 A 制度的费用设为 CT_A，

---

① 即人的劳动作用于物而创造的收益。

② 即人与人之间的交往活动而获取的收益。

过渡到 B 制度的费用设为 CT_B。因而，结合利润理论，科斯的产权制度选优准则应改进如下。

在 $ITP_A - CT_A > 0$，且 $ITP_B - CT_B > 0$ 的前提下：

当 $ITP_A - CT_A > ITP_B - CT_B$ 时，选 A；

当 $ITP_A - CT_A < ITP_B - CT_B$ 时，选 B；

当 $ITP_A - CT_A = ITP_B - CT_B$ 时，若 $DP_A > DP_B$，则选 A；

若 $DP_A < DP_B$，则选 B；

若 $DP_A = DP_B$，则选 A 或 B。

综上可见，由于科斯没有利用会计学里的配比原则，使得他的产权制度（或经济体制）选优准则亟待改进。这也充分体现了会计学对产权经济学理论的重要贡献。

2.3.3 会计学对科斯定理的六个推论

会计存在的直接原因是减少信息不对称，根本原因是通过界定产权和保护产权来内部化信息不对称引致的外部性，使得组织的个人收益率与社会收益率趋于一致，促进生产性努力的增长，提高资源配置效率。会计学既具有经济学的学科属性（是优化资源配置的信号灯），也具有法学的学科属性（是优化权利配置的垫脚石）。遵循科斯的经济学和法学传统，我们可以从会计学角度对科斯定理作如下推论。

推论 1：若交易费用为零，会计信息质量高低不影响资源配置效率。

推论 2：若交易费用为正，会计信息质量高低对资源配置效率具有重大影响。

推论 3：建立国际趋同的会计准则以消除私人合作协议障碍。

推论 4：当争议双方能够通过合作解决争端时，无论会计准则如何界定权利，他们的行为都是有效的。

推论 5：随着市场经济的完善程度逐步提高（降低），会计信息在资源配置中的重要性逐渐下降（上升）。

推论 6：在由计划经济向市场经济过渡的进程中，会计信息质量对资源配置效率具有重大影响。

分析 1：推论 1 和推论 2 是从科斯定理的经济学表述引申而来的。正如科斯第一定理是第二定理的铺垫一样，推论 1 也是推论 2 的铺垫。交易费用为零与完全竞争和帕累托最优实质上是三个对等的范畴。当交易费用为零时，资源可以自由、无障碍地交易，进而实现最优的资源配置效率，即帕累托效率。那么，对于会计信息而言，无论会计信息质量高或低，此时都对资源配置效率没有任何影响。因为当交易费用为零时，不存在信息不对称，此时以减少信息不对称为直接目标的财务会计也就没有存在的必要。若存在信息不对称，则信息质量也不会影响资源配置效率，此时会计信息无法发挥资源配置信号灯的作用。然而，现实中交易费用是正的，有关利益相关者的产权信息是不对称的，此时会计就大有用武之地。会计信息质量越高，就越能减少信息不对称，越能准确界定各产权主体的利益边界，使得产权主体的个人收益率与社会收益率趋于一致，促进生产性努力的增长，提高组织资源配置效率。当然，反之，则反是。

分析 2：推论 3 和推论 4 是立足于科斯定理的法学表述。在我国，会计准则属于部门规章，具有强制力。会计是国际通用的商业语言，为了促进跨国私人投资合作，必须建立全球统一的高质量的游戏规则（如法规），这种合作有利于充分发挥各国经济的比较优势，实现优势互补，降低交易费用，进而实现资源在全球范围内的高效配置。建立国际趋同的会计准则是各国对外开放、实施走出去战略的必要前提。国际趋同的会计准则有利于降低准则转换等交易费用，降低合作中机会主义行为引致的成本，促进自愿交易，扩充市场范围。当争议的双方能够通过合作解决争端时，私人协议能够纠正会计准则对产权的无效率界定。因而，相对于会计准则界定产权而言，私人协议更符合双方利益，即不论会计准则如何界定产权，他们的合作行为都是有效率的。

分析 3：推论 5 和推论 6 是针对市场经济条件下会计信息质量对资源配置效率的影响而言的。市场经济越完善，则竞争越充分，信息越完全，其他非会计信息也能够为资源配置提供信息源，此时会计信息对资源配置的导向作用就减弱了，即重要性下降了。反之，则反是。计划经济向市场经济的过渡实际上是产权明晰化的过程。在计划经济时代，导源于“计划决定一切”思维，会计信息的资源配置作用没有得到应有的重视。而在向市场经济过渡的进程中，人们发现与市场经济相适应的财务会计信息的生成过程及列报实际上是会计界定产权的过程和对界定结果的揭示。会计准确界定产权的目的是明晰产权，进而保护产权，使组织个人收益率与社会收益率趋于一致，以激励人们从事生产活动，促进生产性努力的增长，提高资源配置效率。因而，会计信息质量越高，表明会计对产权的界定越准确，就越能对资源配置产生重大影响。

第 3 章　会计本质与会计目标：产权及外部性分析

3.1　产权与外部性一般

3.1.1　产权与外部性：历史观点

在人类历史发展过程中，产权制度的演进大体经历了建立排他性产权制度、建立可转让的产权制度以及与各种组织形式创新联系在一起的产权制度三个阶段：在某种程度上，人类早期的历史就是一个建立排他性产权制度的历史；产权的转让与社会分工、市场经济制度的发展紧密相连；现代企业产权制度的建立使得产权的分割、转让、交易变得更加容易，提高了产权制度效率（卢现祥，1999）。前文已述，产权的形成过程与外部性内部化紧密相连，有效的产权制度可以减少甚至消除外部性（即内部化外部性），使得个人在从事经济活动过程中获得的个人收益率与社会收益率趋于一致，激励人们生产性努力的增长，推动经济和社会持续、健康发展。

外部性概念最早由马歇尔（Marshall，1890）在《经济学原理》一书中提出，他从一种货物生产规模扩大角度将经济划分为外部经济与内部经济：前者源于该产业的一般发展，后者依赖于该货物所属企业自身发展。庇古（1924）从经济福利的角度认为，外部性发轫于社会边际净生产对私人边际净生产的偏离，并补充了外部性可正或负的重要思想。奈特（Knight，1924）将外部不经济的出现归因于对稀缺资源缺乏产权界定，主张将稀缺资源私有化以克服外部不经济。米德（Meade，1952）、布坎南和斯塔布尔宾（Buchanan & Stubblebine，1962）、西多夫斯基

(Scitovsky，1954) 和贝特 (Bator，1958) 通过解释和描述相关外部性案例得出：外部性存在于非完全市场竞争场合，是市场失灵的一个方面。科斯 (1960) 认为，外部性问题的解决一定要考虑外部性具有相互性的特点，不能简单地限制责任者，必须决定的是防止损害的收益是否大于禁止责任者停止损害而引致的损失。由政府主导解决外部性问题的真正危险在于政府干预可能使对损害负责的个人得到保护。德姆塞茨 (1967) 认为，要将外部性内部化，实际上需要改变财产权利，并以内部化带来的收益大于权利双方的交易费用为前提。他应用逆向思维从外部性的视角探讨了产权的起源，发现产权起源于内部化外部性的收益大于成本的过程之中。产权的主要功能在于明确激励—报酬结构以在更大程度上内部化外部性。因而，现代社会中要内部化外部性，需要对产权进行重新界定或调整。

以成本和收益分担为标准，外部性可分为正外部性和负外部性；以外部性是否影响社会总产出为标准，外部性可分为技术外部性与货币外部性；根据外部性行为的实施者是生产者还是消费者，外部性可分为生产外部性和消费外部性；根据外部性是否存在交互性，外部性可分为简单外部性和复杂外部性；根据产生外部性的双方是否属于同一期间，外部性可分为代内外部性和代际外部性；根据外部性的实施者是通过经济活动行为还是制定某制度影响对方，外部性可分为物质外部性和制度外部性。① 由于会计是以货币计量的微观计量机制，因此我们将外部性分为外部经济和外部不经济，其中，外部经济就是正外部性，外部不经济就是负外部性。

本书的论述将涉及外部性内部化和内部化外部性的表述，我们约定："外部性内部化"是一个联合名词短语，而"内部化外部性"是一个动宾结构短语；前者主要用于回答"是什么"，而后者主要用于回答"做什么"。一般而言，回答"是什么"属于本质关注的问题，而回答"做什么"和"能做什么"分别是目标和职能关注的问题。本书将遵循这个一般逻辑。但是对于产权的基本功能而言，产权经济学的惯用表述却是"外部性内部化"，即"是什么"的问题，但其本质含义还是回答产权能"做什么"的问题。为了不引起读者误解，本书将沿用这种惯用表述。

---

① 参见贾丽虹：《外部性理论研究》，北京，人民出版社，2007。

3.1.2　产权功能：外部性内部化

1. 外部性问题的产生及其实质

设 R^A 表示经济主体 A 的成本—收益函数，X_{iA} 表示 A 为增加收益所动用的第 i 种资源，E_{i^*B} 表示经济主体 B 的行为对 A 动用第 i 种资源的影响（i^*B 表示 B 的行为对 i 资源的影响），则可以建立一个简单的二人外部性模型：

$$R^A=R(X_{iA},E_{i^*B})\quad(i=1,2,3,\cdots,n;i^*=1,2,3,\cdots,n^*)$$

若 $\frac{\partial R^A}{\partial E_{i^*B}}>0$，则 B 对 A 具有正的外部效应，此时处于外部经济状态；

若 $\frac{\partial R^A}{\partial E_{i^*B}}<0$，则 B 对 A 具有负的外部效应，此时处于外部不经济状态；

若 $\frac{\partial R^A}{\partial E_{i^*B}}=0$，则 B 的行为对 A 没有影响，不存在外部性。

从上述分析中我们发现，当 B 的行为能够给 A 带来收益而 A 不需付出相应的成本时，B 的行为给 A 带来了正外部效应。但对 B 来说，B 的付出与投入没有获得相应的回报，即一部分收益被 A 享受了，在 R^B 中，A 的行为就给 B 带来了负外部效应。同理，我们也可分析 B 的行为给 A 带来损失而 B 又没有负担相应的成本，此时 B 的行为给 A 带来了负外部效应。但对 B 来说，B 未承担行为的成本实则增加了 R^B，在 R^B 中，A 的行为就给 B 带来了正外部效应。这表明外部性问题具有相互性的特点。从经济学来看，外部性实质上就是个人活动或行为引致的个人收益与社会收益、个人成本与社会成本之间的不一致。设个人收益为 R_P，社会收益为 R_S，个人成本为 C_P，社会成本为 C_S，外部性为 E（其中正外部性为 $E+$，负外部性为 $E-$）。则有：

当 $R_S-C_S<R_P-C_P$ 时，个人行为具有负外部效应，且

$$\begin{aligned}E-&=(R_S-C_S)-(R_P-C_P)\\&=(R_S-R_P)-(C_S-C_P)\\&<0\end{aligned}$$

当 $R_S-C_S>R_P-C_P$ 时，个人行为具有正外部效应，且

$$\begin{aligned} E+ &= (R_S - C_S) - (R_P - C_P) \\ &= (R_S - R_P) - (C_S - C_P) \\ &> 0 \end{aligned}$$

当 $R_S - C_S = R_P - C_P$ 时，个人行为不具有外部性，此时 $E=0$。

综上可知：

$$R_S - C_S = (R_P - C_P) + E$$

会计学的配比原则是理解外部性问题的关键。外部性实质上源于经济主体的活动或行为引致的成本—收益不符合配比原则①，即经济主体的收益与相应的成本没有完全配比。设经济主体的真实收益为 R_{pt}，真实成本为 C_{pt}，则有：

当 $R_{pt} - C_{pt} > R_P - C_P$ 时，经济主体的行为具有正外部效应，且

$$\begin{aligned} E+ &= (R_{pt} - C_{pt}) - (R_P - C_P) \\ &= (R_{pt} - R_P) - (C_{pt} - C_P) \\ &> 0 \end{aligned}$$

当 $R_{pt} - C_{pt} < R_P - C_P$ 时，经济主体的行为具有负外部效应，且

$$\begin{aligned} E- &= (R_{pt} - C_{pt}) - (R_P - C_P) \\ &= (R_{pt} - R_P) - (C_{pt} - C_P) \\ &< 0 \end{aligned}$$

当 $R_{pt} - C_{pt} = R_P - C_P$ 时，经济主体的行为没有外部效应，$E=0$。

综上可知：$R_{pt} - C_{pt} = R_S - C_S$，其重要经济含义是经济主体的真实收益（应该获得的收益）就是社会收益，真实成本（应该负担的成本）就是社会成本。② 正外部效应可理解为经济主体的付出没有得到应有的回报，负外部效应可理解为经济主体的回报没有完全包含应承担的成本。从会计学配比原则出发，我们可以修正经济学关于外部性问题的实质。

在 $R_{pt} - C_{pt} = R_P - C_P$ 的前提下：

当 $R_{pt} > R_P$ 且 $C_{pt} > C_P$ 时，即收益正外部性，成本负外部性，整体无外部性（Ⅰ）；

---

① 这里假定成本和收益都是能够准确计量的。

② 真实收益就是经济收益，真实成本就是经济成本。经济组织收益实质上就是会计收益，经济组织成本就是会计成本费用。

当 $R_{pt}<R_P$ 且 $C_{pt}<C_P$ 时，即收益负外部性，成本正外部性，整体无外部性（Ⅱ）；

当 $R_{pt}=R_P$ 且 $C_{pt}=C_P$ 时，即收益无外部性，成本无外部性，整体无外部性（Ⅲ）。

可见，应将“外部性就是私人收益与社会收益、私人成本与社会成本之间的不一致”修正为“外部性就是经济主体私人净收益与社会净收益的不一致”。因为现实中对经济主体的激励—报酬结构产生影响的是整体外部性而不是收益外部性或成本外部性。针对上述三类划分来看，要内部化外部性（即使得外部性为零），理论上讲存在对应的三种方法：使得现有收益与真实收益、现有成本与真实成本之差同增或同减（分别对应Ⅰ和Ⅱ情形）。但是，这种方法在现实中因信息不对称而无法保持同步变动，导致难以操作。现实的方法是通过设计制度来逼近真实收益和真实成本，这种制度安排就是以会计准则体系规范的会计核算系统。因而，在会计配比具有天然优势的基础上，通过改进会计计量技术进行“收益决定”核算就是内部化外部性的基本途径。

2. 产权功能之外部性内部化的逻辑

德姆塞茨（1967）认为，产权起源于内部化外部性的过程之中。资源稀缺是建立产权的前提，当内部化外部性的收益大于成本时，人们就易受到激励对资源建立产权。产权的基本功能就是通过界定明晰的产权使产权主体获得相应的财产收益并承担相应的成本，以阻止外部性引致的财产租值耗散，从而内部化外部性，提高资源配置效率。外部性内部化将使得经济组织个人收益率与社会收益率趋于一致，促进生产性努力的增长，进而助推经济增长。内部化外部性是建立产权和调整产权的应有之义。正如巴泽尔（1997）所言，在正交易费用的现实世界里，产权不可能得到完全界定，未被界定的产权被搁置在公共领域，形成共有财产。当资源的租值因稀缺而提高时，就会引致产权主体攫取共有财产的激励，从而对共有财产进行掠夺式攫取并消耗资源。这些产权主体攫取了财产收益但并未承担应有的共有财产成本，从而产生了负外部性。随着共有财产因稀缺程度的提高而变得更加珍贵，争夺越来越激烈，外部性问题也就越来越严重，并引致财产租值大量耗散，直至攫取共有财产的收益等于进行攫取活动所花的成本。这时，共有财产的租值已耗散殆尽。相反，当共有财产租值因资源稀缺程度提高而提高时，表明对该共有财产建立明晰产权的收益越来越高，当建立明晰产权的收益抵减成本后有剩余时，暗示着建立产权是有利可图的，因而形成了内部化外部性的激励。当这种激励变成现实时，即当对共有财产的产权进行重新界定或调整时，外部性就得以内部化。外部性内部化的结果就是诞生新的明晰产权，这是提高资源租值、优化资源配置的关键。因而，外部性内部化作为产权的基本功能是伴随产权的形成和调整过程的。

3.2 会计本质：外部性内部化

3.2.1 从纷繁复杂的会计本质学说谈起

本质是一种事物区别于另一种事物的内在特质，属于矛盾的特殊性。目前有关会计本质的论述形成了如下四大流派：(1) 技术论，即会计是一门以货币记录、分类、汇总经济业务反映财务状况和经营成果的技术。(2) 信息系统论，即会计是以提供财务信息为主的经济信息系统，该系统有助于提高经济组织效益。(3) 管理活动论，即会计是管理活动的重要组成部分，价值运动是会计管理的客体，提高经济效果是会计管理的目的，计划和控制是会计管理的基本职能（阎达五，1983)；会计是一个以控制为核心的管理体系（宋小明，2007)。(4) 控制论，即会计是管理活动中的一个控制系统，该系统通过对一个经济组织的交易或事项按货币计量及公认原则与标准进行分类、记录、汇总和传达，认定受托责任(杨时展，1992)；现代会计是一个主要以货币为量度，按公认会计原则来认定和解除受托责任的经济控制系统（伍中信，1998)，从产权维度传承和强化了受托责任思想。

关于会计本质的其他观点有：(1) 过程控制与观念总结论。认为生产越是按社会规模进行，越是失去单个个体生产形式，作为对过程控制和观念总结的簿记就越重要（马克思)。因为簿记是会计的前身，从某种意义上讲，簿记的本质就是会计的本质，所以该观点可以认为是马克思对会计本质的精炼概括。(2) 系统论。认为现代会计是通过采用现代的专门方法以货币形式对再生产过程中的资金运用进行核算与管理的系统(于玉林，2001)，是协调利益集团财产经管责任的系统（井尻雄士，1988)。(3) 考核制度论。认为会计的本质是试图为市场经济建立关于资源配置和运行效率、效果的一种考核制度（Hoskin & Macve，2002；杨雄胜，2002）。（4）契约论。认为会计是组织设计和契约履行的基本保障，它主要解决以下问题：一是计量每个人的产出；二是计量并向参与者分配利润；三是向参与者报告契约履行情况；四是向潜在参与者提供信息，维护在各类要素市场上取得资源的能力；五是提供类似共同知识的特定信息以降低契约谈判的成本（Sunder，1997）。（5）独立论。认为会计具有内控系统和经济后果两方面的质的规定性，不管是信息系统论还是管理活动论均无法体现其特殊性，会计是一个自身独立的系统，它是一门独立的学科，不是经济学或管理学的分支（叶友，2005）。（6）制度论。周冰和宋智勇（2008）基于法律产权、经济产权和产权计量的考察，论证了会计的本质是法律产权约束下针对经济产权的货币计量与利益分配制度。（7）综合论。劳秦汉（1998）基于托付资源或财产的经济责任和相关者利益测算与监督的社会责任这一双重受托责任，认为会计的本质是在双重受托责任限定下信息系统论、管理活动论和控制论的融合，是一种为解除双重受托责任而提供与利用会计信息的管理活动过程。

会计技术论强调了会计的反映职能，但未深入讨论其社会属性；信息系统论强调了会计是一种管理工具，但缺乏对会计管理过程中经济责任关系的关注；管理活动论强调了会计是经济管理的重要组成部分，但未突出会计管理与其他管理的差异；控制论本质上是对管理活动论的拓展，会计属于管理职能中的控制职能部分，突出了会计控制过程中的经济责任关系；过程控制与观念总结论有将会计本质与会计职能混为一体之嫌；系统论主张会计是核算与管理系统，实际上有综合信息系统论和管理活动论之意；考核制度论注重会计的实用主义，与本质的抽象性要求不符；契约论和制度论均强调了会计的社会功用，易与会计职能混淆；独立论强调了会计在内控和经济后果方面的特殊性，但难以贯穿会计发展史。

通过吸纳和发展上述观点的精华，郭道扬（2004）认为，现代会计是通过协同运作会计信息系统与会计控制系统，实现对产权价值运动过程及结果系统控制的一种具有社会属性的控制活动。该论点集会计本质各流派之精髓，将信息系统与管理系统、技术性与社会性、产权关系与价值运动以及微观与宏观有机统一。

3.2.2　外部性内部化：产权与会计的联结点

社会生产发展水平是衡量人类会计思想、会计行为发生的先决条件，生产剩余产品的出现与陆续增加则是衡量人类会计思想、会计行为发生的具体条件（郭道扬，2004）。剩余产品的出现使得人类在原始社会晚期开始有排他性公有产权（或称俱乐部产权）的原始观念。在部落内部，剩余产品的生产、分配、储备以及部落之间剩余产品的交换显得日益重要。起初，部落内部生产的产品只能满足最基本的种族繁衍需求，剩余产品数量少，对剩余产品的管理控制相对简单，部落成员共同劳动，平均分配。但随着生产能力的提高，剩余产品的数量和品种不断增加，在满足部落基本生存需求后仍有大量剩余，这就必然涉及部落内部剩余产品的分配以及部落之间剩余产品的交换问题。部落成员个人具有不同的生产能力，但剩余产品平均分配，导致生产能力高的成员个人收益率与部落组织收益率不一致，抑制了部落成员生产性努力的增长，使得偷懒等机会主义行为开始出现。平均分配导致生产率低的成员攫取了部落的"组织租金"，生产率高的成员创造的剩余财产向其转移，这种"不劳而获"的财产增量（平均分配获得的剩余产品价值与自己生产的剩余产品价值之差）进一步加剧了生产率低的成员的分配性努力。这样，对于生产率高的成员而言，最优选择是偷懒，使其产出等于或小于平均分配的剩余产品价值；而对于生产率低的成员，最优选择是继续维持其产出低于或更低于平均分配的剩余产品价值。若部落成员均执行其最优选择，那么整个部落剩余产品的产出水平将不断降低，从而出现类似于劣币驱逐良币的"柠檬市场"现象，这是一种严重的负外部性，对于提高整个部落成员财富水平和增强部落竞争力是极为不利的。持续下降的剩余产品生产能力将导致部落在竞争中被其他部落吞并以致消亡。因而，作为经济组织的部落必须设计出一套计量机制，准确度量每个成员对产品生产的贡献，并使成员的报酬水平（分得的剩余产品价值）与所付出的贡献相匹配。只有这样才能准确界定并有效保护每个成员的财产权利。这种为了内部化外部性，准确界定产权和有效保护产权的计量机制就是原始的会计思想与行为。

产权确立于外部性内部化的结果中，而会计形成于外部性内部化的过程中。外部性内部化是产权与会计的联结点。旧石器时代中晚期的简单刻记与直观绘图记事、中石器时代至新石器时代的刻符记事与抽象绘图记事，乃至人类进入文明时代前夜的经济"书契"计量、记录方法等史前原始的会计计量、记录行为，从本质上讲都是通过准确界定财产权利、如实反映财产关系以内部化无序状态引致的负外部性。必须正视的一个本质性问题是：支配单式簿记发生与发展的决定性因素在于产权关系与财产权利的发展变化，不论是归属于官厅会计的财产权利，还是归属于私家的财产权利，都必然借助单式簿记制度和方法的具体而切实的维护和保障（郭道扬，2008）。单式簿记向复试簿记演进的重要背景如下：一是由自然经济形态向商品经济形态过渡。自然经济强调财产的占有，即强调财产权的使用价值，而商品经济强调财产的交换，即强调财产权的交换价值。在通过交换使财产权的使用价值转化为交换价值的过程中，以交换为纽带的产权关系更加复杂，市场参与主体更加多样化，这种交换由自然经济条件下的人际化交换转化为非人际化交换，因财产权交换所带来的经济利益更加复杂，交易过程中存在的风险不断增加，这些都从客观上要求更加完整地反映财产权变动的过程及其结果。二是由封建领主政治制度向市民社会政治制度转变。封建领主政治制度赋予居民的财产权利相对较少，为了维护自己的统治，一般限制商品经济发展。城市工商业者不断联合在一起，跟封建统治者进行斗争，争取自主经营和享有经营成果的财产权利，并争取他们的政治地位和政治权利，逐渐瓦解封建领主与教会的政治制度，建立起市民社会政治制度。这种政治制度代表了工商业者的利益，推行大力发展商品经济的政策，从而使得交换活动频繁，财产关系也更复杂。这种政治经济环境的重大变化使得单式簿记难当此任，客观上需要完整反映财产权利流动过程及结果的复式簿记来内部化财产权利交易过程中的负外部性。从原始的会计思想、行为到单式簿记再到复式簿记的演进史表明，会计的产生与发展都是为了内部化经济管理活动中的外部性，这种内部化外部性是通过会计过程实现对产权结果的准确界定和有效保护的，因此，外部性内部化是产权与会计的联结点。

3.2.3　外部性内部化：会计本质的恰当表述

会计本质是认识和研究会计的逻辑起点。只有贯穿会计萌芽、产生和发展的历史进程，才能对会计本质作出科学的概括，会计本质的表述须从会计发展史中抽象出亘古不变的内在特征。外部性内部化是会计思想与行为诞生的根本原因。会计技术论、信息系统论、管理活动论和控制论等都局限于对会计本质某一层面的正确认识，然而隐藏在其背后的共同本质属性都是为了使交易或事项引致的外部性予以内部化。或许我们应该通过逆向生成的方式来考察会计的本质问题：若经济活动中的交易或事项反映的财产权关系无法得到会计核算与控制，必将加剧信息不对称程度，助长机会主义行为，扰乱资源配置秩序，破坏经济实体正常的激励—报酬结构，导致个人收益率偏离社会收益率，引致分配性努力的增长，进而导致经济衰退。这是没有利用会计来内部化该类负外部性而付出的惨重代价。1929—1933 年世界经济危机重要的根源之一就是会计处理方法的随意性、不具有可比性，从而使得利润操纵泛滥，引致严重的负外部性。之后，经过深刻反思和总结教训，促成了统一会计制度的出台，推动了西方主要资本主义国家经济复苏和发展。2008 年世界金融危机发生之后，引发了如何合理运用公允价值计量方法的思考。这些均表明会计理论和方法技术的发展都与当时经济活动中严重的外部性问题紧密相关，通过改进会计理论体系和方法体系可以在基础层面内部化外部性。若没有作为会计核心的计量，所谓的财产保护就成为“承诺”“拍脑袋”等主观行为而非客观度量结果，导致部分财产配置错位被搁置在公共领域成为共有财产，助长产权主体攫取共有财产的机会主义行为，直至财产租值耗散殆尽。因而，为了有效保护产权，提高财产租值，优化资源配置，就必须建立经济组织的基础性计量机制以内部化这种外部性。会计作为经济组织中最基础、最重要和最具操作性的计量机制，可以增强经济组织的计量能力，使得报酬支付与投入生产率紧密相连，私人收益率与经济组织收益率趋于一致，进而在更大程度上内部化外部性，促进生产性努力的增长。

综上所述，纵观会计发展史，会计的本质就是外部性内部化。该表述更能凸显会计在经济组织与经济增长层面的重要地位，且比受托责任更接近会计的产权要义，也隐喻着组织盈利至经济增长的传导机制。外部性内部化是产权的基本功能，外部性内部化的结果形成产权，外部性内部化的过程产生了会计。外部性内部化的会计本质表述蕴含着以下含义：会计对外部性内部化的贡献与生俱来，会计理论、方法的发展和新兴会计学科（如环境会计、资源会计、法务会计和社会责任会计等）的出现都是为了追求外部性内部化。产权与会计的内在联系可以统一于外部性内部化的框架体系中。会计与产权的关系实际上是过程与结果的关系。[①] 鉴于结果往往是过程控制的对象、过程往往决定结果，据此可以发现，没有会计过程就没有产权结果，即没有会计核算就不可能有有效的

① 这种结果与过程的关系也是后面我们坚持结果理性和程序理性融合观的重要基础。

产权保护。外部性内部化的会计本质表述打破了会计与产权所属的学科壁垒限制，使得会计与产权的交叉、渗透、融合研究成为可能，这对于挖掘两者之间的理论优势、弥补各自的理论劣势和完善各自的理论体系都显得十分必要，增进了关于会计在市场经济中基础性产权保护功能的认识。

3.3　会计目标：内部化外部性

3.3.1　会计目标演进规律：产权强势原则

会计目标是在会计本质认识的基础上回答“会计为谁提供何种信息以达到什么目的”这一核心问题，研究会计目标应从会计环境入手。梁爽（2005）认为，政治因素主要影响会计目标的存在，而经济因素主要影响会计目标的定位。确定一个国家的会计目标时应重点关注经济因素。我国目前的会计环境可描述为：（1）有管制的社会主义市场经济；（2）所有制结构呈多元化，非公有制经济所占比重不断提高；（3）资本市场不发达，大股东主要为国家和企业法人，股权集中度高；（4）企业主要依赖银行进行负债筹资，权益筹资门槛太高。当前我国会计信息使用者主要是国家宏观经济管理部门、贷款人和职业投资人①。为管理型投资人提供真实可靠的经管责任会计信息应该成为当前我国会计目标的总体定位，职业投资人对决策有用会计信息的需求也应予以关注（《会计目标》课题组，2005）。

会计目标研究始于20世纪50年代，利特尔顿（1953）在所著《会计理论结构》一书中将会计目标划分为前提目标、中间目标和最高目标三个层级，认为会计的最高目标是“以数据形式如实地分类、正确浓缩并充分报告企业的信息，以帮助管理当局和其他信息使用者了解该企业”。美国会计学会（American Accounting Association（AAA），1966）发表《基本会计理论报告》（ASOBAT，Ch. 1. Objective of Accounting），将实现会计目标所需提供的信息提炼为：（1）利用有限资源进行决策；

---

① 管理型投资人主要关心公司的经营管理状况，而职业投资人主要关心公司未来股票升值的状况。

(2) 有效管理和控制组织的人力和物力资源；(3) 管理资源情况；(4) 履行社会责任和社会控制情况。APB Statement No. 4 (1970) 指出，提供一个企业的财务信息，帮助报表使用者（业主、债权人）进行经济决策是财务会计与财务报表的基本目标。AICPA (1973) 发表了专门针对财务报表目标的 Trueblood Report，第一次明确回答了财务报表目标应重点关注的四个问题：一是需要财务报表的主体是谁；二是主体需要何种信息；三是财务报表能提供多少主体需要的信息；四是采用什么框架提供信息。该报告提出了 12 项财务报表目标，涵盖基本目标、使用者和用途、需要的信息、信息的性质、财务报表和具体建议六个层次，其中：基本目标是提供进行经济决策所需的信息，使用者包括普通使用者、投资者和债权人、政府和非营利组织以及社会，需要的信息是企业盈利能力及对企业经济资源的有效利用能力，信息的性质是既有符合实际的材料又有分析解释，财务报表涵盖资产负债表、收益表、财务活动表及财务预测表。FASB (1978) 在 SFAC No. 1《财务报告的目标》中，将财务报表目标定位为：提供在经营管理和经济决策中有用的会计信息。IASC (1989) 在《编报财务报表的框架》中提出，财务报表要提供关于企业财务状况、经营成果和财务状况变动的信息以有助于一系列使用者的经济决策，且反映管理层对其受托资源的工作业绩。IASB/FASB (2010) 联合发布"通用目的财务报告目标"及"有用财务信息的质量特征"概念框架，作为 FASB 的 SFAC No. 8 取代 SFAC No. 1 和 No. 2，作为 IASB/FASB 联合概念框架 A 阶段的成果，IASB 发布 2010 年财务报告概念框架取代 1989 年《编报财务报表的框架》。在这份联合概念框架中，通用目的财务报告的目标应定位于：适应财务报告的使用者的需求，提供决策有用的财务信息。

综上可见，从会计目标的演进史可以发现，关于财务会计目标的现行观点有两种：一是受托责任观，强调评价企业管理层受托责任履行情况；二是决策有用观，强调为主要信息使用者提供有助于经济决策的会计信息。目前占主流地位的是决策有用观，原因在于它强化了对外部信息使用者的财产权保护，以内部化信息不对称对外部利益相关者财产权益攫取的外部性。受托责任观关注管理层对所有者受托责任履行情况，侧重于维护所有者的财产权利，而对债权人、政府、社区等利益相关者的重视程度要逊于决策有用观。这表明，两种观点的出现及其发展有其深刻的产权基础。人类会计发展史表明，在未出现成熟的资本市场之前，基于“资本雇佣劳动”逻辑，对所有者的产权保护始终处于支配地位，因而受托责任观占主导地位；在出现成熟的资本市场后，基于共同治理逻辑，对要素所有者的产权保护日渐盛行，决策有用观占据主流也就顺理成章了。会计目标的演进旨在维护占支配地位的产权关系，保护相应产权主体的财产权利。

3.3.2　会计目标与会计本质之关联：外部性视角

目标与本质之间的关系是：本质是一种客观存在，而目标是一种主观见之于客观的表述，是会计实践对会计本质的遵从。会计本质决定会计目标，现实生活中会计目标是实现会计本质的理论概括。前文已论证，会计的本质是外部性内部化，合乎逻辑地，会计的目标就是实现外部性内部化，即将外部性予以内部化或消除外部性。因而，会计的本质主要回答“会计是什么”，是通过会计定义来表征的，即会计定义中须强调会计本质；而会计的目标主要解决实现会计本质的问题，即“会计做什么”以达到会计本质的要求。简单来讲，会计的目标就是消除外部性，用经济学术语表示就是“内部化外部性”，这是一个动宾结构，符合“会计做什么”逻辑。值得特别注意的是，因为现实中交易成本不可能为零，所以产权不可能得到充分界定，这就决定了一部分财产被搁置在公共领域，形成共有财产，共有财产会引致分配性努力，导致外部性问题出现。在此逻辑下，现实生活中的外部性不可能全部消除，但是单个共有财产的外部性将随着财产租值升高和会计计量技术提高而有可能降低乃至消除。会计是微观层面最基础、最重要、最具操作性的一种计量机制，作为一种会计目标，内部化外部性的表述是没有问题的，但作为一种现实，内部化外部性的结果是降低外部性或消除外部性。

3.3.3　内部化外部性：会计目标的恰当表述

会计本质侧重解决会计“是什么”，即会计的定义问题，而会计目标侧重解决会计应该“做什么”的问题。当前，有关会计目标的表述主要有受托责任和决策有用两种观点。受托责任观认为，会计目标主要是向所有者提供会计主体的财务状况、经营成果及现金流量等相关信息，以反映主体管理者受托责任的履行情况；而决策有用观认为，会计目标就是向会计信息使用者（包括所有者、债权人、政府等利益相关者）提供有助于其作出正确经济决策的会计信息。截至目前，两种观点一直争论不休。我国的财务会计报告，对国有企业而言，须满足国有企业主管部门、国有资产管理部门监督企业的需要；对所有企业而言，须满足国家宏观经济管理和宏观调控的需要（葛家澍，2006）。目前，IASB 和 FASB 均将决策有用观作为其会计目标，而 CAS 关于会计目标的表述采用了“受托责任+决策有用”的双重观点。一般而言，与完善的资本市场相适应的会计目标是决策有用观，而与不完善或新兴资本市场相适应的是受托责任观。因为资本市场完善，股价的波动可以反映管理层受托责任的履行情况，这样资本市场成为委托者与受托者了解管理层尽责的窗口，这就模糊了委托者与受托者之间的关系；相反，资本市场不完善，其传递会计信息的功能会得到抑制，股价波动无法反映管理层受托责任的履行情况，委托者与受托者的关系主要是通过直接投资等方式直接建立的，而不是通过资本市场建立的，这就使得委托者与受托者之间的关系非常清晰，没有缺位现象。这种分析逻辑是对的，然而有关两者的争论从未停止过。就决策有用观与受托责任观争论没有必要，决策有用观只不过是受托责任观发展的一个层次而已（伍中信，1998）。但部分学者认为，受托责任观与决策有用观强调的目标价值取向不同，体现了会计演进的不同阶段，两者是不能等同的。会计目标是对会计本质的遵循，会计本质决定了会计目标。基于前文分析，本书认为：会计的目标就是内部化外部性。这是一个动宾结构短语，符合会计目标侧重“做什么”的表述方式。无论是受托责任还是决策有用，两者都体现了会计发展的不同阶段，都是会计在不同社会环境下内部化外部性的表述方式，只是表述有所不同而已。会计目标“内部化外部性”的表述可以避免会计信息服务主体是管理层还是利益相关者的争论，并且可以贯穿会计演进史。毕竟会计作为一个过程，本身就是内部化外部性的过程，也就是对产权进行准确界定并有效保护的过程。从产权角度而言，内部化外部性是会计目标的恰当表述。

第 4 章　会计对象：从资金运动到财权流动

4.1　会计对象流行观点的产权解释

4.1.1　资金运动论

西方会计学者一般不正面探讨会计对象问题，他们对会计对象问题的观点蕴含在会计要素之中。对会计对象进行探讨主要限于苏联和中国。会计对象即会计客体，是会计核算的对象，也是会计管理的对象，对其进行探讨有助于深刻体会会计本质、会计目标理论。目前，会计界关于会计对象的主要观点有：资金运动论、经济活动论、价值运动论、受托责任论、经济综合信息论和产权论，其中具有较大影响的是资金运动论、价值运动论和产权论。

资金运动论主张，会计的对象就是社会再生产过程中的资金运动。德国著名会计学家塞尔（Serre）认为，复式簿记只是核算私人资本，私人资本循环是会计的对象。苏联会计学家马卡洛夫（Makarov）进一步认为，苏维埃会计核算的对象就是社会主义扩大再生产过程中的资金循环。改革开放前，我国会计照搬苏联，学者将苏联观点中国化为“会计对象就是社会主义再生产过程中的资金运动”。当时认为“资本”是资本主义特有的概念，因而弃“资本”而取“资金”自然成为学者的选择。改革开放后，面对新的经济环境，有专家对资金运动论提出了质疑：一是认为会计对象是经济活动中能够用价值量化的方面，即主张会计对象的价值运动论。不同时期、不同经济环境和不同的会计核算要求下，会计对象内部要素将发生变化。社会价值运动过程要由许许多多经济组织共同完成，决定了单个经济组织的存在。当单个经济组织成为独立的会计主体时，那么价值运动构成了该会计主体会计工作的对象（张龙平和李长爱，1989）。二是根据会计信息系统论提出会计对象既是会计反映和控制的对象，也是会计处理对象的二元论，其中前者概括为客观存在的价值运动，后者则浓缩为客观存在的价值信息运动（葛家澍和李翔华，1986）。三是认为会计对象是能反映和控制的经济活动及其发出的信息，即经济信息及其流动论。在立足会计本质、坚持历史唯物主义原则、适应会计环境要求以及抽象性与操作性统一的基础上，王开田（1997）主张会计对象就是企业经济信息及其流动，认为该观点反映出会计的本质特征和经济环境特点，符合会计发展规律和抽象、具体并重的要求。

尽管存在这些质疑，但我们发现，会计对象的价值运动论的表述实际上只是资金运动论适用范围的缩小，会计对象二元论中的价值运动和价值信息运动也是资金运动论的运用，因为价值的量化形式是货币资金，两者并不存在本质区别。而经济信息及其流动论实质上并未触及会计对象的本质。因为会计对象即会计客体并不是会计的“产出”，会计的“产出”为会计信息，该信息将反映经济信息及其流动情况。经济信息及其流动论混淆了会计客体与会计结果之间的界限。综上可见，资金运动论仍占据主导地位，统驭会计理论界和实务界。目前有关会计原理的教材在阐述会计对象时，几乎一律将其描述为“社会再生产过程中的资金运动”。那么，该观点占据主导地位的产权原因何在？这归因于行政控制型经济的产权安排。在行政控制型经济环境下，资源配置遵从“等级规则”自上而下计划配置，国家集生产资料所有者和管理者于一身，所有权与经营权未分离，政企合一。国家将财政资金拨付给企业进行生产经营，采取“统收统支、盈利上缴、亏损补拨”的方式来管理国家经济，保证企业完成国家计划，保护国家财产安全完整。企业丧失了独立的市场主体地位，异化为执行国家计划的装置，而国家计划又是以资金为纽带联结起来的，涉及资金的拨付、运用、经营结果、上缴财政等。这样一种产权安排必然使得资金运动成为会计核算的对象，会计成为执行国家计划和财政职能的最重要的手段，且在整个行政控制型经济中处于基础性地位，保障整个国家经济有序运行。

随着行政控制型经济向自由市场经济的渐进过渡，企业逐渐摆脱财政干预，获得独立市场主体地位，市场经济的一般原则也得以确立，从理论上讲，资金运动论应予以改进。但是，“等级规则”文化作为社会制度的“精神性”，又成为非正式制度沿存、演化和变迁中的连续性“基因”。在转型时期或社会主义市场经济的初级阶段，受“等级规则”连续性“基因”的制约和“资金”概念这一“文化拟子”具有扩展到企业层面的濡化功能的限制，资金运动论在当下的中国会计界仍大有市场。

4.1.2　产权论

有关会计对象产权论的探讨始于 20 世纪 90 年代中后期，到 21 世纪的今天达到相对成熟阶段。赵士信（1995）认为，会计对象应满足以下三个条件：一是必须通古达今，一以贯之；二是必须涵盖不同经济形态和多种社会制度下的会计工作；三是必须是所有会计工作和各专业会计的对象。他在此基础上提出，会计的真正对象是产权，即财产的所有权。会计的对象是产权，该观点确立了财产权是会计核算与控制的真正对象。这里的产权主要指基于企业层面的法人财产权，是一种由特定产权主体投入的原始产权所派生出来的产权。原始产权向法人财产权的转化反映了经济社会中的财产权关系，使得财产权由个人形式转化为社会形式，它拥有特定的法权形式，由民商法体系予以规制，由会计确认、计量、记录和报告。会计对象的产权论可以避免其他观点所具有的片面性，因为产权是可以超越历史的，人类历史上的各种经济形态和社会制度都是由当时的产权关系决定的。伴随着产权关系由简单趋于复杂，会计核算方法经历了从单式簿记向复式簿记的转化，核算范围呈不断扩张之势，但核算对象始终是产权。

伍中信（1998）认为，“资金”的概念有其难以克服的缺陷，因为很难对它与“资本”“资产”加以界定。有学者主张资金就是资本（金），而资本又有两种界定：有学者认为，资本就是所有者投资；也有学者将债权人投资纳入资本范畴。同时，资产也可表现为资金。制造企业筹集资金后经历“供应过程→生产过程→销售过程→财务成果形成与分配过程”，资金的形态依次为“资金流入企业→货币资金→储备资金→生产资金→成品资金→货币资金→资金流出企业”，不断流动与转化。这一过程中，典型的储备资金、生产资金和成品资金以及货币资金都是资产。可以发现，资金的占用形式表现为资产，而资金的来源形式表现为权益，对会计主体而言即为“负债＋所有者权益”。现在使用的会计要素显然有逃避使用“资金”这一概念之意。更为重要的是，对于债权类资产，与其说是资金，不如说是权利。企业的价值运动表现为一种财产权利和责任的流动和变化，目的无非是解除受托之责。用产权流取代资金流，既能保留资金流动态反映会计对象的优势，也能强化资金的产权属性，同时又强化了会计的受托责任观念，符合会计本质与会计目标的宗旨（伍中信，1998）。财产权利的流动和转化使得权利和义务相应地改变，其静态表现可以通过资产负债表予以揭示，而动态结果可以通过利润表、现金流量表和所有者权益变动表来反映。会计对象的产权流观是对产权观的进一步拓展，强化了会计对象静态和动态二维统一的观念。

郭道扬（2004）认为，可将会计对象描述为：产权价值运动过程、结果及其所体现的产权经济关系。施先旺（2006）的论证表明，为了平等保护企业产权主体投入要素的所有权，必须在平等的所有权之间进行权、责、利分配，而分配的基本依据是各产权主体投入到企业的各项财产的价值量，即反映产权主体投入的产权价值量。产权价值运动实质上是财产权利流动及其对应的财产关系的变化。产权价值运动的形式包括两类：一是产权主体与企业之间因产权投入形成的产权关系的价值运动，例如产权主体将产权价值投入企业；二是投入企业的产权价值存在形态发生相互转化的价值运动，例如企业对产权价值的具体使用或耗费。会计对象就是产权价值运动，即产权价值运动的过程、结果及其体现的产权经济关系（郭道扬，2004；施先旺，2006）。经济业务、资金运动和产权价值运动三者之间存在一种由表及里的逻辑关系，经济业务处于外围层，资金运动处于中间层，产权价值运动则处于核心层。产权价值运动是会计对象的本质描述，它通过资金运动表现出来，资金运动则通过每笔经济业务（交易或事项）表现出来，从而形成会计对象概念体系。此外，施先旺（2006）借助会计平面模型分析了产权价值运动的表现形式与种类，包括产权关系形成过程中的产权价值运动分析、产权价值在企业内部周转分析、产权关系解除引致的产权价值变动分析以及产权主体相互转化过程中的产权价值运动分析四个分类，进而从纵横交错的维度论证了会计的对象就是产权价值运动。

产权价值运动论本质上还是产权论，因为其立足点仍是产权及其关系，是对产权论的进一步拓展。通过构建“产权价值”这一组合概念，彰显了现代会计货币计量的时代特征，使得产权由一个较抽象的概念转化为产权价值这一抽象与具体结合的中性概念。产权价值运动的纵横分析贯穿产权价值流转的全过程，标志着会计对象研究已达到成熟阶段。

4.2　财权及其拓展：从本金到基金

4.2.1　财权缘起与发展

“财权”范畴的提出溯源于财务本质问题的争论。我国关于财务本质问题的讨论较为激烈，主要形成了资金运动论/资金关系论、价值运动论/价值关系论、货币资金运动论/货币关系论、分配关系论四种观点（王庆成和孙茂竹，2003）。通过吸纳上述观点的精华，郭复初（1997）认为，财务本质应从经济属性与社会属性相结合的维度去考察，首先应强调经济属性，因为它是区别于其他经济活动的关键特征，且是财务社会属性赖以存在的基础，据此提出本金投入与收益分配论，即财务是社会再生产过程中的本金投入与收益活动，并形成特定的经济关系。伍中信（1997）则从价值和权力两个维度拓展了本金投入与收益分配论，认为本金是现代财务研究的逻辑起点，本金及其运动规律应该成为分析现代财务的基点。不管是资金运动还是本金运动都仅仅是一种价值运动，在现代企业制度下，某种支配这一价值的权力则是隐藏在价值背后的更为抽象、更为实在的带支配能力的本质力量（伍中信，1998）。基于价值与权力的融合分析，伍中信教授找到了具有丰富内涵而又全新的财权范畴，即“财权＝财力＋(相应的)权力”。此处的财力是指企业的财务资金或本金，而相应的权力是指支配这一财力所具有的权能。

财权主管价值形态的权能，并构成法人财产权的核心内容，财权属于产权中最核心的内容（伍中信，1999）。基于价值与权力融合的财权，实际上是产权概念在价值层面的延伸，也是价值概念在产权层面的拓展。即财权既是价值的产权表述，也是产权的价值表述。这就是财务学中财权的生发逻辑。从价值层面而言，本金是现代财务研究的逻辑起点，而从价值与权力的结合来看，财权是现代财务研究的逻辑起点（伍中信等，2006）。关于现代财务研究逻辑起点的探讨，经历了从本金到财权的转变，转变的关键是强化资金的社会属性，即产权属性。将财权作为现代财务的逻辑起点，实现了价值与权力、财务活动与财务关系以及财务应用理论与财务基础理论的高度融合，是在产权基础上的进一步整合。此后，学者从财力与权力两个层面构建了以财权为核心的现代财务基础理论体系，内容涉及财务本质、财务主体、财权主体、财务目标、财务职能和财权配置等。

4.2.2 财权拓展与深化

“财权＝财力＋(相应的)权力”中的财力就是本金或财务资金，这是符合资本雇佣劳动时代（即财务资本占主导）的现实的。可是，企业是多边契约关系的联结，是要素所有者交易产权的结果，是一个人力资本与非人力资本的特别合约（周其仁，1996)。人力资本所有者享有企业所有权是一种趋势（方竹兰，1997)。伴随着工业经济向知识经济的转变、无限增长观向可持续增长观的转变、经济人向社会生态经济人的转变，企业资本呈现出一种泛化的趋势，包括财务资本、组织资本、人力资本、社会资本和生态资本等在内的广义资本共同创造了企业价值，都应享有相应的权益（黄晓波，2007)。广义资本实际上遵循了利益相关者共同治理的逻辑。因而，财权中的财力就不应仅仅局限于本金(财务资金或财务资本)，而应该囊括财务资本、组织资本、人力资本、社会资本和生态资本等广义资本。财权的内涵须予以拓展才能适应时代发展的要求，但最好仍能内嵌于财权范畴本身。现实中，在辅以各种估价技术的基础上，非财务资本所有者可以与财务资本所有者进行缔约谈判，确定其在企业中应享有的权益份额（主要体现为应享有的财务资本或本金份额)。建议享有的权益份额的确定以在公开活跃市场上的脱手价格为基础或以未来现金流量的现值为参照。因而，非财务资本所有者享有的权益，实际上近似等于以机会成本或保留价格测度的财务资本所有者所享有的财权。这样，广义资本所有者的权益仍能内嵌于财权范畴。本书认为，与产权相类似，企业的财权具有排他性、可交易性和可分解性等基本属性，具有减少不确定性、外部性内部化、资源配置（财流)、权力配置（权流)、激励与约束以及收入分配等基本功能。这是研究财务主体、财权主体及财权分层的产权基础。

郭复初（1997）依据资金经济性质与用途不同将资金划分为本金和基金：本金具有周转性与增值性等基本特征，是各类经济组织为进行经营活动而垫支的资金；基金具有一次收支性与无偿性等基本特征，是国家行政组织与各类事业单位为实现其职能而筹集与运用的专项资金。尽管二者在一定条件下可以相互转化①，但是本金的占用主体是各类经济组织，其经济用途是为生产经营活动垫支，而基金的占用主体是各种社会经济管理组织，其经济用途则是为国家实现政治和行政管理职能服务。本金与基金的区分，适应了国家生产资料所有者职能与社会经济管理职能分开的需要，有利于政企分开的推进。基于价值与权力融合的财权实质上既是产权概念在价值层面的延伸，又是价值概念在产权层面的拓展，因而，财权既是产权的价值表述，又是价值的产权表述。财权本质上发轫于产权，主管能够量化的价值形态的产权。财权中的财力完全可以拓展至基金，因为基金实质上也符合财权的本质含义，只是本金的占用主体是企业，基金的占用主体是政府经济管理组织罢了。这样，财权的概念就是涵盖本金和基金两大领域的价值与权力的融合表述。

4.3　财权流：现代会计对象的恰当表述

4.3.1　从资金运动到产权流动

前文已述，会计对象的资金运动论是行政控制型经济环境下的产物。随着市场化改革进程的进一步深入，资源配置的等级规则逐步让位于产权规则。行政控制经济的直接后果是导致资源短缺。资源稀缺，竞争不可避免，而决定胜者与负者的规则可阐释为产权规则，在产权规则下，只有市价不会导致租值耗散。资源使用的竞争一定要受到约束，否则必然导致租值耗散。这些约束可以有不同的形式或不同的权力结构，界定着经济制度的本质（张五常，2009）。转型时期等级规则和产权规则是并存的，这也是以双轨制推进增量改革的重要原因，因为只有这样，才能稳步降低租值耗散，助推经济发展。市场化的产权改革重塑了中国的传统文化，使得我们的民族意识中缺乏尊重他人产权和民主观念的现象逐步消弭。市场经济的特征是竞争创造价值和陌生人之间的分工合作。产权界定是产权交易的前提，中国的经济改革使市场主体拥有了自己的独

① 比如，财政拨款一旦进入企业财政支出过程即告结束，财政资金就转化为财务资金，对财务资金的经营是企业的事，而非财政的事。另外，保险资金和社会保障资金在收支有结余与无风险投资的前提下，若用于投资，也会由基金转化为本金，而财务资金盈利能力强，也会上缴更多的税收，从而使部分本金转化为基金。

立产权，创建了使个人收益率与社会收益率相一致的制度安排，极大地推动了生产性努力的增长。

市场交易过程中的商品交换本质上是一种权利的交换，交易种类与范围的不断扩大，型塑了人们的财产权观念。这种型塑的财产权观念逐步瓦解以中国传统社会中社群为中心的社会秩序并导致个人主义的兴起。财产权观念的强化使得尊重产权和平等协商逐渐成为个人习惯，并渐次扩散到群体的习俗、惯例乃至产权法律规则，从而形成产权保护导向的产权法律体系，奠定了良序市场经济的重要基础。会计在经济体系资源配置中处于最基础、最重要和最具操作性的地位。市场经济是一种产权经济，随着财产权观念的强化，产权法律体系的逐步建立，资源配置由等级规则过渡到产权规则，合乎逻辑地，会计的核算对象就须由行政控制经济中的资金过渡到产权。从资金过渡到产权并非简单地改头换面，更重要的是确立了市场参与者的财产权利，确立了资金的产权归属，这对于提升会计的地位是大有裨益的。任何一个会计主体，其经济业务（交易或事项）的发生均涉及财产权利的变化过程及结果。如果说资金运动是会计对象的表象，那么，隐藏在资金运动背后的产权流动就是会计对象的内在特质。

4.3.2 从产权流动到产权价值运动

在生产剩余物品出现之前，原始部落的生产与分配处于极其简单的状态，语言和手势再加上部落首领的“心记”就可以应付简单的生产和分配活动。旧石器时代中晚期，剩余物品的出现使得原始部落的生产、分配、储备等经济关系复杂起来，单凭心记已无法满足需求，从而出现了简单刻记方法和直观绘图记数、记事方法。步入中世纪，生产工具改进，可以生产出更多剩余物品。进入新石器时代后，新石器取代传统旧石器，生产力进一步提高，人类逐步从单一的采集与渔猎生产活动中摆脱出来，自觉从事农牧业生产。到母系氏族繁荣时期，萌发了原始交换，使得经济关系更为复杂。如何交换对于原始会计而言是一个重大考验，也促使新的计量方法产生。为妥善处理物品的生产、分配、交换和储备问题，新石器时代早中期产生了刻符记数，晚期产生了刻符记事和绘图计量、记录法。进入金属时代后，母系制消亡，父权制确立，家庭组织形式演进至一夫一妻制，财产私人占有现象出现了。农业生产工具的改进提高了生产力，耕地面积不断扩大，农作物品种增加，剩余物品大量增加，仓储物品数量大增，农业发展推动手工业、畜牧业发展，并使农业与畜牧业、手工业分离，分工的出现加上部落已过上定居生活，使得原始交换的范围扩大、频率提高且品种更加丰富。就整个社会而言，交换使得整个社会经济活动复杂起来，那么如何达成等价交换？交换双方或多方只有在计量、记录方面达成共识，交换才会被认为是合理的、划算的；交换也才会继续进行下去，并进一步扩大开来，否则便会成为交换的障碍（郭道扬，2004）。私人财产的安全、增值以及部落公共财产的生产、分配、交换和储备都迫切需要更先进的计量方法，从而产生了结绳计量、记录法和经济类“书契”记录方法。书契的出现是人类由原始计量、记录时代向单式簿记时代演进的一个关键性转折，体现了会计发展史上首次变革的历史成就（郭道扬，2004）。在奴隶社会自然经济阶段，单式簿记产生的重要切入点是强化财产占有观念以及维护、保障私有财产的立法建制要求。而复式簿记的产生伴随着财产关系的进一步复杂化，旨在反映和控制财产权的安全、完整、流动及保值增值，进一步明确产权主体之间的权、责、利关系，从而完整反映财产权利流转的来龙去脉。纵观会计计量、记录方法的发展史，均与物品、剩余物品、私人产权、国有产权紧密相连，从本质上讲，会计核算与控制的对象就是产权（包括私有产权和公有产权）。一部会计发展史，实际上就是一部反映和控制财产权利流转过程、结果及其关系的历史。产权流动是贯穿会计发展史的会计对象的恰当表述。

产权价值运动论认为，会计的对象是产权价值运动过程、结果及其体现的产权经济关系。那么，应如何看待产权价值运动论？这里的价值是使用价值还是交换价值？从学者的观点来看，应指交换价值。因为界定权、责、利所依据的价值量只能是交换价值。依此逻辑，旧石器中晚期还不存在原始交换关系，因而用产权价值运动论是无法涵盖旧石器中晚期至中世纪的原始会计计量思想和行为的。那么若将价值理解为使用价值呢？使用价值难以解释原始的等价交换关系，且缺乏比较使用价值的统一尺度，即便经济学界可以用效用来度量使用价值，也与会计计量的客观价值相背离。产权的基本内容是占有、使用、收益和处置，而价值是内嵌于产权的内容之中的，只是产权强化了权利意识。实际上，产权价值运动适用于产权能够用货币量化的近现代会计对象的表述。尽管会计计量的单位有实物单位、劳动单位和货币单位，但价值的综合性、系统性和可交易性决定了须以货币单位为主，其他计量单位为辅。

4.3.3 从产权价值运动到财权流

为了更加科学地表述会计对象，对会计对象的描述应坚持价值与权力相结合的范式，这样可以综合两方面的优势。然而从会计起源来看，会计一开始并未直接以货币计量，而是以符号、结绳记事、经济类书契、实物等计量。因而，会计的原始计量行为无法纳入资金流对象表述，资金流并非一个贯穿会计发展史的恰当的会计对象表述，有待发展。产权流是权力层面的表述，产权价值运动似乎融合了价值与权力的优势，但产权价值是一个联合概念，没有实现两者的真正结合，即没有实现一个概念囊括价值和权力。

若价值流是从物资流中抽象出来的本质力量，那么现代产权制度下，财权流就是从价值流中抽象出来的内在本质。鉴于现代会计的对象与现代财务的对象具有同源性，加之产权价值是一个复合概念且价值可以内嵌于产权之中，为了突破学科壁垒限制，本书主张，现代会计的对象是财权流。首先，财权属于产权中的核心权能，是能够用货币量化的产权，主管价值形态的产权。对于现代会计而言，并不是所有的产权均可纳入会计核算，那种无法量化且不符合会计确认标准的产权目前是无法纳入现代会计系统的。其次，产权价值是一个复合概念，而财权是价值与权力的融合，既是产权的价值表述，也是价值的产权表述，这个概念范畴具有产权价值的所有优势，也是对产权价值的重要拓展。最后，经拓展的财权可以囊括本金和基金范畴，涵盖了现代会计的所有核算领域。因而，财权流是现代会计对象的恰当表述。财权流既是现代会计的对象，又是现代财务的对象，也是现代财务与会计的关联点。

综上所述，通过拓展，我们可以得出财权缘起逻辑和财权流会计对象生成逻辑，如图 4—1 和图 4—2 所示。

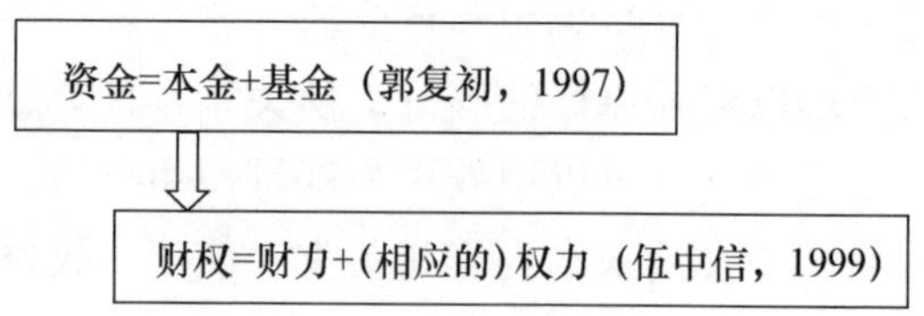

图 4—1 财权缘起逻辑

按照郭复初（1997）将资金划分为本金和基金的逻辑，伍中信（1999）以本金为立足点，从价值和权力两个层面加以发展，形成以价值

资金= 本金+基金

资金的产权表述：财权=企业财权+ 政府财权+非营利组织财权

会计对象：财权流=企业财权流+政府财权流+非营利组织财权流

图 4—2　财权流会计对象生成逻辑

与权力表述本金的全新概念“财权”，即财权是财力及其相应的权力的融合。前文已述，我们可以将财权拓展至本金和基金两个层面，进而将财权范畴扩充至企业财权、政府财权和非营利组织财权。这样，现代会计对象的财权流观就可以涵盖企业、政府与非营利组织所有会计工作领域。现代社会中的产权经济业务，只有财权能纳入会计反映和控制范畴，会计主体内部财权流转的经济业务形成事项，外部财权流转的经济业务形成交易。财权流是现代会计对象的恰当表述。

第5章　会计要素、会计等式与产权关系

5.1　会计要素与产权要素同源性考察

按照理论逻辑的一般推演，会计要素是对会计对象的细化。前文已经论证，现代会计的对象是财权流。那么，会计要素就是对财权流的细化。财权是产权的核心，产权的构成要素涵盖占有权、使用权、收益权与处分权，这些当然也是财权的基本构成要素。以财权为中介，本书发现，会计要素与产权要素具有天然的同源性，这种同源性决定了会计与产权的关系与生俱来，具体逻辑如图5—1所示。

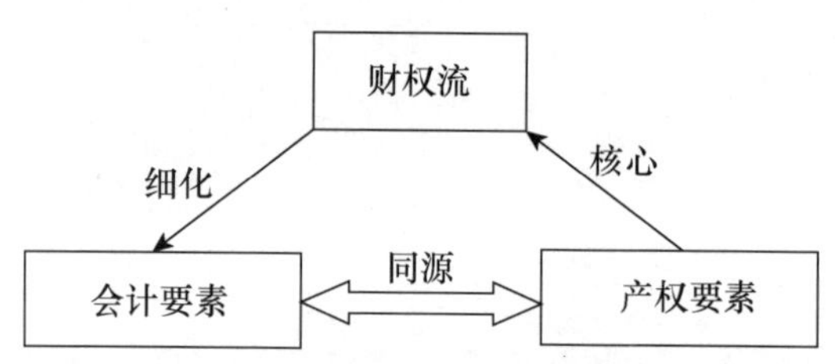

图5—1　会计要素与产权要素同源逻辑

如图5—1所示，会计要素是财权流的细化，而财权流是产权流的核心，即财权是产权要素的核心，因而会计要素与产权要素是同源的。反过来，产权要素的核心是财权流，而财权流的细化就是会计要素。因而，产权要素与会计要素也是同源的。综上可见，会计要素与产权要素具有互为同源性。这也从侧面反映出会计因产权而生，因产权复杂而不断改进，因解决产权问题而不断发展的规律。任何产权问题的解决均离不开会计对产权的界定（定价），因为没有公允定价，交易就无法达成。

反映财权流转在某一特定时日状态的会计要素是资产、负债和所有者权益，它们均与产权紧密相关。

5.1.1　资产：一种确定性绝对产权

按照《企业会计准则——基本准则》的规定，资产是指企业过去的交易或事项形成的、由企业拥有或控制的、预期会给企业带来经济利益的资源。本质上讲，资产是会计主体的财产权（若企业是法人，则资产是法人财产权），即该财产权归企业生产经营支配。对企业而言，一旦拥有或控制该资产，该资产就成为企业的确定性绝对产权。绝对产权是指企业针对所有其他企业的一种产权形式，归企业自己支配。

20世纪以来，关于资产的本质与定义一直存有争议：斯普拉格（1922）在《账户的哲学》一书中将资产的本质定位于体现已获得和继续获得服务的贮存。坎宁（1929）在《会计中的经济学》一书中提出，资产是指任何能用货币形式表示的未来服务或任何可转换为货币形式的未来服务，它须由主体合法地或公平地取得，且必须加以营运。佩顿和利特尔顿（Paton & Littleton，1940）在《公司会计准则导论》中主张，资产实质上是“收入扣除费用”，但费用要与将来的收入相配比，即资产可视为未来与收入相配比的费用。瓦特（Vatter，1947）认为，资产是服务的潜能，不是物质的东西、法律的权利或现金的求偿权，它以转化的、交换的或供未来交易而储备的服务潜能来满足未来需要。上述专家对资产的本质的认识具有相似性，即将资产的本质定位于服务的潜能，也就是未来的服务。美国会计名词公报第1号（1953）从形式与实质两个维度来界定资产，认为从形式上讲，资产是财产权，或是已获得的价值，或是产生财产权的耗费或恰当地运用于未来的耗费，即资产是财产权或取得财产权的成本或获得的价值。斯普劳斯&莫立茨（Sprouse & Moonitz，1962）在《试论企业广泛适用的会计原则》中指出，资产代表一个企业由于某种现在和过去的交易而获得未来经济利益的权利，它与稀缺经济资源紧密相关。会计原则委员会（Accounting Principles Board，APB，1970）在第4号公告中将资产定义为企业的一种经济资源。FASB在财务会计概念公告第1号中将企业持有的资产概括为一种“经济资源”，但在第6号中将资产定义为“企业因为过去的交易或事项而取得或可控制的可能的未来经济利益”。葛家澍（2006）认为，服务的潜能、未来的服务和未来的经济利益尽管是资产的特征，但均不能代表资产的本质，资产的实质是人类赖以生活、生存与发展的一种经济资源，并将资产定义为：特定企业因为交易和事项（包括资本投入或退出企业）以及交易虽未执行但在法律上不可撤销的契约，而取得或控制的旨在为企业带来未来经济利益的一种资源。经济学本质上研究的是稀缺资源的产权，一个社会中的稀缺资源分配是指将权利在资源的使用中进行分配；经济学问题，也就是价格如何被决定的问题，其实就是产权应该如何界定和交换以及在什么样的条件下界定和交换的问题（Alchian，1967）。将资产的本质定义为服务潜能或未来经济利益，还不如定义为经济资源。因为会计核算的对象本身就是一种经济资源，具有稀缺性，不具有稀缺性的资源也就不具有“经济性”，也就没有“产权”归属问题，是无法纳入会计系统的。不管是过去、现在还是未来，贯穿会计起源与发展的历史，会计思想、行为和方法的产生、改进都是为界定稀缺资源的产权服务的。从权利层面来解读，经济资源就是一种财产权利，对企业而言就是法人财产权，这种法人财产权是企业享有占有权、使用权、收益权和处分权最完整权能的一种确定性的绝对产权。权利是资产的主要内容。这可以从资产的特征中得到印证：

（1）过去的交易或事项。这表明通过购买、生产、建造和其他方式已经形成财产权利。这种财产权利是一个客观存在。预期在未来发生的交易或事项对应的财产权利乃是一种观念中的财产权利，是虚拟的。只有客观存在的财产权利，其界定与交易才成为现实中面临的产权问题，对该问题的解决就显得较为迫切，需纳入会计核算系统。

（2）由企业拥有或控制。拥有是指享有资源的所有权，即享有财产权利中的占有、使用、收益和处分的权利。值得特别注意的是，有时企业虽不拥有资源的所有权，但能控制资源，也应视同企业的资产。控制是指企业拥有资源的占有权、使用权和收益权，且该享有和使用使得该财产的主要风险与报酬在企业实现。拥有是从法学上来确定财产的归属，是一种法律形式与经济实质相重合的财产权利，而控制是从经济学上来定义财产的经济实质。即尽管从法律形式上讲企业一般不拥有所有权中的处分权，但因能够获得财产主要的占有权、使用权和收益权，与拥有财产的经济效果没有实质性差别。因而，从经济实质来看，控制的财产也属于企业的资产。这表明会计侧重反映经济真实。控制衍生出“实质重于形式”原则，其典型案例就是融资租赁和反向购买。

(3) 预期会给企业带来经济利益。表明企业拥有或控制的财产须带来经济利益才能成为企业的资产，该特征强调了财产权利中的收益权。收益权是四大权能中最具综合性的权能，占有权、使用权和处分权的行使，最终目的都是获得收益权。没有收益权，占有权、使用权和处分权就成了空中楼阁，没有任何意义。企业是对市场的替代，是一种合约形式取代另一种合约形式。企业与市场均是资源配置的方式。之所以存在企业，是因为资源在企业配置比在市场更节省交易费用，但更重要的是经济资源的逐利性决定了某些资源在企业配置可以获得比在市场配置更高的收益率。因而，对企业而言，财产权利中的收益权是决定企业存续、发展与壮大的关键。

资产的这些特征证明，作为企业法人财产权的资产，是占有权、使用权、收益权与处分权的综合体现，是一种确定性绝对产权的最佳证明。

5.1.2　负债：一种契约型相对产权

依据《企业会计准则——基本准则》的定义，负债是指企业由过去的交易或事项形成的，预期会导致经济利益流出企业的一种现时义务。毫无疑义，现时义务是当前已承担的义务，而潜在义务是当前尚未承担的义务。义务是负债的主要内容。会计上的“负债”对应法学上的“责任、负担”，对应经济学上的“义务”，是一种源于法定或约定的义务。本质上，负债是一种法定的或约定的由契约规制的相对产权。现代社会，人们生活在一个由法律约束和非正式规则约束交织在一起的责任网络中。合约责任在法律上是有约束性的。相对产权是指权利人针对一个或一个以上的责任人的要求权，且这种权利仅能对特定的责任人实施。相对产权可能源于自由达成的合约或法庭上的指令，包括合约性产权（如信用债务或销售关系）以及法律上的强制义务。在法学上，相对产权主要由合同法规制，而合同法又称为“债法”，主要规范财产权利交易过程中的权利义务关系。“过去的交易或事项形成的现时义务”表明会计中的负债是一种必须依法履行的特定义务。“预期会导致经济利益流出企业”暗示义务的履行会导致财产权利流出企业。颜延（2007）认为，负债大部分源自依法必须履行的义务，该义务可能来自先前的合同或协议，也可能来自政府或法院的命令。实际上，负债作为一种契约型相对产权，体现了债权人对企业经济资源的请求权，是债权人对经济资源的主权。这种主权体现为现实中债权人的求偿权。

5.1.3 所有者权益：不确定的剩余财产权利

一般而言，所有者权益是指企业资产扣除负债后由所有者享有的剩余权益。所有者权益是所有者对经济资源的主权，是一种剩余索取权，代表投资者对资源承担营运风险的产权。鉴于负债中的债权人是不承担企业最终经营风险的，因而其获取的求偿权仅是由契约规制的本金及利息或固定工资，是一种固定合约责任。而所有者是企业经营风险的最终承担者，按风险与收益均衡原则分享企业剩余财产权利。在两权分离的现代企业制度背景下，债权人作为产权主体，让渡自己财产的占有权、使用权，保留处分权（如债权人可将应收票据进行贴现就是处分权的典型体现），获得收益权，其收益权的行使受合约规制，并采取固定合同形式分享收益；投资者作为产权主体，让渡自己财产的占有权、使用权和处分权，而获得收益权。所有者究竟能分享多少收益？这与企业经营好坏直接挂钩，是不确定的，即所有者权益本质上是一种不确定的剩余财产权利。

5.1.4 收入、费用和利润：风险承担与产权安排

收入是指企业在日常活动中形成的、会导致所有者权益增加的、与所有者投入资本无关的经济利益的总流入。“日常活动”表明会计中的收入属于企业日常性经营导致的财产权利的增加。若财产权利的增加是非日常性的，即偶然性的、一次性的，则这种财产权利的增加属于利得，若该利得计入当期损益，则在“营业外收入”中核算，若该利得直接计入所有者权益，则在“资本公积——其他资本公积”中核算。“会导致所有者权益增加”是根据“收入－费用＝利润”原理推导出来的，即在假定费用不变的情况下，收入的增加会导致利润的增加。而利润增加的去向要么是对外分配出去（即对所有者的分配），这样会导致负债增加（形成应付股利或应付利润）或资产减少（如货币资金或非货币性财产），要么是对内分配（形成盈余公积）或留存（形成未分配利润）。而盈余公积和未分配利润即留存收益，属于所有者权益的内容，即收入的增加会导致所有者权益的增加。换句话说，企业财产权利的增加会使投资者收益权增加。“与所有者投入资本无关”体现在“实收资本/股本”和“资本公积——资本溢价/股本溢价”中，因为所有者投入资本形成实收资本和

资本溢价。收入本质上是企业在日常营运过程中因交换产品/劳务或让渡资产使用权而发生的财产权利的总流入，其经济性质体现为：一是产品/劳务成本的补偿；二是通过交易创造出由市场主体认可的新价值。企业价值的实现是通过收入来体现的。收入是企业为消费者创造价值的一部分。之所以是一部分，是因为在自愿交易的市场上，一个企业能得到的收入绝对不可能超过其对消费者创造的价值，除非企业坑蒙拐骗（张维迎，2010）。一般而言，竞争越激烈，企业相对消费者而言拿走的份额越少，留给消费者的剩余越多。这表明，竞争越激烈，收入对利润的贡献就越少。收入是市场参与者在非人际化交易中因权利束的相互交换而实现的，在某种程度上收入是由市场决定的，即财产权利的流入受市场限制。

费用是指企业在日常活动中发生的、会导致所有者权益减少的、与向所有者分配利润无关的经济利益的总流出。费用是对收入的配比。“日常活动”表明会计中的费用属于企业日常性经营导致的财产权利的减少，即这种财产权利的减少是经常性的，若财产权利的减少是非日常性的，即偶然性的、一次性的，则这种财产权利的减少属于损失，若该损失计入当期损益，则在“营业外支出”中核算，若该损失直接计入所有者权益，则在“资本公积——其他资本公积”中核算。“会导致所有者权益减少”指在收入一定的前提下，费用的发生会减少利润，即减少所有者权益。“与向所有者分配利润无关”，是因为向所有者分配利润会使可供分配的利润减少，即所有者权益减少，同时负债增加或资产减少。

会计中的收入与费用强调日常活动有其深刻的产权缘由，这表明企业实现的收入与费用代表日常性的财产权利的增加或减少，这种财产权利的变动是具有相对稳定性的，即产权的增加/减少具有稳定性。一般而言，产权越稳定，越有利于企业的利益相关者（即产权主体）形成稳定预期，从而有助于产权主体作出正确的经济决策，进而为建立企业信誉奠定坚实基础。产权的不稳定性是阻碍社会财富增长的主要因素（Furubotn & Richter，2006）。财产占有稳定、根据同意转移所有物和履行许诺被休谟认为是三大自然法则。产权的普遍性、排他性与可转让性被誉为产权效率体制的三大标准。占有的稳定性与产权的普遍性均与财产权利的稳定性紧密相关。因此，会计学中的收入与费用隐喻着财产权利流入与流出的稳定性，决定着经济组织的产权效率，也是生产性努力结果的重要体现。但是，利得与损失给企业带来的财产权利的增加和减少均不具有稳定性，一般容易成为管理者进行利益操纵的重要手段，会导致企业分配性努力的增长。对于产权主体而言，要特别关注的是，利得和损失的增加不利于保护产权主体的财产权益。

利润是企业在一定会计期间的经营成果，包括收入减费用后的净额和直接计入当期损益的利得和损失。利润分为营业利润和营业外收支净额。前者是日常活动形成的，而后者是偶然性、一次性形成的。收入与费用配比之后的结果就是营业利润，反映了日常活动中财产权利流入与流出之差，即财产权利的净增加额。与非日常活动形成的营业外收支净额一起，利润实质上反映了企业在一定的经营期间财产权利的净增加。这个净增加表明企业获利能力的大小以及在市场中的地位。

企业与市场都是资源配置的方式，之所以存在企业，是因为企业是对市场的替代。企业能够比市场更节省交易费用，同时可以创造新价值，获取利润。资本的逐利性决定了产权主体让渡财产的占有权、使用权和处分权给企业，而保留收益权，旨在获得比市场交易更高的收益率。这样资本就会流向收益率高的行业与部门，从而优化资源配置，促进整个社会经济持续快速发展。这就是亚当·斯密（Adam Smith）的“看不见的手”原理：在一个产权得到有效保护的竞争性市场上，每个人追求自己的利益将导致社会收益的最大化，从而使得个人目标与社会目标趋于一致。资本流入企业之后，在企业里运用阿尔弗雷德·钱德勒（Alfred Chandler）“看得见的手”原理通过“行政—命令”的方式进行二次配置，企业资本以分化、转化与组合等方式形成新的资产，再通过市场交易形成利润。二次配置的效率是通过企业赚取利润（即财产权利净增加）的能力来决定的。利润来源于企业应对不确定性的能力、创新能力及品牌信誉。作为财产权利净增加的利润本身是一种责任，是企业对社会的贡献。利润归属于所有者，所有者承担企业的最终风险，承担剩余责任即连带责任。而经营者和员工取得合同收入，承担固定责任即过失责任。因而所有者负责监督企业的经营活动，监督的动力源于自己投入企业财产权利的增值欲望。利润是一个信号，能够引导产权主体将财产投入利润高的行业与部门，从而引导资源的有效配置。企业实现利润表明产权主体的财产权利增值，这本身是企业对社会的重要责任。

5.2　会计等式、产权结构与产权关系

5.2.1　会计等式与产权结构：互逆生成实验及规律甄别

最初的会计等式在《簿记论》中表述为：一人所有财物＝其人所有权之总值。这一公式对后世会计方程式的发展产生了根本性影响。这实际上隐喻着一个会计恒等式“资产＝财产权利＝权益”，为过渡并发展到现代会计恒等式奠定了基础。从原始的计量行为到现代会计，会计等式的演进取得了重大进展，形成了两大会计恒等式：

资产＝负债＋所有者权益

（静态会计等式，也称会计的产权恒等式）

收入－费用＝利润　（动态会计等式）

“资产”概念的法学表述为“财产权”，经济学表述为“产权”。从法学上讲：

财产权＝有形财产权＋无形财产权

有形财产权＝债权＋物权

＝相对权＋绝对权

＝请求权＋要求权

而无形财产权主要是知识产权，即无形财产权＝知识产权。

根据“财产占有形式＝财产的来源途径”的逻辑：

财产权＝有形财产权＋无形财产权

＝（债权人）债权＋（所有者）物权＋知识产权

＝（法人）债务＋（法人）所有者权益＋知识产权

还原为会计学表述：

资产＝负债＋所有者权益＋无形资产

（资产－无形资产）＝负债＋所有者权益

有形资产＝负债＋所有者权益

即初始会计等式中的资产是不含无形资产的。

同理，现代会计的产权恒等式为：

资产＝负债＋所有者权益

据此，我们可以通过逆向生成的方式推导出财产权的结构。

会计学中的“资产”在法学中的对应概念是“财产权”，“负债”的对应概念是“债务”，“所有者权益”的对应概念是“物权”和“知识产权”。会计要素对应的法律体系是民法。其中，债务涉及合同法，合同法是以鼓励交易作为其立法的基本原则；物权涉及物权法，以“物权法定”和“平等保护”为基本原则；知识产权涉及著作权法、商标法、专利法等，以“保护知识产权、鼓励创新”为基本原则。据此，可大致得出：

财产权＝债务＋物权＋知识产权

等式左边是财产权，右边由以企业为主体（即会计主体）反映的财产权构成，现将以企业为主体转化为以产权主体这类市场参与者为主体，则上述等式可转化为：

财产权＝债权＋(物权＋知识产权)

可见，会计主体的负债或债务就是对应的产权主体的债权，是同一客体的两种不同层面的表述。该等式表明了财产权的结构。通过会计等式反推财产权结构的逻辑展示出：财产法律体系须以保护债权人合法权益为优先原则，一般对其责任归属应采用过失责任原则。而对物权主体和知识产权主体的保护应采用平等保护原则，让其分享企业剩余，一般对其责任归属应采用严格责任原则。

收入－费用＝利润　(动态会计等式)

反映一定会计期间的财权流转结果，可用产权思维来表述：

财产权利的流入－财产权利的流出＝财产权利净额

当然，反推上去有：

财产权利的流入＝日常财产权利的流入＋非日常财产权利的流入
财产权利的流出＝日常财产权利的流出＋非日常财产权利的流出

即　财产权利的流入－财产权利的流出
＝日常财产权利的流入＋非日常财产权利的流入－（日常财产权利的流出＋非日常财产权利的流出）

=(日常财产权利的流入－日常财产权利的流出) ＋ (非日常财产权利的流入－非日常财产权利的流出)

=(收入－费用) ＋ (利得－损失)

=日常经营利润＋非日常利润

=营业利润＋营业外利润

=营业利润＋ (营业外收入－营业外支出)

=营业利润＋营业外收支净额

=利润

=财产权利净额

这表明，严格来说，会计的动态恒等式中的“利润”应为“营业利润”，因此，动态会计等式应扩展为：

(收入－费用)＋(利得－损失)＝利润

在此基础上，我们可以得出将静态会计等式与动态会计等式合二为一的“扩展会计等式”，其逻辑如下：

资产＝负债＋所有者权益

收入－费用＝利润

因为利润对外分配之后，剩余部分均形成所有者权益（即留存收益），所以利润会增加所有者权益，即可将剩余利润视作所有者权益，得到以下等式：

资产＝负债＋所有者权益＋剩余利润

＝负债＋所有者权益＋(收入－费用)×(1－利润分配率)

＝负债＋所有者权益＋收入* －费用*

因为费用是由资产的耗费而来，所以费用与资产具有同源性，收入会导致所有者权益的增加，两者也具有同源性，所以

资产＋费用* ＝负债＋所有者权益＋收入*

用法学中的权利表达为：

财产权＋财产权利流出＝债权＋物权＋知识产权＋财产权利流入

财产权的占用形式＝财产权的来源

扩展的会计等式表明，财产权利的占用形式与财产权利的来源对于会计主体而言是一个问题的两个方面。因而，两者在法学上也是相等的。

财产权的占用形式主要表现为财产的占有权、使用权和处分权，其中，财产权利流出是一种典型的使用权的行使，而财产权的来源主要体现为财产的收益权，即外部产权主体将自己的财产投入企业，目的在于获取与该财产有关的收益权。

综上互逆生成实验的理论逻辑，本书发现以下结论：

首先，会计的产权恒等式的提出是为了核算有形财产权，忽略了无形财产权。从法学财产权的构成与会计等式的还原过程可以发现，产权恒等式似乎没有将知识产权纳入其中。随着知识经济和信息经济时代的来临以及新兴高科技企业的迅猛发展，不将知识产权这一无形资产纳入会计核算体系，必将挫伤投资者的积极性，引致严重的外部性，从而使知识产权的研发和交易无法得到有效保护，引致分配性努力，阻碍经济增长和社会文明进步。为了内部化这种外部性，通过修正会计确认和计量标准，完善相关配套措施，先将外购或外部投资者投入的知识产权予以确认和计量，纳入会计核算系统，从而大力推进知识产权的交易，有效保护企业外购知识产权所涉及利益相关者的财产权益。然而，通常情况下，企业自创商誉以及企业内部投资产生的知识产权不确认为无形资产，只有在与外部产权主体进行交易时才予以确认。但是，由于内部自创知识产权（无形资产）往往属于商业技术或管理秘密，交易频率很低，甚至有些知识产权根本无法交易，从而抑制了企业技术创新和管理创新的激励，无法有效保护内部研发形成的知识产权，这必将遏制内部研发知识产权的生产性努力的增长，导致研发人员的分配性努力行为，引致严重的外部不经济。由于研究与开发费用是否符合无形资产定义和可辨认性等相关特征、能否或何时能够为企业产生预期未来经济利益以及成本能否可靠计量等尚存不确定性，因此，还必须满足其他特定条件才能将企业自创知识资产确认为一项无形资产。现行准则规定：企业的自创无形资产（知识产权）应分为研究阶段和开发阶段。研究阶段的支出费用化，开发阶段符合特定条件可以将有关支出予以资本化，确认为一项无形资产，这对于内部化自创知识产权的外部性具有重要意义。因而，会计有条件地扩充知识产权的确认范围，对于内部化外部性，促进生产性努力的增长是十分必要的。这也是降低会计信息先天性失真的重要途径。

其次，随着人力资本在知识经济社会和知识密集型产业中的贡献越来越大，拥有专用性的人力资本对于形成企业的核心竞争力至关重要。

随着股票期权等激励方式的实践和社会对核心人才越来越重视，人力资本所有者享有企业所有权已成为一种趋势。尽管人力资本与物质资本存在诸多差异，但仍在创造企业价值方面具有同一性，因而，随着计量技术的不断发展，相信人力资本所有者权益一定可以纳入会计核算系统，使得现有产权恒等式具有更加丰富的内涵，即“资产＝负债＋所有者权益＝负债＋物资资本所有者权益＋人力资本所有者权益＝负债＋所有者权益”。可见，现有产权恒等式只需扩充“所有者”的内涵至“人力资本所有者”，而无须扩展会计等式的形式就可以将人力资本纳入会计核算系统。这对于矫正人力资本所有者的分配性努力行为，内部化机会主义行为导致的外部性十分重要。

最后，从动态会计等式来看，“收入－费用＝利润”包含了经济学问题，由此引申出企业社会责任问题，经济学家主要通过这个等式来关注制度安排。一部分人的收入（所有者）进入等式中的“收入”，另一部分人的收入（债权人）则进入“费用”；要遏制环境污染行为，会计应该对环境成本进行核算，纳入会计成本，使环境治理更加有效。企业的污染行为难以得到遏制，是因为企业受到激励。对于以价值最大化为目标的企业而言，在收入一定的情况下，当实际承担的污染成本费用小于真实的成本费用（即社会成本）时，与正常无外部性的生产企业相比，污染企业获得了一个超额利润。超额利润越大，污染企业越受到激励去生产，从而使污染越严重。这时，任何宏观层面的政策措施都难以抑制企业增加产量的冲动，这些政策的效果往往因为实施起来难以监督而收效甚微。但是，只要我们将污染成本费用全部计入“收入－费用＝利润”等式，使得费用部分包含全部的污染成本，那么，污染企业获得的超额利润就为零。与清洁企业相比，污染企业也就不会受到激励了，只要宏观层面的政策加以积极引导，污染企业就受到转产或购买设备以消除污染的激励。因而，实现收入与费用的真实配比是内部化外部性的重要原则。会计作为外部性内部化的微观计量和控制机制，在内部化外部性时是宏观政策予以有效推行的重要基础。即通过会计核算，强化企业社会责任意识，使其承担全部社会成本，促进经济增长与社会和谐。

总之，从会计恒等式出发，我们可以尝试将“知识产权”“人力资本”和“污染成本”纳入会计恒等式，以实现会计等式在内涵上（而非形式上）的扩展，再通过资产计价和收益决定程序使得经济组织的私人收益率与社会收益率趋于一致，进而最大限度地内部化外部性，促进生产性努力的增长，助推经济发展。

5.2.2 会计等式中的产权结构与产权关系

前文已述，从法学原理看，财产权的构成存在下列关系（见图 5—2）：

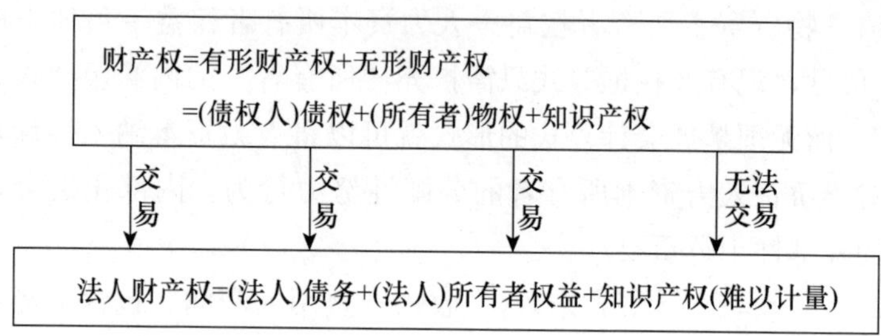

图 5—2 财产权构成及其交易结果

于是存在如下关系：

法人财产权－知识产权＝法人有形财产权

＝(法人)债务＋(法人)所有者权益

还原为会计学表述：

(有形)资产＝负债 1＋所有者权益 1 (1)

因此最初的会计产权恒等式中的资产是不包括无形资产的。然而，随着时代发展知识产权（无形资产）日益重要，计量技术的进步使得知识产权纳入会计核算以内部化之前未核算引致的外部性成为现实，促进了知识产权的研发与交易（见图 5—3）。

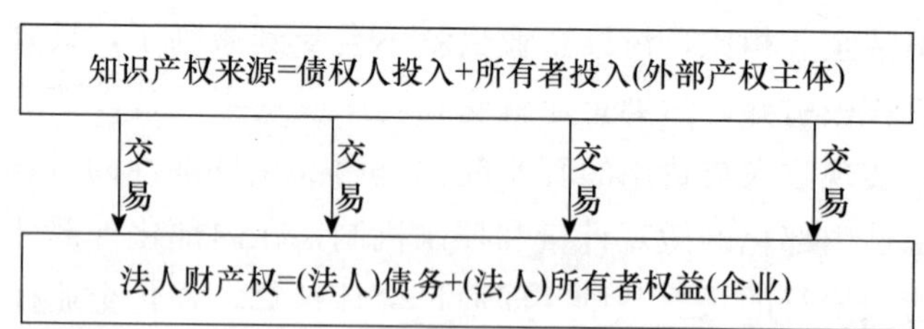

图 5—3 知识产权交易及其结果

图 5—3 还原为会计学表述：

(无形)资产＝负债 2＋所有者权益 2 (2)

则 (1)＋(2) 有：

（有形）资产+（无形）资产=（负债1+负债2）
+（所有者权益1+所有者权益2）

即　　资产=负债+所有者权益

其产权表述为：

产权=法人财产权=债权人权益+所有者权益=权益

等式左边的资产隐喻着法人财产权结构的构成，即物权、债权和知识产权的比例关系，也即财产权的分布结构；而右边体现为企业与外部产权主体之间存在的债权关系和所有权关系，即企业与外部产权主体之间的财产权关系。产权、债权人权益和所有者权益三者之间的比例关系反映了企业的财产权结构，这种结构揭示了企业财务能力的强弱。此外，该等式还隐含着一个重要原理，那就是产权必须予以等价交换才能维护产权结构的平衡：当企业财产权增加时，企业或者以减少财产权为代价，或者增加债权人对特定产权的请求权，或者增加所有者对剩余产权的要求权；相反，则反是。当然，这种平衡是会计界定产权必须遵循的基础准则。一旦产权交易不是以权利“等价交换”方式进行的，那么必然损害债权人权益或所有者权益。因而，会计的产权恒等式集中反映了财产权结构以及财产权关系。

另外，会计的动态等式

收入-费用=利润

实则反映了如下关系：

财产权利流入-财产权利流出=财产权净增加额

这种财产权净增加额反映了企业一定时期产权营运的结果，体现了财产权的保值增值程度，财产权净增加额越大说明增值越大，投资者产权权益越能得到保障。

5.2.3　会计等式演进趋势：反映主导产权关系

帕乔利在《簿记论》中建立了会计学的第一方程式：一人所有财物=其人所有权之总值。之后的会计等式演进都建立在该等式的基础之上，其中，一人所有财物体现为该人的资产，而其人所有权之总值体现为该人的财产权利，即财产权益。产权=权能+（相应的）利益，其中，权能指产权主体对财产所拥有的权力或职能，侧重关注“产权主体能干什么”，是一个行使问题，而相应的利益是权能的行使给产权主体带来的效用，侧重关注“产权主体能够得到什么”，是一个享用问题。权能与利益内在统一为产权，权能是获取利益的工具，利益是行使权能的目的。

因此，“一人所有财物＝其人所有权之总值”会计等式可解读为：

资产＝产权＝权能＋利益＝权益

该等式是复式簿记思想诞生之后适用于任何情形的会计恒等式，奠定了整个会计学的基石。整体而言，会计等式的演进存在以下四种形式：

1. 资产－负债＝业主权益

该等式受业主权理论主导，产生于最初对复式簿记的诠释。等式中，业主居于中心地位，资产是业主享有的权利，负债是业主承担的义务，而业主权益代表所有者对企业拥有的财产净值。该等式适用于个人独资企业和合伙企业。因为该类企业不是法人，所有权与经营权未分离，业主与管理者通常是一种个人关系，往往两者合二为一。该等式表明了对所有者权益的重视。

2. 资产＝负债＋业主权益

该等式由主体理论决定，资产代表企业自身获取特定物品和服务或其他利益的权利，负债代表企业自身的特定义务。负债和业主权益统称为权益。两者的区别在于，与负债对应的产权主体是债权人，一般不承担企业的经营风险，按固定合同获取收益；而与业主权益对应的产权主体是所有者，是企业风险的最终承担者，因而享有剩余索取权。该等式适用于所有权与经营权普遍分离的公司制企业。该类企业一般而言是法人，主体理论中的主体实际上与法人紧密相连，这里的主体和法人均指企业，也就是赋予企业一个独立的主体地位，这与现代企业产权独立、自负盈亏是一脉相承的。因而，该等式主要反映公司制企业作为一个会计主体的财产权益。但这里的业主权益仅指投资者权益，是资本雇佣劳动逻辑的体现，即尽管企业是一个会计主体，但企业的剩余由投资者享有。

3. 资产－特定权益＝剩余权益

该等式由剩余权益理论决定，剩余权益理论是介于业主权益理论与主体理论之间的一种理论，主要目的是向普通股股东提供有助于其进行经济决策的信息。这里的特定权益可以理解为固定权益，包括债权人的求偿权和优先股的股利要求权，剩余权益就是普通股股东对企业剩余的要求权。当然，若企业进入破产清算程序，普通股股东的剩余权益将让位于债权人和优先股股东享有，该等式强化了对普通股股东财产权益的反映与控制。

4. 资产＝权益

该等式适用于企业理论，该理论将企业看成一个社会组织，是为利益相关者而经营的。该利益相关者除了股东、债权人之外还包括员工、顾客、政府、公众等。现代企业理论认为，企业是多边契约关系的联结，是利益相关者交易产权的结果，是一个人力资本与非人力资本的特别合约。这就将企业的所有者拓展到利益相关者。这是经济学上利益相关者“共同治理”逻辑的体现，也就是利益相关者需分享企业所有权。因而该等式强调对利益相关者财产权益的反映与控制。

纵观以上四种会计等式，每一种会计等式的变形都强调了特定产权主体的财产权益，由主导产权关系决定。第一个等式由业主主导，反映业主的财产权益；第二个等式由企业主导，反映企业作为一个会计主体在“资本雇佣劳动”逻辑下的产权关系；第三个等式由普通股股东主导，反映普通股股东的剩余权益；第四个等式由企业主导，反映企业作为一个会计主体在“利益相关者共同治理”逻辑下的产权关系。目前，主体理论仍占主导地位，表明企业作为一个会计主体，其经营成果和净资产均由所有者享有，这里的所有者仅指投资者，不包括债权人、政府、公众等利益相关者。归根结底，当前的会计报表体系设计都遵循“企业的所有权是投资者的”逻辑，投资者享有剩余索取权和剩余控制权。当未来的企业理论占主导时，相应的会计核算和报表体系均需作出重新设计，这预示着未来会计变革的方向将遵循“反映主导产权关系”这一演进路径。

第6章　会计核算与监督的产权含义

6.1　会计核算方法的产权含义

会计的本质是外部性内部化，会计的目标是内部化外部性，会计的对象是财权流，内部化外部性的基本途径是产权界定，而产权可由市场、企业和政府（法院）来界定，但均缺乏微观实现基础且未考虑配比原则。会计是最基础、最重要和最具操作性的产权界定方式，这缘起于会计的核算职能。会计核算实质上是通过界定各产权主体的财权关系反映产权结构变化，并通过产权报告（财务报告）的形式将财权流转关系的过程、状态及结果报告给各产权主体的过程。它奠基于现代会计①核算方法体系，即由设置账户、复式记账、填制和审核凭证、登记账簿、成本计算、财产清查和编制财务会计报告构筑的核算方法体系。设置账户是将财权流划分为若干项目（即会计账户）从而使所设账户既有分工又有联系地反映财权流动的具体内容；复式记账就是对每笔经济业务都以相等的金额在相互关联的两个或两个以上有关账户中进行登记，从而使得两个或两个以上的账户之间产生对应关系，这实质上是反映财权交易或事项的来龙去脉，使财权流转过程中权利与义务关系得以平衡揭示，该双重记录体现的平衡关系凸显了会计对产权（财权）关系的平等对待，这是准确、连续、综合、系统地界定产权（财权）的必然要求；填制和审核凭证反映了各类财权交易或事项必须以合理、合法的凭证作为登记账簿的

---

①　一般认为，西方国家的现代会计起源于中世纪的地中海沿岸，它是以伴随当时的商业贸易活动而诞生的复式簿记（double-entry bookkeeping）为标志的（葛家澍和林志军，2002）。本书认为，现代会计的核心是复式记账，突出特征是货币计量。我们约定：若文中没有涉及会计起源问题的表述，会计即指现代会计。

依据，这种监督对于准确界定产权（财权）是非常重要的，只有合法、正常的财权交易和事项才能纳入会计核算系统，即会计界定产权（财权）是以财权合理、合法为前提的；登记账簿是指将有关财权交易或事项按其发生顺序分门别类地记入有关账簿，定期汇总和对账，使账证、账账、账实和账表之间保持一致，以确保准确界定财权流信息，维护产权主体利益；成本计算的目的在于通过收入与成本相配比以确定产品售价并正确核算企业利润，从而直接影响各产权主体的切身利益；财产清查是通过查明财产的实存数与账存数是否存在差异，并找出差异的原因、明确责任，以确保实际的法人财产支配权与应有的支配权相对应，维护产权主体利益；编制财务会计报告是会计主体将某一特定日期财权流的分布状态和某一会计期间的财权流转结果对外报告和揭示，旨在综合反映会计界定产权（财权）的结果。

6.2　会计核算基础的产权含义

6.2.1　会计假设的产权意义

为了准确界定产权，明晰不同产权主体之间的产权关系，实现企业产权价值最大化的目标，会计应以一定的假设为基础进行核算。会计假设的出现是明晰产权的客观需要。

（1）会计主体假设。会计主体是会计所服务的特定单位或组织，它限定了会计核算的空间范围。每个企业都是一个与其业主、债权人或其他企业相独立的会计主体。对于个人独资企业而言，投资人可以自行管理企业事务，也可以委托或聘用他人负责企业事务管理。前一种情形下，所有者与经营者合二为一，尽管个人独资企业的产权关系单一，所有者还是需要核算企业的经营成果，以将企业与个人之间的财产关系分开，更清晰地反映企业的财务状况和经营成果；后一种情形下，所有者与经营者不一致，并且法律对受托者（经营者）有诸多限制，比如：不得擅自以企业财产提供担保，未经投资人同意不得从事与本企业相竞争的业务，不得同本企业订立合同或者进行交易，不得擅自将企业商标或其他知识产权转让他人使用。在这种情况下，所有者与经营者之间产生了受托责任关系，产权关系由单一变得相对复杂，产生了对所有者和经营者产权进行准确界定和保护的客观要求，必须通过设定会计主体来核算企业财务状况和经营成果，以反映这种受托责任关系，并内部化因权责不清引致的外部性。而合伙企业以及公司制企业的出现使得出资者、债权人和经营者之间的产权关系更趋复杂化，明确各自的权责利关系以使产权关系明晰化，必须根据经济组织在实质上对它的经济活动和行政控制管理所负的责任来界定会计主体。因而，会计主体假设的出现是界定产权、明晰产权的客观要求。

(2) 持续经营假设。该假设认为，会计主体将持续其经营活动直至实现其计划和受托责任为止。持续经营假设与产权的稳定性一脉相承，因为明晰的产权是稳定的，能够为所有产权主体提供一个稳定的预期，提高经济效率的关键是确保产权的稳定性。因此坚守持续经营假设能够使会计为产权界定提供一个稳定的预期，避免产权主体的短视行为，维护企业产权利益，这对于企业的可持续发展是必需的。尽管企业经营过程中会发生产权关系的重大调整，如破产、兼并等，但在处理时应坚持以清算会计方法进行相关产权界定，以保护相关产权主体权益。

(3) 会计分期假设。该假设要求会计主体定期（一般是一年）提供企业财务状况和经营成果信息。产权主体为了解其财产权的保值增值情况以作出进一步的决策，需要会计主体按期提供会计信息，这也是落实收益权的基本要求，即满足债权人固定收益请求权以及投资者剩余收益要求权。

(4) 货币计量假设。该假设包括两个方面的内容：一是会计应该以货币计量；二是币值不变。现代会计之所以采用货币计量，是因为只有这样复杂的产权交易或事项才能用相同的尺度综合、连续地予以度量，也才能进行不同经济组织间的比较分析，这对于降低产权主体信息不对称、促进产权交易是必需的。币值稳定则表明，除非市场价格波动很大以至于通货膨胀，一般以币值不变为假设来界定产权，以符合稳定产权的内在要求。

6.2.2 基本会计原则的产权内涵

基本会计原则是指普遍适用的会计原则，是制定准则和选择特定程序的必要依据，会计业务的处理应遵循这些原则。这些原则的提出是会计界定产权时所遵循的基本理念，对产权界定具有原则导向。会计原则的产生主要是为了降低产权界定过程中各自为政、缺乏统一指导等混乱状态引致的高昂交易费用，维护产权主体利益。

（1）客观性原则。该原则要求会计尽可能基于客观数据来计量，在记录和报告交易结果时，会计人员应独立地分析双方交易产生的数据，而这种数据往往是以相关会计凭证为载体的。该原则还要求会计人员选择会计方法和政策不偏不倚、保持中立，并据此作出相关会计估计和主观判断。该原则是保证会计信息客观、真实的基本要求，它为平等、客观、准确、公正地界定产权和维护各产权主体的利益提供了稳定预期，即只有真实、公允的会计信息才能充分发挥会计界定产权和保护产权的职能。

（2）配比原则。即费用必须与相对应的收入在相同会计期间予以确认。实务中费用的会计处理通常分为两步：第一步，把成本记为资产，代表企业拥有的服务潜力或未来的经济利益；第二步，将这些资产当作费用加以摊销，以确认在这一期间由于取得收入所耗费的资产（葛家澍和林志军，2001）。之所以要配比，是因为权责发生制会计因会计分期必须在一定期间实现收入与费用的配比以反映投入与产出的因果关系。配比原则反映了产权主体的投入与产出关系，对于准确界定企业产权净收益、反映企业产权营运结果、引导产权主体决策行为具有重要意义。

（3）权责发生制原则。即会计上对收入和费用应按照收取收入的权利和支付费用的义务的发生时间予以确认、计量，而不是根据收入和费用的现金收付时间来确认、计量。收入实质上是企业财产权利的增加，体现为企业的权利；而费用是企业财产权利的减少，体现为企业的义务。产品销售形成的应收账款，与其说是一项资产，还不如说是企业未来收取现金的一项权利，并且这种权利的获得是以对称性地让渡产品（财产权）为义务的。可见，权责发生制原则是客观、及时地界定产权营运状态及其流转结果的必然要求。

（4）一贯性原则。由于会计分期的存在，一个企业在不同期间使用的会计政策、会计程序和方法应尽可能保持前后一致，如确需变化，应充分披露变更原因及其影响。一贯性原则表明会计界定产权时，对于同一企业采取的具体政策、方法和程序应尽可能保持一致，这样就可以保证会计界定的财产权信息具有可比性，减少产权主体对界定结果（财务报告）的误解，从而为同一企业内不同产权主体的产权利益保障提供稳定的预期。

（5）重要性原则。即会计在核算过程中应考虑成本—效益原则约束，对重要的交易或事项必须纳入，并严格遵循会计核算环节要求；次要的交易或事项则可简化纳入或不纳入会计核算。实际上，重要性原则也是产权界定的前提性原则，只有当界定产权的收益大于界定产权的成本时，界定产权才是有利可图的，这决定了不重要的产权交易或事项往往因界定时的交易费用过高而得不到界定，形成共有财产、模糊产权。

（6）历史成本原则和稳健性原则。历史成本即过去取得或制造某种财产物资所付出的代价。在该原则下，资产的购置与销售都是以市场交易价格为基础确定的，随着时间的推移，企业对资产价格变动不予调整，并对收入、费用的确认持稳健谨慎态度。凡可能的损失或负债，予以充分估计，而可能的收入或利得，一般不予估计。根源于历史成本原则的稳健性原则将导致对企业资产或收益的低估。这两个原则认为，频繁地调账或及时确认利得或损失等将增大企业利润操纵空间，并使产权主体利益频繁变动，这样界定产权将有损于产权的稳定性，不利于产权主体形成稳定的预期。该原则提出时主要是基于如下考虑：相对于债权人而言，由于经营者和所有者具有信息优势，信息不对称条件下的频繁调账与及时确认利得和损失将难以保护债权人的产权权益，因而历史成本原则和稳健性原则对于保护债权人权益而言是必不可少的。然而，随着公允价值计量在金融工具计量中的逐步推广，会计的价值计量观念日益深入人心，价值计量将平等对待所有产权主体的正当权益，准确界定其真实的产权份额，这对于明晰产权进而保护产权是必需的，也是客观性原则的应有之义。因而，历史成本原则和稳健性原则因违背会计及时、平等、对称、准确地界定产权的基本要求而经受日益严峻的挑战，随着价值计量的逐步推广，历史成本原则和稳健性原则将逐步走向消亡，公允价值计量原则将取而代之。

（7）划分收益性支出和资本性支出原则。如果将资本性支出当作收益性支出处理，将导致当期利润大幅减少，而将收益性支出当作资本性支出处理，则会导致当期利润大幅增加。从支出的性质涉及的财产权利来看，收益性支出涉及的财产权的流出仅限于本期，理应在当期确认，而资本性支出形成的财产权的流出超过本期，涉及多期，因而应分期确认以实现产权权责在时间分布上的对称性与合理性，这对于准确界定产权和保护产权来说是必要的。

6.2.3　会计信息质量特征的产权意义

整体而言，会计应该提供真实、公允的会计信息以完成准确界定产权的基本职能，从而保护产权主体的正当权益。会计原则决定了对会计信息质量的要求，要求会计信息具有可靠性、相关性、可理解性、可比性、实质重于形式、重要性、谨慎性和及时性等特征。

（1）可靠性。即会计信息要对产权主体有用，必须可靠，它是客观性原则的要求。可靠性一般由如实反映、中立性和可验证性三个指标来衡量。如果会计信息不可靠，则表明会计界定产权不准确、不真实，会误导产权主体的决策甚至造成损失，导致负外部性问题。因而可靠性是准确界定产权的客观要求。

（2）相关性。即会计信息应当与信息使用者的经济决策需要相关，这体现了会计的有用性，这种有用性暗含了会计界定产权的收益。如果会计信息不相关，则会计界定产权就无收益，从成本—收益原则来看，会计不需要界定此类模糊产权。

（3）可理解性。即会计信息应清晰明了，便于信息使用者理解和使用。会计界定产权、明晰产权，应以清晰明了的方式反映财权流动的来龙去脉，而不应模棱两可、模糊不清。

（4）可比性。即会计信息应具有可比性，即同一企业不同时期和不同企业同会计期间可比。只有会计信息可比，产权主体才能判断自己私人收益率的高低，才能为各产权主体在不同企业之间利用会计信息进行决策提供统一标准，这是会计作为最基础和最重要的产权界定方式的重要前提。

（5）实质重于形式。即企业应按照经济实质对经济业务进行会计确认、计量和报告，而不应以法律形式为依据。实质重于形式实际上强调了会计界定产权时应“坚持结果理性，参考程序理性”。收益权是产权的核心权能，当企业占用他人资产以至能够获取该资产带来的收益时，尽管该资产的所有权不归企业所有，但因能占用、支配该资产并获取相应的收益权，企业应将其确认为自身控制的财产权，即在企业层面确认为一项资产。

（6）重要性。即会计信息应反映企业所有重要的交易或事项，根据项目性质和金额大小判断为重要的，会计应纳入会计核算系统，这也是界定产权收益大于成本的内在要求，是产权界定得以实施的重要前提。

(7) 谨慎性。即会计在确认、计量和报告时不应高估资产或收益、低估负债。谨慎性应以不损害客观性为限度。如果故意低估资产或收益，或者高估资产或收益、低估负债，将不符合可靠性和相关性要求。实际上，适度的谨慎性符合准确界定产权、维护产权主体利益的要求，但超过一定的限度又会损害客观性，进而损害产权主体的利益，违背客观、公正界定产权的要求，因而在价值计量导向的影响下，谨慎性的空间限度越来越小。

(8) 及时性。即对发生的交易或事项，会计应及时予以核算，不得提前或延后。及时性是对会计信息时效性的要求，会计信息越及时，就越有利于使用者作出投资决策，提高信息有用性。因而，及时性对于减少因信息时滞引致的信息不对称带来的交易费用很重要，信息越及时就越能提高会计产权界定的收益（有用性），这对于及时维护产权主体权益，减少信息不对称引致的外部性是十分重要的。

6.3　会计核算流程的产权含义

现代会计的核算流程包括确认、计量、记录和报告四个基本环节，这实质上就是会计界定产权的基本程序。会计核算的过程也就是会计界定产权的过程。

6.3.1　会计确认的产权内涵

确认是指把一个事项作为会计要素正式加以记录和列入财务报表的过程，它包括用文字和数字来记录一个项目，并将合计数记于财务报表中。其中，将会计要素加以正式记录的过程是初始确认，而将记录列入财务报表的过程称为再次确认。葛家澍（2006）认为，确认分为两步：第一步是编制会计记录，即从辨认原始数据到按复式簿记的要求作出符合确认标准要求的会计分录；第二步，把账簿信息按照财务报表的要求（表内根据财务报表的目标决定如何分类、如何浓缩和如何扩充）进行调整和重组。这里的第一步就是初始确认，第二步就是再次确认。会计要素的确认标准包括：可定义性、可计量性、相关性和可靠性。即一项交易或事项只有符合会计要素定义，对产权主体决策有用，且能够可靠地加以计量，才应予以确认。确认主要解决应否确认、何时确认和怎样确认的问题。财产权利流转过程中符合确认标准的应予以确认，这种确认是通过复式簿记系统和财务报表列报来描述的；财产权利流转过程中相关权利和义务一旦发生，就应予以及时确认，这与权责发生制原则是一脉相承的。确认解决的主要问题凸显了确认对公认会计原则和会计处理程序的指导。

一般而言，要完成确认过程，必须经历以下程序①：(1) 选择事项。即只有影响财产权利和义务变动的交易或事项以及能用货币可靠计量的事项才能纳入会计核算系统，这也是产权界定的前提。如果相关财产权利和义务没有发生变化，那么对产权进行重新界定就是多余的；若财产权利和义务的变动无法可靠度量，也就无法准确界定产权。(2) 分析交易或事项。即分析交易或事项的发生对现有财产权利和义务变动的影响，并决定应记入哪一要素的什么账户，这实质上是分析确定财产权利流转应分配到哪一会计要素下的哪个账户中。会计要素是财权流的细化，而账户是对会计要素的进一步细化，是动态记录财产权利流转的载体，账户下的子目又是在一级账户下的再次细化，决定财产权利和义务记入何种明细账户的过程就是逐步明晰产权归属的过程，也就是会计界定产权的过程。(3) 计量影响。即采用适当的货币计量单位和计量属性计量财产权利和义务变动的具体影响。计量是会计的核心，是会计界定产权的突出优势，而计量属性的选择是准确界定产权的关键。为平等保护各产权主体的利益诉求，寻求真实、公允的会计信息，价值计量是必然趋势。(4) 分类所计量的结果。在选择前述适当的计量模式的基础上，将交易或事项引起的财产权利和义务变动的量值予以度量，此过程实质上是按照计量模式度量财权流转变动程度的过程，并将度量的结果按会计要素和账户予以归类和整理，为正式记入复试簿记系统做准备。(5) 记录所计量的影响。即将上述程序反映的财产权利和义务变动的结果按复试簿记记账规则进行正式记录，形成记账凭证，它是记录财权流转的法定载体。(6) 汇总所记录的影响。即在上述明晰财产权利和义务于账户的基础上，以账户为依据对财产权利和义务予以准确汇总，并通过试算平衡检查是否存在记录误差，从形式上保证产权界定准确，并以正确的金额予以汇总。(7) 调整记录。即通过补充记录、财产清查、更正错误等方式做到账证、账账、账实和账表相符，为在财务报表中再次确认做好准

① 参见葛家澍：《财务会计理论研究》，厦门，厦门大学出版社，2006。

备。调整记录实际上是纠正会计产权界定过程中存在的疏漏或错误，以使财产权利和义务的记录与会计主体实际财权流信息相符，这是保证准确界定产权的必要程序。（8）传递所处理的信息。即对于真实的会计记录，按产权主体对信息的需求，以规范的列报形式，更加浓缩地将财产权利的变动及其结果以简明的方式予以综合揭示。综上可见，会计确认的过程就是会计准确界定产权的过程。上述确认的具体操作程序实际上包括会计处理的基本流程，即确认贯穿会计核算流程始终，因而，确认是会计产权界定最基础、最重要的环节，具有总括性和全程性。

6.3.2 会计计量的产权意义

计量是会计的核心。财务会计信息是以能够量化为前提的。以货币为计量单位的会计信息是会计作为外部性内部化的一种计量机制的突出特征。因而，计量对于会计准确界定产权而言是十分重要的，也是会计作为基础性产权界定方式的突出优势。AAA（1971）认为，会计计量就是“在观察和记录的基础上，根据一定的规则，将数字分配给一个主体的过去、现在或未来的经济现象”，即会计计量包括数字计算以及不同程度的估计。会计计量的对象是财权流（财产权利的价值表现），并将这些财权流以数字形式分配至相关账户。数字越大，权利或义务就越大。商品交换的实质是权利的交换，权利的价值决定了交换物品的价值。为了在交换中获益，人们必须付出代价，为商品建立产权，这样他们在签订交易合同时就会字斟句酌，以求最大限度地减少损失。要签订合同就要慎重地选择计量单位，以便对交易进行测评，但是每种计量单位都有缺陷，这些缺陷会使一部分（财产）属性置于公共领域（Barzel，1997）。尽管如此，货币作为计量单位的综合性、系统性和可比性决定了货币是唯一可以用于度量权利价值的计量单位，当然为加强对权利的控制，会计计量也应以实物计量单位为辅助。要给各产权主体的博弈提供一个合作均衡解，以使各产权主体对其产权利益形成稳定预期，价值计量是唯一能够降低谈判等交易费用、保护产权主体利益的理性选择。货币计量单位是为计量价值服务的，而价值计量本身就是权利计量，因而，保护产权利益的理性选择就是价值计量模式（由计量单位和计量属性构成）。可见，在选择计量属性时，产权保护导向的价值计量是必然选择。然而，在初始计量时，不论选择何种计量属性，都是以市场交易价格为基础，即都是价值计量基础；在后续计量中，则视初始计量的结果是否需要再次调整分为历史成本计量基础和公允价值计量基础，其中历史成本在后续计量中不予调整，而公允价值需调整，并以后续期为新的计量日；公允价值是价值的表现形式，它本质上是一种公允价格，因而获取可靠的公允价值是贯彻价值计量、推行权利计量的客观要求，是准确界定产权和有效保护产权的关键。

6.3.3　会计记录的产权含义

1. 会计科目与账户

会计要素是会计对象的具体化，会计科目是会计要素的细化。会计对象是一种财权流动，因而会计要素界定了财权流动的具体内容，而会计科目是对财权流具体内容的进一步细分，在此基础上形成总分类科目，并由财政部制定的《企业会计准则——应用指南》予以统一规制。这种规范性使得财权流的细化有规可循，并具有可比性、可理解性，这对于明晰产权而言是不可或缺的。引起财产权利和义务变化的交易或事项正是通过会计科目转换为国际通用标准的会计语言，它是体现财产权关系变化的重要载体，而会计科目的明细科目（二级或三级等）是对财权流内容进一步细分基础上的再次细分，进而更详细、更具体地揭示交易双方的权责利关系。“会计对象→会计要素→会计科目（总分类科目→明细分类科目）”的过程是会计为了将模糊产权变为明晰产权而设计的制度安排，这一安排大大减少了交易双方的信息不对称，对于相关产权主体详尽、准确地把握产权内容及其权责利关系至关重要。这一过程中的“模糊→明晰”采用的是“总→分→细分→再细分”的逻辑，直至产权明晰界定为止。会计科目的级次限度取决于产权是否明晰，对具体的交易或事项而言，主要是细化产权的内容，明确权责利关系，从而减少信息不对称，维护产权主体利益。账户是根据会计科目开设的，账户的名称就是会计科目，会计科目只表明财权流的具体内容，而账户是财权流增减变动的场所，其结构分为左右两方：一方登记财产权利和义务的增加，另一方则登记减少。财权流增减变动记哪方，由记账方法及财产权利和义务的具体内容决定。

2. 复式记账原理与借贷记账法

会计主体除根据会计科目设置账户外，还需采用一定的记账方法以使财产权利和义务的内容及其增减变动记入适当的账户。随着人类对产权价值重视与控制的侧重不同，会计记账方法经历了从单式记账法向复式记账法的过渡。单式记账法对于每项引起财权流变化的交易或事项，通常只登记现金和银行存款的收付业务，以及应收、应付款的结算业务，而不登记实物的收付业务，除有关应收应付现金收付业务需在两个或两个以上账户中各自登记外，其他业务要么不予登记，要么在一个账户中登记。尽管应收应付款项目之现金收付业务需在现金账与往来账中两个或两个账户上同时登记，但是各自登记，看不出财产权利和义务流转的来龙去脉。可见，单式簿记只注重财产权的使用价值，而不太关注财产权的交换价值，即忽视对财权流转过程全貌的揭示，无法正常核算产权交易和营运的权利价值变化，不便于检查账户记录是否正确，因而无法全面反映财产权利和义务流转的来龙去脉。

随着人类社会发展到市场经济，商品交换日益频繁，货币（纸币）作为全国统一的度量价值的尺度大大扩充了交易领域，人们越来越重视商品的交换价值，因为商品交换实质上是权利交换，权利的价值决定了商品的交换价值。这种由重视产权的使用价值到同时重视产权的使用价值和交换价值的转变，客观上要求会计全面揭示财权流转过程的全貌，以对财产权进行全程控制。这种动机促使单式记账法向复式记账法过渡。复式记账法对引起财产权利和义务发生变化的交易或事项，都必须以相等的金额在两个或两个以上的具有相互联系的账户中登记，以反映财产权利和义务具体内容的增减变动。以“借”和“贷”为记账符号的复式记账法就称为借贷记账法。会计的对象是财权流，每一项交易或事项都是引起财权流动的具体原因，只有对所有的财权流进行详细揭示，才能反映财权流转的全貌。引起财权流动的交易或事项无非涉及财产权增加或减少两个方面，并且财产权的增加或减少总是与另一项财产权在量上同等地减少或增加相伴而生，而这正是权利交换价值的体现。为了全面准确地界定产权进而保护交换双方的权利价值，必须将经济业务引起财产权增减变动的原因（可通过明细科目）和结果（可通过总分类科目）完整地记录下来，从而完整、全面、准确地反映财权流转的来龙去脉，这是准确界定产权的必然要求。复式记账就适应了揭示财权流转全貌规律的客观要求。复式记账以会计恒等式为记账基础，对每项经济业务引起的财权流动必须在两个或两个以上相互联系的账户中进行等额记录。这种等额记录反映了平等对待产权主体利益以及产权平等交换的思想，是产权界定的重要原则。此外，复式记账按经济业务引起财权流变动对会计等式的影响类型确定应记入的具体账户，并定期汇总账户记录和试算平衡以检查财权流转记录是否存在差错，因而复式记账法可以通过账户之间的对应关系全面了解财权流转的方向和结果。

借贷记账法作为复式记账的典型代表，以“借”和“贷”作为记账符号，其账户结构左边是借方，右边是贷方。借贷符号对会计的产权恒等式两边的会计要素规定了相反的含义。借贷既可表示财产权利和义务的增加，也可表示减少。对于会计主体而言，根据人们的习惯约定“财产权利的增加记借方”，则会计主体财产权利的增加或自身财产权利的减少，记贷方；或者是通过交易使得外部产权主体将其财产权利流入企业，从而使得债权人对此财产权的请求权增加或所有者对此财产权要求权的增加，均记贷方。即债权人权益的增加（对会计主体而言是负债）记贷方，所有者权益的增加（对会计主体而言是所有者权益）记贷方。同理，相反则反是。对于一定期间因产权交易和营运形成的财权流转结果而言，当会计主体为获取日常财权流入而消耗相关财产权利时，若这种消耗仅限于当期一次性消耗，则应记入“费用”，若这种消耗涉及一年以上，这种支出将形成资产（资本化），可见费用的增加与资产的增加都是因获取财产权利流入或增加而付出的代价，具有一致性。因此，费用（支出）的增加记借方，而根据“收入－费用＝利润”可知，收入和利润的增加记贷方。在此基础上，我们发现可从财权流的角度总结出借贷记账法的重要结论：导源于财产权利等价交换形成的财权流，其流向决定了借贷方向，其流量决定了金额大小；对于会计主体而言，财产权利的流动均有起点和终点之分，财权流的起点账户记贷方，终点账户记借方。这种“有借必有贷，借贷必相等”的记账规则实质上就是平等对待产权流转的规则，对于准确界定产权和有效保护产权至关重要。这种记账规则形成了相关账户之间的依存关系，能够全面揭示财权流转的过程及其结果，并通过试算平衡检验记录是否正确，进而保障会计界定产权的准确性。为了明晰产权内容和结果，总分类账户与明晰账户之间通过“平行登记”既总括又详细地反映财产权利和义务信息。

3. 会计凭证与账簿

会计记录必须以会计凭证为依据，会计凭证是记录财产权利和义务变化、明确权责利，据以登记账簿的书面证明。不论是自制原始凭证还是外来原始凭证都包括以下内容：凭证名称、填制日期及编号、接受凭证单位名称、经济业务的数量和金额、填制单位名称及相关人员签章。记账凭证依据合法有效的记录财权流信息的原始凭证，按照复式记账原则填制，为登记账簿提供直接依据。记账凭证包括以下基本内容：记账凭证名称、填制日期及编号、经济业务内容摘要、记账符号、账户名称及金额、所附凭证张数以及填制单位名称和有关人员签章。可见，无论是原始凭证还是记账凭证，都是记录财权流转的具有法定效力的载体。

会计账簿是对记账凭证和部分原始凭证资料的系统总结。单张凭证提供的财权流信息是明晰而又零碎的、片断的，不能将某一会计期间的全部财权流转信息予以完整揭示，因此需要账簿综合、连续、系统地提供财权流的总括资料和明细分类资料。这些资料也是考评产权交易和营运绩效的重要依据，并为报表编制提供数据源。对于流动性极强的财产权，因企业能够随时予以支配，为加强保管、防止流失、及时发现差错，需采用序时账簿按时间先后顺序逐日登记、结算余额，并与实存数相核对以保证其安全。对引起财产权利和义务变动的全部经济业务，用分类账簿按总分类和明细分类分别登记以提供财权流转的总括和明细信息。对于难以在序时和分类账簿中登记的交易或事项，或登记不全的财权流转信息，则用备查账簿予以补充登记。账簿的登记需经管人员签章以及会计主管签章，以保证会计界定产权（财权）信息的准确性，并以此明确相关人员责任。因而，账簿是反映财权流动的具有法定效力的场所。根据登记总账的依据不同，账务处理程序分为记账凭证账务处理程序和科目汇总表账务处理程序，前者以记账凭证作为登记总账的依据，而后者以科目汇总表作为登记总账的依据。前者在总账上仍能详尽反映财产权利和义务的变化，但总账登记工作量大，适用于小规模企业；对于大规模企业而言，为减少登记总账的成本，一般先将记账凭证按收、付、转专用凭证定期（5天、10天或15天等）予以汇总，编制科目汇总表用以总括反映一定时期财权流转结果，再根据科目汇总表登记总账。尽管科目汇总表不能清晰反映账户之间的对应关系，但是只要编制正确，仍能准确反映财权流转的结果，大大降低了界定产权的成本。总之，将以凭证形式存在的零碎的财权流信息归集为以账簿形式存在的总括或明细分类信息，实现了信息由分到合的第一次转化，从而为以更浓缩的形式将准确界定的财权流信息传递给外部产权主体奠定了重要基础。

6.3.4 财务会计报告：产权界定结果的综合揭示

编制财务会计报告实质上就是再次确认的过程，即将总的财产权利和义务的分布状态、变化及其结果按报表项目分类列入报表。这需要遵循一些基本的要求，包括遵循基本会计原则的公允列报、持续经营、确认标准和权责发生制、一致性与可靠性、充分披露以提高透明度，这些要求对于保障向外部产权主体提供真实、公允的财权流信息十分重要。再次确认是在初始确认的基础上，以满足外部产权的投资决策要求为目标，因而相关性在再次确认中受到特别关注。为了提供真实、公允的财权流信息，在表内确认之前应对相关资料进行必要的审核，包括账账、账证和账实核对，以保证两两之间相符。若存在差异，则在明确责任的基础上作出相关处理以保证相符，这也是提高财权流信息准确性的重要程序。

其次，报表项目须分类列示。对于资产负债表而言，资产按流动性强弱递减的顺序列示，负债按偿还期长短先列示短期再列示长期，所有者权益则按资本的稳定性从强到弱列示。一般而言，列示越在前的表明外部产权主体越重视。流动资产列于固定资产之前是因为债权人关注偿债能力，流动资产比固定资产偿债能力强；短期负债列于长期负债之前是因为投资者作出决策时更关心企业近期的偿债压力，而长期的偿债压力可通过提高盈利能力解决；所有者权益按稳定性强弱排列是因为投资者更关注企业的资本保全能力，投入资本（实收资本或股本）按《公司法》的规定一般不能撤回，是企业最稳定的资本，投入资本越大，无疑体现了企业的整体实力越强，越有利于保护债权人利益和减小其他后续投入资本所有者的投资风险。再看利润表，先列示营业利润，再列示营业外收支净额（即营业外的利得与损失净额）、利润总额、净利润和每股收益，而营业利润中先列示营业收入和相关费用，再列示公允价值变动收益和投资收益。这种列示顺序在于向外部产权主体揭示企业的核心盈利能力以及评价非经常性损益对企业整体盈利的影响，也能评价企业盈利是否具有可持续性。现金流量表按收付实现制编制以便外部产权主体评价净利润的质量，按经营活动、投资活动和筹资活动列示。由于经营活动产生的现金流量属于日常经营活动中的现金流入，具有相对稳定性，因此是最重要的。而投资和筹资活动现金流量的稳定性较差，因此评价收益质量需要以经营活动现金净流量为重要依据，这有利于考察净利润的变现能力，对于保护债权人利益也是重要参考。所有者权益变动表则是反映构成所有者权益各组成部分当期增减变动情况的报表，反映了投资者投入原始产权的保值增值程度，该表以矩阵形式列示：一方面列示导致所有者权益发生变动的交易或事项，另一方面按所有者权益各组成部分及其总额列示交易或事项对所有者产权的影响。这种矩阵列示法清晰地揭示了所有者产权各组成部分当期增减变动情况，对于明晰所有者产权权益，保护投资者产权收益十分重要。通过对四张报表的分析加工，外部产权主体可以分析相关财产权利和义务的内容及其构成结果，得出投资者回报、资本保持、综合收益、经济利润、风险以及财务灵活性等信息。

此外，为了更清晰地传递财权流的其他难以量化、不符合确认标准的信息，会计主体可通过报表附注的形式予以列报，以减少外部产权主体因信息不对称对产权界定结果的误解。不仅如此，还可通过其他财务报告（如强制性披露、自愿披露以及风险与不确定信息的揭示与披露）来加深产权主体对产权界定结果的理解，以利于其作出投资决策，维护自身权益。整个报表列报过程中的数据源自经审核无误的账簿，以账簿数据为基础，经过汇总加工，以使财产权利和义务的分布状态、变化及其结果以浓缩的、高度概括的、可理解的形式揭示出来。尽管这种财权流信息是高度概括的，但仍是准确的、明晰的，能以分类综合的报表项目形式传递给外部产权主体。至此，会计的产权界定职能得以圆满实现。

回顾会计的产权界定职能可以发现，会计先将引起财权流动的交易或事项纳入会计核算系统，通过确认、计量、记录和报告等基本环节，使财权流信息按“原始凭证→会计科目→账户→记账凭证→科目汇总表→账簿→报告”的路径逐级正确地传递，将零碎、片断、基础的财权流信息逐步加工为综合、连续、系统的财权流信息，实现财权流信息由分到合的完整准确的蜕变。这个过程体现了会计界定产权具有基础性、针对性和可操作性等突出优势。会计理论的发展经历“会计本质→会计目标→会计职能→会计对象→会计要素→会计等式→会计原则→信息质量要求→会计科目→账户”路径，则体现了会计对产权交易或事项采取的化整为零思路，即由合到分。结合会计理论发展和会计核算流程，我们发现，会计对模糊产权的界定是先化整为零，再归零为整，如图 6—1 所示。

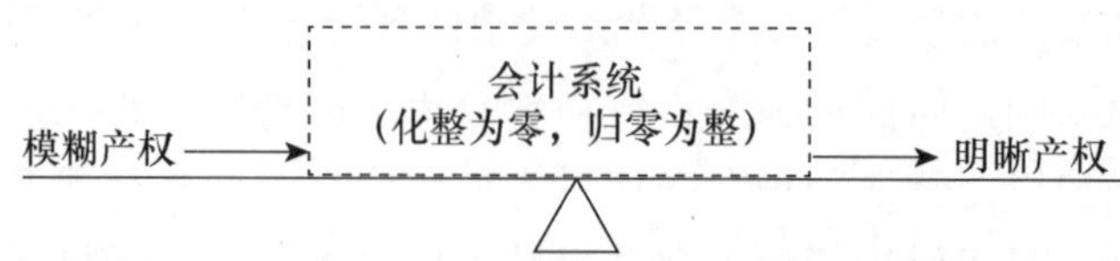

图 6—1　会计界定产权的基本逻辑

图 6—1 中显示会计通过对称性的产权界定规则（记账规则），使得

模糊产权的价值等价转化为明晰产权的价值。化整为零是为了逐一明晰产权，而归零为整是将逐一明晰的零碎产权以不断浓缩的形式完整地传递给外部产权主体，从而实现变模糊产权为明晰产权的目的，因而，产权界定是现代会计的基本职能，并在产权界定方式中处于最基础、最有针对性和最具操作性的显赫地位。会计界定产权的这种突出优势，促进了产权的自愿交易，在市场经济中是一种基础性的产权界定方式，凸显了会计对于维护市场经济交易秩序，助推经济发展的重要贡献。

6.4　会计监督概念的产权含义

会计监督是指监督经济活动按照有关法规和计划进行，它是减少信息不对称的直接动力。会计核算是会计监督的基础，没有会计核算提供的可靠、完整的会计资料，会计监督无据可循；而会计监督又是会计核算的保证，没有会计监督的控制，会计核算就不可能提供真实公允的会计信息，也就无法发挥其在产权界定中的重要作用。会计监督实际上是从微观层面确保产权界定准确，其本身也是一种产权保护的过程，因为只有产权界定准确，产权保护才会有效。尽管从宏观层面来看，界定产权是为了保护产权，但从微观层面来看，保护产权是为了更好地界定产权。产权的明晰化需要会计监督从基础层面提供保障。会计监督作为产权保护的基础性机制具有如下显著特点：一是强制性。会计监督的依据是国家财经法规，《中华人民共和国会计法》（以下简称《会计法》）赋予会计机构和会计人员监督权利和义务，违反者将受到制裁。二是连续性。会计监督贯穿会计主体的每一笔引起财产权利和义务变动的业务，在考虑是否纳入会计系统及如何纳入会计核算系统时，必须审查这些交易或事项是否符合财经法规和企业规划；会计核算的连续性决定了会计监督的连续性。三是完整性。会计监督包括事前、事中和事后监督。事前监督包括会计人员在参与制定决策和相关预算时，依据财经法规（包括会计准则）对经济活动的合法性、合理性和有效性进行审查，以指导未来的经济活动；事中监督即随时审查正在发生的经济业务，若存在问题及时督促相关部门和人员纠正；事后监督即以事先制定的目标、标准和要求为依据，利用会计核算资料对会计主体的业绩进行考评，并提出改进意见。会计监督的强制性、连续性和完整性奠定了会计作为一种产权保护方式的基础地位。会计的产权保护功能具有微观和宏观双重效应：微观层面，会计的产权保护功能贯穿界定产权的具体经济业务活动过程，并为准确界定产权而效力；宏观层面，会计的产权保护功能是产权界定职能的逻辑延伸。

6.5 会计监督方法的产权含义

复式记账原理本身就蕴含着一种监督思维，运用复式记账法（借贷记账法）可以通过有关账户之间的对应关系了解经济业务的内容，检查引起财产权利和义务变动的交易或事项是否合理、合法，因为一般而言，经济业务与以记账凭证为载体的会计分录之间存在对应关系，可以通过会计分录检查会计处理的合理性与合法性。复式记账中权利和金额予以“对称”地记录，即借贷平衡并相等，通过试算平衡可以检查有关财权流账户记录是否存在差错。此外，总分类账户与明细分类账户之间以“同内容、同方向和同金额”为要点的平行登记，也是内嵌于会计核算系统中的监督会计核算准确无误的技术装置。这些都是会计产权保护功能的具体体现。从会计核算组织流程来看，典型的记账凭证账务处理程序经历了从“原始凭证→记账凭证→账簿→报表”的核算流程。下面，我们就从财权流动的这几个关键步骤出发剖析会计监督的产权意义。

任何引起会计主体财权流动的交易或事项通过确认纳入会计核算系统必须“有凭有据”，这个“凭据”就是原始凭证。即会计的初始确认必须以真实、合法、有效的原始凭证为前提。只有合法有效的原始凭证才能予以初始确认，这体现了会计的监督职能，也是会计保护利益相关者产权的必然要求。合法有效的原始凭证是指该凭证必须客观真实地记录引起财权流动的交易或事项，且必须明确有关单位、部门及人员的经济责任，其上记录的内容主要包括：凭证名称、填制日期及编号、接受凭证单位名称、经济业务数量和金额、填制凭证单位名称及相关人员签章。原始凭证分为外来原始凭证和自制原始凭证，两类原始凭证都必须证明经济业务活动的合法有效。为确保原始凭证合法有效，使其成为会计初始确认的基础，其填制必须符合下列要求：记录真实、手续完备、内容齐全、书写规范、填制及时。会计人员在对引起财权流动的经济业务进行初始确认时，必须由专门人员（如会计主管等）对原始凭证的真实性、合法性和有效性进行严格审核。审核时必须以国家颁布的现行财经法规（包括会计准则和企业财务通则）以及本单位的相关规范为依据，确定反映的财权流转是否合法、合规与合理，确定原始凭证填制是否规范有效。《会计法》规定，会计机构和会计人员有对原始凭证进行审核和监督的权力：对于记载不准确、不完整的原始凭证，予以退还，并要求经办人员更正、补充；对不真实、不合法的原始凭证不予受理；对弄虚作假、严重违法的原始凭证，在不予受理的同时予以扣留，并及时向单位负责人报告。

只有经过审核无误的原始凭证，才能作为编制记账凭证和登记明细账的依据，因而原始凭证是记载财产权利和义务的具有法定效力的载体。应根据真实、合法、有效的原始凭证，按照借贷记账法的原理编制记账凭证。记账凭证将财权流用会计科目或账户的形式反映出来，其填制要求：（1）摘要简明，即简要描述引起财权流变动的交易或事项；（2）科目运用准确，即必须按 GAAP 要求的统一、规范的会计科目填写，科目级次以明晰财权流信息为限度；（3）连续编号，以利于查询和避免凭证散失，一定程度上避免舞弊、损害产权主体财产权益；（4）附件齐全，即所附原始凭证完整无缺，以支持会计初始确认的合法性、合理性，也便于监督对交易或事项的处理是否恰当，保护产权交易及其营运过程中相关产权主体的正当利益。记账凭证是登记账簿的直接依据，必须由专人对记账凭证进行严格审核，以保证其记载的财产权利和义务是准确的。审核包括：（1）是否附有相应的原始凭证；（2）会计科目及级次是否正确，账户对应关系是否清晰，金额计算是否正确；（3）填列项目是否齐全，相关人员是否签章。这种对记账凭证的审核，也是会计监督的重要程序，它保障了财权流信息准确无误地过渡到会计系统中，这种监督是保护产权主体财产权益所必需的。

为将财权流信息传递给外部产权主体，减少信息不对称对其决策的影响，会计需要将准确界定的财权流信息归零为整，即根据审核无误的记账凭证登记账簿。账簿是系统反映不同类别财产权利和义务变动及其结果的场所。登账的过程包括以下几个基本步骤：（1）根据记账凭证中的收付款凭证逐日登记现金和银行存款日记账；（2）根据记账凭证并参考原始凭证或原始凭证汇总表，逐笔登记各种明细分类账；（3）根据各种记账凭证登记总分类账。为保证归零为整的财权流信息真实、正确、可靠，确保账簿记录的正确性，必须核对账目，即对账。对账是对账簿中和账户记录的财权流信息进行检查和核对，包括账证、账账、账实和账表核对，对于发现的差错，必须及时予以更正，并明确相关人员责任，以使零碎的财权流信息正确过渡为浓缩的财权流信息。这种对账的过程也是会计通过监督方式保护产权的过程。以账簿提供的准确财权流信息为基础，通过再次确认，将财权流信息按财务报表列报要求完整准确地传递给外部产权主体。

综上所述，“原始凭证→记账凭证→账簿→报表”账务处理程序中的会计监督是为会计准确界定产权服务的，真实、公允的财权流信息要予以准确地反映出来，必须由会计监督提供技术支撑。会计监督的过程实质上就是会计保护产权的过程。在这个过程中，会计主体在经济组织层面发展了以会计监督为基础的内部产权保护体系，这种内部产权保护体系的目标是促使会计在基础层面准确界定产权，进而保护产权。总之，会计监督将产权经济学中的监督由行为导向转向过程导向，进而通过过程引致的结果实现对经济组织的整体监督与控制。会计监督的这一重要作用奠定了会计在产权保护体系中的基础地位。

下　篇

会计制度的产权分析

如果从长远考虑，我们是自己命运的创造者，那么，从短期着眼，我们就是我们所创造的观念的俘虏。只有我们及时认识到这种危险，才能指望去避免它。

——弗里德里希·冯·哈耶克《通往奴役之路》导言

本篇内容涵盖财务会计信任功能、财务报告概念框架、会计制度设计、会计制度变迁、会计法律制度体系优化以及双重计量与三重列报。本篇首先讨论财务会计具有信任功能的原因、制度基础与维护路径。准确界定产权和有效保护产权要求财务会计必须具有信任功能。一旦会计信息丧失了信任功能，也就失去了存在的价值。人类文明发展史表明，会计是一种低成本的社会信任机制。所以，本书将财务会计信任功能放在本篇之首。其次，本篇根据财务会计信任功能的制度基础和维护路径来讨论财务报告概念框架、会计制度设计、会计制度变迁、会计法律制度体系优化和三重列报。国际会计准则理事会的财务报告概念框架是世界各国效仿的最新范本，在整个会计制度体系中处于统驭地位；同时，概念框架是会计理论中最实用的部分，是连接会计理论与会计实务的桥梁。因而，基于财务会计信任功能评价概念框架的利弊显得非常重要。在此基础上，运用产权保护思想，创建"三域"秩序概念，分析应该如何设计会计制度，并探讨会计制度变迁的必然性、历史过程、变迁规律及变迁路径。再次，针对国际会计准则理事会实施的强制趋同战略引发的与本国法律制度的冲突问题，本书基于产权保护和适应性效率理论分析了会计法律制度体系优化的必要性与迫切性，度量了我国会计法律制度体系的冲突程度，探寻了会计法律制度体系优化的实施方案。最后，鉴于会计法律制度体系优化方案中涉及三重列报，本书从二元产权结构和双重计量维度详细讨论了三重列报形成的原因、操作思路及对财务会计未来发展的影响。这就是本篇的章节安排逻辑。

第 7 章　财务会计信任功能：原因、制度基础与维护路径

7.1　问题缘起

党的十八届三中全会明确提出要完善产权保护制度，十八届四中全会进一步指出要强化对私有财产权的保护。只有对私有产权实施有效保护，才能在市场经济中生发出社会信任。产权和信任是市场经济正常运行的两大机制。信任是市场交易的基础，与法律相比，信任可以降低不确定性，促进行为者的决策，是一种低成本的保证交易秩序的机制，市场经济最重要的就是确立信任（张维迎，2002）。财务会计在市场经济的有序运转中处于最基础、最重要和最具操作性的地位，是维系人类社会信任的低成本工具（刘峰，2009），其核心价值是维系人类社会的相互信任（刘峰和葛家澍，2012；刘峰，2015）。良序市场经济的有效运行依赖于财务会计的信任功能。诚信是会计的基础与根本信念，可信而相关的财务报告关系到企业的生命，任何时候都不能忘记（葛家澍，2012）。

财产权利的准确界定和有效保护要求财务会计必须具有信任功能。本章以产权保护思想为指导，从信任不对称、会计本质与目标、会计职能与计量及复式簿记方法维度论证财务会计具有信任功能的原因，并系统研究财务会计信任功能的制度基础与维护路径，旨在充分发挥财务会计的信任功能，凸显财务会计在人类社会中的重要价值，为会计制度的构建与完善奠定坚实基础。

7.2 财务会计信任功能的原因

7.2.1 会计产生与发展的基础

人之所以能够完成从古猿到现代人的进化，从而产生人类社会，是由其生产活动决定的，那么人类最早的会计记录行为的产生也应遵循此规律。当人类还处于“霍布斯丛林”这一自然状态时，如普通动物一般，“同根相煎”的现象时有发生。为了生存，人类开始学会制造简单的工具并与自然界进行斗争，逐步通过改进生产工具和生产方式来提高生产力，改善自己的生活状况。人类发明的各类狩猎工具（如弓箭等）以及生活用具（如骨针等），极大地提高了生产水平，不仅使人类的生存和繁衍得到了保障，同时产生了剩余产品。人类开始学会用简单刻记的方法对剩余产品进行分类储存和分配，由此萌发出最原始的会计行为。史料证实，人类最初发明的绘图计数和刻符记事的方法不是一种艺术冲动，而实为追求一个严肃的经济目的，即真实地反映当时的生产活动内容。剩余产品的出现催生了原始的交换行为，不仅促进原始社会逐渐走向文明，而且引致会计记录计量方法逐渐由简单单一变得复杂多样。随着人类智力水平的不断提高和社会经验的不断丰富，社会经济不断发展，剩余产品越来越多，生产部门开始逐渐分离，交换的范围也不断扩大，家庭手工业的出现更是催生了财产私有制，并进一步强化了对会计的现实需要，以实现等价交换，有效地保护自己的财产权益。在军事民主制时代，拥有地位和权力优势的人开始通过战争抢夺财产，将公共剩余产品占为己有，由此财产私有制度得到进一步发展。为了维护对私有财产的占有权和支配权，保障私有财产安全，会计开始成为一种专职。由此可以看出，会计起源于人类管理生产交换活动和保护财产权利的需要，具有信任功能。其基本使命就是如实反映某个人、某些人和各种形式的财富，以及对财富的权益及其变化（葛家澍，2012）。会计作为一种信任机制是维护财产权益的历史选择，其得以迅速发展则取决于委托—代理关系的出现。

在奴隶制时代，那些通过剥削别人生产劳动成果而不断积累财富的地主建立了由其控制的地主庄园，并委托管家来主持会计工作，这便是委托—代理关系的雏形。柴尔德（Childe）在《远古文化史》中写道：

“一个苏美尔的庙宇，拥有许多的产业（羊群、牛群和庞大的收入等）；它用垫付或贷款的方式来帮助它的信徒，从而花销并增加那份财富；管理收入的祭司必须把处理神的财产的情形向主人报告，且保证那些产业可以保全并增加”，这是会计在委托—代理关系中扮演重要角色的真实写照。由于委托—代理关系中存在信息不对称，代理人可能存在投机行为，导致事前逆向选择或事后道德风险的发生。为了保护委托人的财产权益，委托人和代理人之间需要一种有效的信息沟通途径以便对代理人的行为进行约束，而会计就是连接委托人与代理人之间信息沟通的桥梁。为了实现对庄园经济自始至终的控制，地主规定管家必须定期向其报告会计账目，以掌握自己庄园的经济状况，并根据这些报告结果来判断管家是否尽责并作出管家是否可以继续留任的决定。公司制的出现使得所有权与经营权彻底分离，委托—代理关系得到进一步发展，委托人通过代理人提供的会计信息来了解企业的财务状况和经营成果成为一种惯例。作为会计信息载体的财务会计报告被认为是通过将内部信息可靠地转化为外部信息来控制逆向选择问题的一种手段，净利润则是衡量管理人员业绩或者受托责任的尺度（Scott，2006），是控制道德风险的重要指标。由于市场竞争机制的存在，委托人可以通过自己的判断来选择是否相信代理人，如果选择不信任，就可以随时替换代理人；反过来，代理人为了不失去在企业的现有地位，会尽量提供真实的会计信息，这在一定程度上保障了会计信息的可信度。会计信息通过降低委托人和代理人之间的信息不对称性、减少代理人的投机行为来增进委托人对代理人的信任，使委托人和代理人之间的契约关系得以维系。而委托—代理关系中存在信息不对称的客观现实使财务会计作为一种信任机制得以生发。纵观会计产生与发展的过程可以发现，财务会计实际上是人类低成本界定产权和保护产权的信任机制。

7.2.2　会计的本质与目标

会计的本质是会计区别于其他事物的属性。信息系统论和管理活动论是目前占主导地位的会计本质观点：前者强调会计是一种信息系统工具，但未能体现现代会计工作中的经济责任关系；后者强调会计是企业管理活动的重要组成部分，凸显了会计的地位和作用，但并未将会计管理工作与其他管理工作予以严格区分，忽视了会计管理的技术特性。现代会计反映的是对市场经济中产权关系与价值变动的控制，会计的本质是一种控制活动（郭道扬，2004）。控制论实质上是在管理活动论基础上的深化与拓展，会计在管理活动中主要充当控制职能的角色，这种控制缘起于会计的受托责任本质属性。会计的本质是受托责任（杨时展，1992；伍中信，1998）："受托"表明会计是受委托人之托，"责任"强调会计必须向委托人如实报告企业财务状况和经营成果，取得委托人的信任。财务会计的信任功能是会计能够解除受托责任的基础。受托责任的本质表明，财务会计是人类创造出来的一种信任文化。文化被认为是一种公共符号交流体系，是"文本的汇聚"，是"行动的记存"。会计文化是各种会计制度的魂，会计制度则是一个社会会计文化的主要载体。会计作为一种信任文化与会计制度从整体来看基本上是同构的，前者是后者的精神性，后者则是前者在社会存在中的体现和显化。会计制度和财务报表等作为社会实存，是财务会计信任功能与符号交流的载体。其中，资产负债表是产权价值运动静态显化的结果，利润表则是产权价值运动动态显化的结果。

会计的本质决定会计目标。目前关于会计目标的主流观点有受托责任观和决策有用观：前者强调，会计的目标是提供可靠的会计信息，反映经营者受托责任的履行情况；后者则认为，会计的目标是提供相关的会计信息，助力利益相关者的经济决策。一般而言，受托责任观主要适用于非成熟的资本市场经济国家，主张采用历史成本计量基础，会计制度遵从法律制度，形成"法律遵从型"① 会计法律制度体系；而决策有用观主要适用于成熟的资本市场经济国家，主张采用公允价值计量基础，主张会计制度以投资者决策有用为导向，引致会计制度与法律制度逐步分离，形成"金融预期型"会计法律制度体系。尽管两者存在差异，但实质上，决策有用观仅仅是受托责任观的高级形式。受托责任观强调会计受经营者和所有者之托，经营者之托为会计的直接受托责任，所有者之托为会计的间接受托责任，即受托责任链条为：所有者→经营者→会计。决策有用观强调会计受利益相关者（含经营者和所有者）之托，经营者之托仍为会计的直接受托责任，所有者之托仍为会计的间接受托责任，其他利益相关者（除经营者和所有者之外）之托为会计的第三级次受托责任，即受托责任链条为：其他利益相关者→所有者→经营

① "法律遵从型"和"金融预期型"会计制度概念首先由周华等（2009）提出，前者是指会计制度的演进遵从本国法律制度，坚持历史成本计量基础、收入/费用观，其显著特点是"依法记账"；后者是指会计制度以满足资本市场投资者决策有用为目标，坚持公允价值计量基础、资产/负债观，其显著特点是"将预期的未实现利得和损失计入利润或所有者权益"。

者→会计。这种受托责任链条的延伸与维系必须建立在财务会计具有信任功能的基础之上。

7.2.3　会计的职能与计量属性

物竞天择，适者生存。会计自产生之后日渐完善，表明会计具有不可替代的职能。会计自产生起，无论何时何地，社会和经济体制有怎样的变化，其基本职能都是为信息使用者公允而真实地提供可以信赖的财务信息（葛家澍和高军，2013），以维系各利益相关者之间的信任（刘峰和葛家澍，2012）。马克思认为，“过程越具备社会的规模，就越需要对过程进行记录和总结的簿记”。即产权的私有化和社会化程度越高，会计对存量财产权利的准确界定和对增量财产权利的恰当反映显得越重要。学界普遍认为，核算（反映）与监督（控制）是会计的基本职能。反映职能有二：一是确认信息，即对信息进行筛选，去伪存真，以保证会计信息的真实性和可靠性；二是进行核算，体现对会计方法的具体运用。控制职能是指会计部门在遵守相关法律制度的前提下，采用科学的程序和方法，使企业经济活动和财务活动遵循经济活动规律和规范运行，以充分履行其受托责任（郭道扬，2004）。简言之，核算就是按照会计准则的要求，通过特定的方法将企业发生的经济交易或事项真实公允地反映出来，实际上就是界定产权的过程；监督则是利用特定的程序确保核算出来的信息真实可靠，实际上是确保产权界定的准确性和合法性，侧重于保护产权。现代会计的两大基本职能是界定产权和保护产权（伍中信，1998；曹越等，2011）。准确界定产权和有效保护产权可以充分发挥会计的信任功能，使得会计界定的产权利益边界与正当利益产权边界相吻合，报酬的支付与贡献大小相匹配，个人收益率向社会收益率接近，进而促进生产性努力的增长，助推市场经济健康发展。可见，隐藏在会计基本职能背后的核心是财务会计的信任功能。

产权界定的准确性与产权保护的有效性跟会计计量属性紧密相连。计量是会计的核心（Iriji，1979），计量属性的选择会对财务会计信任功能产生重大影响。现行会计基本准则规定，企业一般应采用历史成本计量，采用其他计量属性（重置成本、可变现净值、公允价值和现值）应确保其可靠性。会计计量属性又可以划分为历史成本计量基础（历史成本、重置成本）和公允价值计量基础（公允价值、现值、可变现净值和现行市价等)：前者强调会计计量坚持确定性原则，将可靠性作为选择计量属性的首要标准；后者强调会计计量坚持决策有用原则，将相关性作为选择计量属性的首要标准。可靠是信任的前提，历史成本计量基础是财务会计具有信任功能的基础。随着证券市场的扩大与日渐成熟，尤其是金融工具以及衍生金融工具的广泛应用，公允价值计量属性在提高财务会计信任功能方面的作用日益凸显。证券市场的高风险性导致金融资产的未来收益率具有很大的不确定性，而金融工具特殊的交易方式在扩大交易范围的同时也削弱了交易双方之间的信任基础，市场参与者迫切需要一种能够帮助他们及时了解资产或负债市场价格及其波动信息的有效途径，公允价值计量恰好充当了这一角色。公允价值计量坚持决策有用导向，以及时性和相关性为特征还原真实世界的经济现象，助力市场参与者作出经济决策，减少其财产受风险侵蚀的可能性。在证券市场上，因为公允价值能够持续可靠取得，所以公允价值计量是财务会计信任功能的可靠保障。保证投资者获得有效信息的机制虽然能够控制逆向选择，却不一定是激励管理人员、控制道德风险的最优机制（Scott，2006），相关性与可靠性两相权衡所得到的信息是对投资者最有利的信息。为了提高相关性，以公允价值为计量基础的会计准则充满了估计与判断。但是，会计信息所传递的企业经营活动及其业绩的变化，如实反映是基础，估计与判断仅是补充（葛家澍，2012）。

财务会计具有信任功能，体现为财务会计能够为利益相关者提供值得信赖的信息，强调会计制度遵从法律制度，建立法律遵从型会计法律制度体系，主张依法记账，以解除自身的受托责任，而这又基于信息的可靠性。然而，历史成本计量基础难以反映主体现在和未来的经营业绩。在市场环境瞬息万变、虚拟经济（衍生金融工具）蓬勃发展的背景下，历史成本计量基础提供的会计信息具有可靠性，但不具有决策有用性，这会减损财务会计的信任功能。推行公允价值计量基础是财务会计的一种适应性变革，尽管直接目的是提高会计信息的相关性，但能否使财务会计具有信任功能值得深入讨论。

以可靠性为横轴，相关性为纵轴，可以建立如图 7—1 所示的会计信息质量特征组合。

图 7—1 形成四个区域，如表 7—1 所示。

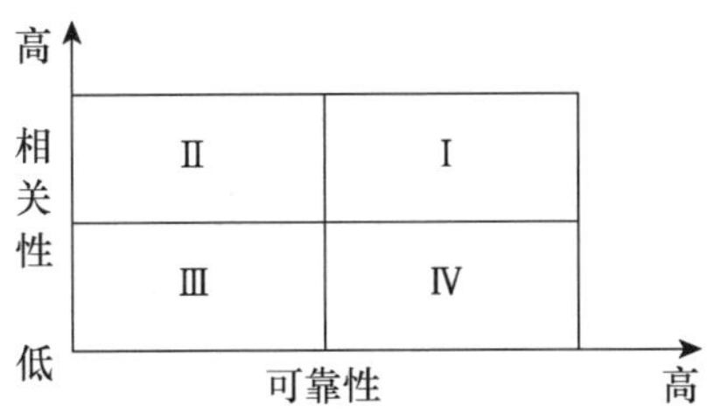

图 7—1　会计信息质量特征组合

表 7—1　会计信息质量与信任效果

区域	信息质量特征	信任效果
Ⅰ	高可靠性、高相关性	最好
Ⅱ	低可靠性、高相关性	差
Ⅲ	低可靠性、低相关性	最差
Ⅳ	高可靠性、低相关性	好

值得注意的是，就信任效果而言，第Ⅱ区域要比第Ⅳ区域差，因为可靠性是信任的基础。当可靠性低而相关性高时，会减损财务会计的信任功能。具有信任功能的公允价值计量基础的推进须以公允价值能够持续可靠地取得为前提。为了提高财务会计的信任功能，会计计量基础的选择受制于二元产权结构：对于实体产权（实体经济）而言，历史成本计量基础是最优选择，因为历史成本以初始金额计量，后续很少调整，具有确定性特征，这与实体产权相契合；对于价值变动风险大的虚拟产权（虚拟经济）而言，公允价值计量基础是最优选择，因为公允价值变动的度量能够反映价值变动风险，具有动态性特征，能够为投资者决策提供及时、相关的信息。二元产权结构决定了会计计量基础的选择应坚持双重计量。

7.2.4　会计方法：复式簿记

复式簿记缘起于自然经济向商品经济的过渡，根源于私有财产占有与保护观念的增强。不管是古希腊法还是古罗马法，其产生均旨在保障私有财产，这体现于以民商法为立法核心内容的法律制度体系之中。复式簿记的建立与发展自始至终成为贯彻落实民商法的基础，并使其工作责任日益凸显，促使簿记方法和技术不断改进与发展（郭道扬，2007）。发轫于 15 世纪地中海沿岸的复式簿记，是指在两个及两个以上相互联系的账户对主体的交易或事项以相等的金额进行记录的记账方法，其根本特征是“对所有权的认定”。由于地理位置的优势，当时地中海沿岸的商人通过海外贸易积累了大量资本，资本通过商品货币的形式在市场上流通，从而形成信用。为了能更加科学地反映这些财富在贸易中的变化以及更加有效地处理债权债务的产生及清算事项，极具智慧的商人创建了复式簿记方法。复式簿记是商品经济发展的产物，它的产生具有重大意义，它已成为现代会计最重要的会计方法。簿记的核心目的只在于反映有关财产和产权的各种事实（Littleton，1933）。在“资产＝产权”这一思想前提下，复式簿记不仅可以捕捉到每一项交易或事项产权价值运动的两个方面，还能反映出会计要素之间的增减变动和相互联系，清晰地反映产权价值运动的来龙去脉。复式簿记的科学性集中体现在二重性（总账与明细账、记账符号对立统一）、科学分项（总账与明细账之间的统驭与细化关系、平行登记）与平衡原理（记账规则、试算平衡）。这种科学性使得簿记人员的责任集中在对财产权利的维护与保障方面。以复式簿记为基础的现代会计核算方法体系，不仅可以进行试算平衡，还可以进行账证核对（账簿与凭证）、账账核对（总账与明细账）、账实核对（财产清查）以及账表核对（总账与会计报表），确保会计信息真实可靠，从技术层面确保财务会计在准确界定和有效保护利益相关者财产权利方面具有信任功能。

7.3 财务会计信任功能的制度基础

根据信任的来源，信任可以分为三类（张维迎，2006）：一是基于个体特征的信任，即由先天因素或后天的关系（如血缘关系）决定的信任；二是基于制度的信任，即在既定的制度环境下，一个人必须按其他人的预期行事，否则就会受到惩罚；三是基于信誉的信任，即个人为了长远利益而放弃眼前骗人的机会。鉴于财务会计信任功能须依赖会计法律制度予以实施，探讨财务会计信任功能的制度基础显得尤为必要。①

---

① 实际上，基于会计主体假设，现代公司“两权分离”使得探讨基于个体特征的会计信任已无多大意义；而基于信誉的会计信任依赖于会计人员签订长期合同（使得一次博弈变成重复博弈）和会计人才市场的形成，这在市场经济国家已基本得到解决。

7.3.1　财务会计信任功能的制度基础：演进理性主义观点

制度经济分析中演进理性主义遵循着“斯密—门格尔—哈耶克”的进路。斯密有“看不见的手”和“棋子原理”两大经典论述：前者认为，人管理产业方式的目的在于使其生产物的价值达到最大化，他盘算的是自己的利益，并受一只看不见的手指导去尽力达到并非他本人想要达到的目标，他追求自己的利益，往往使得其比出于本意的情况下更有效地促进社会的利益（Smith，1880）；后者发现，在政府中掌权的人容易自认为非常聪明，常对自己想象的政治计划那种虚构的完美迷恋不已，似乎可用手像随意摆布一副棋盘中的棋子摆布偌大一个社会中的各个成员，但是，在人类社会这个大棋盘上，每个棋子都有它自己的行动原则（Smith，1976）。斯密的论述表明，人类社会的经济秩序并非一般人想象的那样条理井然，不是人类理性设计的产物，而是人类行动的结果。门格尔（Menger，1883）明确指出，社会制度和秩序是从无数的经济当事人在追逐各自利益所形成的“自私的交往”中生发出来的，它们是人类行动的产物，但不是集体设计的产物，也不是人们在公共意志指导下建立的；各种社会制度与秩序，同语言和法律一样，是适应性演进及人之努力和历史发展所非意设的结果。哈耶克（2000）的“自生自发社会秩序”理论认为，人类社会中存在着种种有序的结构，但它们是许多人的行动的产物，而不是人之设计的结果，是抽象的而非具体的，是人们行动和交往中所表现出来的常规性（regularity）和一致性（uniformity）。综上可见，制度经济分析演进理性主义的核心观点如下：一是人类社会的制度和秩序并非人类刻意设计与创设的结果，而是通过适应性调整型构而来，具有自生自发特性。人类实际遵循的规则中，大多数道德规则、习惯、习俗与惯例都是自生自发的产物。二是制度的演进遵循着“个人习惯→群体习俗→群体惯例→社会规范→法律制度”的逻辑过程，该过程既大致反映出人类社会经济制序①的历史发展阶段，又是在现时现世、即时即地发生着的一种内在逻辑演进过程（韦森，2001）。

要使财务会计具有信任功能，会计法律制度必须根植于本国市场经济实践，以切实维护利益相关者财产权益为出发点，遵循“会计习惯→

① 制序即制度和秩序。韦森（2001）认为，institution的含义中既包括制度又含有秩序的意义，所以创设了“制序”一词。

会计习俗→会计惯例→会计法律制度”的演进逻辑与路径。会计习惯是指会计人员在其会计工作活动与向利益相关者传递信息的沟通交流中所呈现的诸多事态中的同一性，即在会计人员核算过程中所呈现出来的诸多单元事态中重复的、稳定的和驻存的一种会计行为轨迹。信息和决策成本的计算是会计习惯产生的原因。会计习惯的主要功能在于使会计核算面临的复杂情势简单化，其生发机制源于会计人员的本能及理性计算（即有意识的选择）的结果。一旦会计人员某一重复行为固化为会计习惯，它就往往使他们从理性计算和有意识的思考中解脱出来，使其像理性计算和其他非深思熟虑的思考（如感情冲动、他人的说教）一样，在会计核算方法的选择与决策中发挥重要作用。会计习惯是会计法律制度自发型构与演进的基础和逻辑起点。作为会计人员在其会计核算活动中的行为重复的一种“单元事态”的轨迹，会计习惯不断地向作为会计群体行为模式之复制的会计习俗进行“推进”与“转化”，是作为哈耶克“自生自发秩序”的会计习俗生成与演进的内在原因。会计习俗源自那些集体从事同样行为的会计人员的经验、感觉与预期。会计习惯出于会计人员个人的重复，会计习俗则是出于继续存在的会计人员团体的重复，且对会计人员个人有一种强迫的效果。会计习俗可定义为被社会会计人员群体大部分成员认同并在特定的重复出现的境势中规约会计人员行为的常规性。这种规约本身实际上给会计人员一种确定的信息，告诉他应该这样做并有信心地预期他本人如此行动也会从其他会计人员那里获得同样的合作。这表明，会计习俗一旦生成，就成为会计人员社群内部的一种自发秩序，是会计核算具有可比性的基点。当一种会计习俗长期驻存之后，亦会向作为社会实存的会计法律制度内部推进，从而“硬化”为一种会计惯例。会计惯例作为一种经由长期驻存而强化了的会计习俗中的显俗，其对象是会计人员在会计核算、监督、列报等活动中自愿或自然遵循的社会规则（即会计规则）。会计所使用的标准程序与文本等各种惯例形式已渗透到现代市场经济运行体中人们社会生活、交往和交易活动的各个方面，并成为市场经济有序运转的重要基础。会计法律制度源自会计惯例，是会计惯例经司法先例的积累（英美法系）或主权者的认可（大陆法系）而形成的。经由“会计习惯→会计习俗→会计惯例→会计法律制度”演进路径形成的会计制度称为“正当会计行为规则”，是财务会计具有信任功能的最重要的制度基础。其原因在于：一是“自下而上”的演进路径表明，会计制度的生发是会计人员群体经长期时间驻存与检验所形成的公认会计行为规范，源于维护市场经济这一“自发秩序”过程中公认的财产权利界定与保护规则，必然属于正当行为规则；二是非正当会计行为规则不可能长时间驻存并演进到会计法律制度，只能随着时间的推移而消亡，只有正当会计行为规则才能得到市场参与主体各利益相关者的广泛认可和信赖，并显化为具有信任功能的会计制度。

7.3.2　财务会计信任功能的制度基础：工具理性主义观点

制度经济分析中工具理性主义遵循着“凡伯伦—康芒斯—诺斯”的进路。制度的根源是人们的思想和习惯，而思想与习惯又源自人的本能，制度归根结底受本能支配；“今天境势通过一个淘汰的、强制的过程型塑明天的制度，从而改变或强化他们从过去遗留下来的观点和心智态度”（Veblen，1899）。凡伯伦（Veblen）在此处明显显露出人类可以按照自己偏好任意改变社会制度这一工具理性主义的思径取向。康芒斯（Commons）认为，制度就是集体行动控制个人行动，具有合作博弈性质的集体选择过程中的个人相互作用亦产生市场秩序，不管个人想法如何，最有势力的制序群体通过集体行动程序（政治）决定什么是合理的东西（Commons，1934）。制度是一系列制定出来的规则、守法程序和行为的道德伦理规范，它旨在约束追求主体福利或效用最大化利用的个人行为（North，1981）；制度包括人所发明设计的型塑人们交往的所有约束，只有明确、充分界定并由国家强制力量加以保护的私有财产制度，才是西方近代产业革命、西方世界兴起的原因；国家界定产权结构，国家基础结构的创立旨在界定和实施一套产权（North，1990）。即在诺斯看来，私有产权结构是统治者为满足自己利益最大化的欲望而刻意设计、建构和界定的结果，其工具理性主义倾向不仅体现在制度概念本身，也体现在产权理论和国家理论。综上可见，制度经济分析工具理性主义的核心观点是：制度是人类为了实现人的目的而刻意设计出来的。基于此，会计法律制度是人类为了建立交易双方的信任而刻意设计出来的。

工具理性主义路径形成的会计法律制度通过“自上而下”建构而来，“法典式会计制度”特色鲜明，往往形成法律遵从型会计法律制度体系，是财务会计具有信任功能的重要制度基础。该体系的生成方式如下：首先是作为权利法案的宪法确立维护私有财产权利这一最高原则；其次，基于调整平等主体之间权利义务关系的民商法从质的规定性（民法）和量的规定性（商法）对私有财产权利进行细化，分解为占有权、使用权、收益权和处分权；而基于调整非平等主体之间权利义务关系的经济法则细化调整企业财产权益与国家所有者权益之间的分配关系。最后，民商法和经济法中涉及资产定价和收益决定的内容、具体化及操作规则分别形成会计专门法律、会计行政法规和统一会计制度。统一会计制度建设通过实现对产权的统一性控制和基础性控制，旨在维护与保障财产所有者合法经济权益（郭道扬，2005）。统一会计制度处于会计法律制度体系的基础层次，在实现准确界定产权与有效保护产权方面具有切实性和针对性。财务会计具有信任功能要求法律遵从型会计法律制度体系的构建须同时满足以下条件：一是各层次依次是对上一层次会计法律制度的细化，且须环环相扣，确保各层次有关财产权利界定和保护规则的系统性与一致性；二是各层级的会计法律制度均属于正当行为规则，确保会计法律制度体系属于良法。

7.4　财务会计信任功能的维护路径：演进理性主义与工具理性主义的融合

7.4.1　英美法系财务会计信任功能的维护路径

历史法学派认为，法律作为一种调规人们交往与交换的正式规则系统，追根溯源，大都是从社会现实中人们的行事方式、习俗和惯例演化而来。即大多数法律，尤其是民法、商法、城市法，甚至中世纪西欧社会中的宗教法和国际法，是从人们生活世界中的惯例规则演化或经主权者对习俗和惯例的认可而形成的（韦森，2001）。英美法系的法律渊源包括普通法、衡平法和制定法，其中，普通法和衡平法体现为判例法，制定法则属于成文法。经典普通法理论认为，普通法是由超出人们记忆之外的习惯经过长久的历史积淀发展而来，它能够得以延续和留存本身就说明它是合理的（高鸿钧，2013）。英美法系具有连续性、开放性和适应性特征。从惯例、先例到法律是英美普通法的演进传统。可见，整体而言，英美法系是基于演进理性主义的理路。英美法系会计法律制度的主体内容由宪法、财产法、契约法、侵权行为法、继承法和破产法中有关财产权质的规定性与量的规定性以及会计准则构成（曹越等，2014），其演进遵循“会计习惯→会计习俗→会计惯例→会计先例→会计法律制度”的路径。英美法系会计法律制度本身就是一套“正当行为规则”系统，具有很高的信任度。但形成会计法律制度体系须经过长时间驻存，效率低下。英美法系财务会计信息功能的维护路径有：

一是利用会计职业团体（如英国的 FRC[①]、美国的 FASB）收集本国的会计惯例、先例，并将认同度高的惯例、先例及时吸纳到会计准则中，加快正当行为规则的制度化进程，这也是利用工具理性主义方法的优势。

二是通过逆向生成的方式确保吸纳于会计准则的高信任度的会计惯例、先例在破产法、契约法、财产法和宪法中得到采纳或不与这些上位法相冲突，从而使得财务会计信任功能奠基于具有系统性、统一性与一致性特征，以准确界定产权和有效保护产权为目标的会计法律制度体系。

三是在坚持与国际财务报告准则（IFRS）趋同的背景下：若本国某一会计惯例与国际会计惯例一致，可以直接采纳某一项具体 IFRS；若本国某一会计惯例与国际会计惯例相近，应采取与某一项具体 IFRS“实质趋同”或“协调”的策略；若本国某一会计惯例与国际会计惯例相悖，应根据本国会计惯例制定具有自身特色的具体会计准则，同时在财务报表附注中予以披露。本质上而言，会计准则国际趋同是以各国会计惯例具有共性为前提的。如果本国会计惯例与国际会计惯例相异甚多，则建议在财务报表中采纳双重列报（即报表中既列示本国会计惯例的数据又列示 IFRS 的数据），切实解决维护财务会计信任功能与坚持国际趋同之间的冲突问题。但是从生发机制来看，会计惯例本身就具有地区或国家特色，即便市场经济环境下各国之间的会计惯例具有共性，也会受到市场环境、法制模式、法治水平、市场经济发展的不同阶段和政府行为等因素的影响，难免存在特殊性。这也是目前各国会计准则与 IFRS 趋同的重大障碍。所以，全球性会计制度改革的基本方针应以协调为指导，将全球性会计准则构建的基本范围分为一致性、趋同性与协调性三个维度，依次增进，建立现阶段全球会计准则体系（郭道扬，2013）。

7.4.2　大陆法系财务会计信任功能的维护路径

大陆法系又称罗马-日耳曼法系，是以罗马法为基础，以 1804 年《法国民法典》和 1900 年《德国民法典》为代表的一个世界性法律体系，是在西方近代化过程中，欧洲各国复兴罗马法，依照法国立法模式制定

---

① FRC 即财务报告委员会。

自己的成文法典，并将其强制性推行到自己的殖民地而逐步形成的（何勤华，2006）。大陆法系以制定法为主体，坚持工具理性主义进路，宣称所有法律皆源出于立法者的意志。依此逻辑，大陆法系会计制度的有效性源出于某种刻意的意志行为，且其内容也同样源于这种意志行为。然而，作为一个立法者，在努力维系一种日益扩展的自生自发秩序的过程中，不能随意挑选会计规则并赋予它们有效性。作为欧洲大陆法系渊源的“粗俗的罗马法”本身就是习俗法（Berman，1983）。在13世纪的法兰西王室法中，也存在大量的习俗、惯例因素。尽管大陆法系直接传承罗马法传统，通过工具理性主义建构，但史料表明，在拿破仑时代，包括法国宪法在内的“法国六法”中的大多数条款基本上源自法国大革命前的社会习俗、惯例和习俗法。历经近半个世纪争论而理性建构的闻名于世的《德国民法典》，其实质内容大都是对当时德国的习俗和商业惯例实践的法律肯定与认可（韦森，2001）。正如伯曼（Berman，1983）所指出的，“在一定意义上，所有的法律最终都依赖于习俗和惯例”。只是英美法系坚持判例法传统，从习俗到惯例到法律制度的过渡与转化是在遵循先例的原则中自然完成的，而大陆法系的习俗与惯例是通过主权者的意志被认可并以制定法形式确立下来的。因此，大陆法系财务会计信任功能的维护路径有：

一是准则制定机构（一般由政府主导）需要通过充分程序（due process）将本国的会计惯例这一正当行为规则吸纳到会计准则中，从而实现会计惯例到会计制度的演进，确保会计准则具有信任功能。即在制定（建构）会计准则时，需吸纳演进理性主义的精神，确保会计准则具有正当性，是一部“正当会计行为规则”的耦合体，这是财务会计信任功能制度基础的要求。

二是将正当会计行为规则嵌入会计法律制度体系。大陆法系会计法律制度体系主要由宪法、民商法、公司法、破产法和税法构成，一般属于法律遵从型会计法律制度，法典式会计制度特色鲜明。那么，如何将正当会计行为规则嵌入会计法律制度体系？一种方案是“顺流直下＋平行推进”，即当出现新的经济业务形成新的会计惯例时，应由立法者召集各会计法律制度制定部门代表集体讨论，以会计惯例为基础，及时同步修改或完善会计法律制度，确保会计法律制度的统一性与一致性。另一种方案是“逆流而上＋循序渐进”，即当出现新的经济业务形成会计惯例时，先形成会计准则解释或政府会计主管部门的临时文件，再逐步体现在会计准则、税法、破产法、公司法、民商法乃至宪法等会计法律制度中，形成一体化的具有系统性和一致性特征的会计法律制度体系，切实维护会计法律制度的信任功能。整体而言，第一种方案能够及时高效地确保会计法律制度的统一性与一致性，最大限度减少会计法律制度体系内部的冲突，确保会计法律制度体系属于良法，是最优选择。但要求会计法律制度的各制定部门及时协调修改、完善且步调一致。第二种方案在及时性、效率性方面逊于第一种方案，也可能引致会计法律制度体系内部暂时的冲突，但仍能确保该体系属于良法，是次优选择。

三是在选择与 IFRS 趋同的背景下，源于公允价值在金融工具中的大范围使用，法律遵从型会计制度转向金融预期型会计制度，必然使得作为会计法律制度体系基础层次的会计制度与其他会计法律制度（如税法、公司法、民商法等）相分离，会计法律制度体系的运行基础被架空，依据会计准则生成的会计信息的真实性难以获得法学界的广泛认可，减损了财务会计的信任功能。为了实现对产权的一体化和基础性控制，维护财务会计信任功能，建立统一性与一致性的会计法律制度体系尤为关键，具体的路径方案为：(1) 当趋同的具体会计准则与本国会计惯例相符时，表明该项会计准则属于正当会计行为规则，若现行其他会计法律制度的相关条款与该会计准则兼容或未有规定，则其他会计法律制度应吸纳该项会计准则的精神进行补充或完善，以确保会计法律制度体系的统一性与一致性；若现行其他会计法律制度的相关条款与该会计准则相冲突，则其他会计法律制度应同步或逐步修改以确保与该项会计准则保持一致，夯实会计法律制度体系的运行基础，因为只有这样，才能确保会计法律制度体系属于正当行为规则，属于良法，这是财务会计信任功能的重要制度基础。(2) 当趋同的具体会计准则与本国会计惯例冲突（主要是计量属性选择）时，表明趋同的会计准则不属于正当行为规则，这会减损财务会计的信任功能。此时明智的做法是不采纳此项 IFRS，依据本国会计惯例制定符合本国国情的会计准则；若已采纳，则建议采用附注披露或三重列报（列示历史成本、公允价值和本国准则要求的计量结果）来传递本国会计惯例或会计准则的处理方法及结果，切实维护财务会计的信任功能。

7.4.3　我国财务会计信任功能维护路径的特殊性

整体而言，当代中国属于大陆法系国家，前文所述大陆法系财务会计信任功能的维护路径同样适用于中国。此处仅讨论我国会计信任功能维护路径的特殊性。

从文化传统而言，西方国家盛行个人主义，而中国倾向社群集体主义。中国和世界各地的华人社群主义经济制度与传统中国文化中的这种“无我”和“克己”的精神性有着源远流长和千丝万缕的联系。在中国社会中，社会秩序已把人的“人格”甚至“人性”蕴含于其中，从而变成社会中注重人事关系、人人相互牵制，以“礼”为主要规制机制的君、臣、父、子式的宗法社会构造安排（韦森，2003）。长期处于封建社会，使得以交换为特征的商品经济发展很不充分，难以形成自生自发的市场秩序。社会分工受到限制，非人际化的交易规模狭小，加之拥有一个强势的“人治”政府，封建社会后期至今，与同期西方社会相比，中国传统社会仍属于低信任度国家。我们是从有着“先天产权意识缺乏症”和“先天民主观念匮乏症”的中国礼乐文化传统上，依靠法国大革命以来的建构理性主义，“引进”并“建设”了一种有中国特色的行政控制经济体制（韦森，2003）。这表明，我们的民族意识中历来就缺乏尊重他人产权和民主两种观念，而这又是现代市场经济运行的两个必要前提。在此背景下，我国财务会计信任功能维护路径的特殊性有：

一是有效保护私有产权与规范政府行为。对私有财产制度的保护必须从政策保护走向法律保护和文化保护（张维迎，2006）。《中华人民共和国宪法》（2004）第十三条首次规定：“公民的合法的私有财产不受侵犯。国家依照法律规定保护公民的私有财产权和继承权。”党的十八届四中全会（2014）再次强调要保护私有产权。这些为有效保护产权奠定了制度基础。然而，只有当政府和个人均尊重他人产权时，私有产权的有效保护才能落到实处。只有人们预期个人财产能得到有效保护，才能为市场主体的长期合作提供动力，自然生发出社会信任。政府控制了信任形成的制度环境，其行为对建立社会信任（包括会计信任）至关重要。规范政府行为要求政府恪守“法无授权不可为”，从投资型政府转变为服务型政府，这是建立政府信任乃至社会信任的关键。

二是切实解决我国会计法律制度体系冲突问题。前文已述，财务会计信任功能的制度基础源于以准确界定产权和有效保护产权为目标、具有统一性与一致性特征的会计法律制度体系，且必须属于正当行为规则。当前我国会计法律制度体系存在会计信息真实性仍未得到法学界广泛认可、会计准则与法律制度理念背离以及会计准则与税收法规分离等诸多现实冲突问题，这主要源于我国企业会计准则与 IFRS 的趋同。在持续全面趋同战略（2010）确立的视域下，当 IASB 颁布新的具体 IFRS 时，我国财务会计信任功能的维护路径是：（1）若该准则与我国会计惯例兼容，则采纳 IFRS。进一步，若该准则与其他会计法律制度相冲突（如法律制度一般采用历史成本计量基础，而会计准则针对金融工具一般采用公允价值计量基础），则建议采用三重列报（即报表表内分三列，分别列示历史成本、公允价值与企业会计准则的结果）来解决，从而为会计法律制度体系的正常运转提供各自所需的数据及信息源，这是确保和提升我国财务会计信任功能的重要举措，也是会计法律制度体系有效实施的重要基础；若该准则与其他会计法律制度兼容，则应及时推动其他会计法律制度通过补充或完善现有条款来吸纳该准则的精神，进而形成系统性与统一性的会计法律制度体系。（2）若该准则与我国会计惯例相悖，最优的做法是不采纳该项 IFRS，而根据我国会计惯例制定符合国情的会计准则，确保我国的准则符合正当会计行为规则；若强制采纳 IFRS，则须在报表附注中详细披露我国会计惯例处理方法及结果，确保为其他会计法律制度的有效实施提供正当会计行为规则的数据源，夯实会计法律制度体系的运行基础，切实维护我国财务会计的信任功能。

第 8 章 财务报告概念框架及其产权基础

8.1 财务会计概念框架层级形成的产权动因

1494 年帕乔利的《簿记论》规范了最早的账户概念及其应用的框架，可视作概念框架的最早形式。1922 年斯普拉格在《账户的哲学》中阐述了会计处理程序和结构，提出了“账户”概念，使得登记账簿和编制报表可通过账户紧密联系在一起。那么在实务中如何从内容或实质上实现会计准确界定产权和有效保护产权的基本职能？这就需要将会计惯例有序地整合在一起，形成内在逻辑一致、首尾一贯的体系。要避免制定的准则内在逻辑混乱、规则不一致、相互矛盾的情形，就必然涉及财务会计概念框架（CF）问题。因为会计准则体系中对相同或类似的问题存在两种或两种以上不同的会计处理方法，实质上就是界定产权不清晰，这将导致分配性努力的增加，难以有效保护产权主体的财产权益。

CF 实质上是由财务会计中一系列最基础的概念所组成，它们相互关联，形成一个完整的框架体系，旨在指导会计准则的制定或应用（葛家澍和刘峰，2002）。CF 要成为一个逻辑严密的体系，其内容也需遵循一定的理论逻辑来构建。这个理论逻辑路径如下：财务会计目标→基本假设→信息质量要求→会计要素确认→会计要素计量→会计记录方法→财务报告编制。依据该路径建构的 CF，具有层级结构，且这种层级结构具有逻辑一致性。因为这种层级结构既符合会计理论的逻辑推演，也符合会计实务所必须明确的逻辑顺序。CF 是会计理论中最实用的部分。只有遵循这种路径的 CF 层级结构才能将会计惯例有序凝练在一起，形成内部逻辑一致、首尾一贯的框架体系，才能实现由 CF 指导建构的会计准则体系高度遵从“会计域秩序”[①]，清晰界定并有效保护产权主体的财产权利。

下面我们简要回顾 CF 的历史及现状。

最早提出 CF 理念的是佩顿和利特尔顿，他们 1940 年在合著的《公司会计准则导论》一书中首次提出“概念”与“框架”两个词，并用“基本概念”取代会计基本假设，通过梳理不同流派关于会计理论的基本观点，形成具有逻辑性、一致性的理论框架，试图借助准则来实施。该书阐述了营业主体、经营连续性、交易对价、成本归属、力量和成就以及可验证性的客观证据等六个概念或假设。实务中，AAA 对概念框架的研究起着带头作用：（1）1936 年发表 A Tentative Statement of Accounting Underling Corporate Financial Statement，探讨了公司财务报表的原则；（2）1957 年发布 Accounting and Reporting Standards for Corporate Standards，阐述了资产定义、确认和计量，收入和损益决定，所有权性质与认可，信息公开范围与方法等；（3）1966 年发表《基本会计理论报告》，阐述了会计理论框架体系；（4）1977 年发表 Statement on Accounting Theory and Theory Acceptance，全面系统地评价现行会计理论。美国注册会计师协会（American Institute of Certified Public Accountants，AICPA）非常关注制定出用于指导会计实务的会计准则，包括普遍适用的会计原则，但是其所属的会计程序委员会（Committee on Accounting Procedure，CAP）却将主要精力放在规范具体会计实务问题上，使得对具体会计问题的处理方法缺乏一致性。1959 年 AICPA 改组 CAP，成立了会计原则委员会（Accounting Principle Board，APB），强调对会计基本假设和会计原则的研究，并设立会计研究部协助 APB。会计研究部在 1961 年和 1962 年发布了研究成果《论会计基本假设》《试论企业普遍适用的会计原则》，形成了一套完整的理论框架，但因与当时实施的会计原则差距过大而被 APB 否决。之后 APB 正式发表 APB Opinions 第 1～2 号，其对投资信贷（investment credit）的递延法处理遭到事务所、会计界和 SEC 的反对。因实务界对 APB Opinions 的批评很多，1971 年 4 月，AICPA 成立 Trueblood Committee，1972 年 3 月 FASB 取代 APB，1973 年 10 月 Trueblood Committee 发布《财务报表的目标》。这是在美国具有实质意义的第一份 CF 文件，因为它是直接研究 CF 起点项目“财务报表

① 会计域秩序是利益相关者以其所投资的资源为依据而进行的利益冲突与协调的结果（吴联生，2003）。

目标”的文献（之后 FASB 扩大为“财务报告”）（葛家澍，2006）。当 FASB 接替 APB 制定 GAAP 后，也接替 Trueblood Committee 承担其遗留的概念框架制定使命，FASB 从 1978 年 11 月至 2010 年 9 月共制定了八份 SFAC，完成了一套基本体现连贯、协调、内在一致的 CF。这八份具体的 SFAC 如表 8—1 所示。

表 8—1　　1978—2010 年 FASB 发布的八份 SFAC

SFAC	发布时间	名称	备注
第 1 号	1978 年 11 月	企业财务报告的目标	已被取代
第 2 号	1980 年 5 月	会计信息的质量特征	已被取代
第 3 号	1980 年 12 月	企业财务报表的要素	已被取代
第 4 号	1980 年 12 月	非营利组织财务报告的目标	
第 5 号	1984 年 12 月	企业财务报表的确认与计量	
第 6 号	1985 年 12 月	财务报表要素	取代第 3 号，吸纳了第 2 号的修改意见
第 7 号	2000 年 2 月	在会计计量中使用现金流信息和现值	
第 8 号	2010 年 9 月	通用目的财务报告的目标，有用财务信息的质量特征	取代第 1～2 号，属于 FASB 与 IASB 联合概念框架第 1 阶段成果

与此同时，世界上主要市场经济国家均发布了自己的概念框架，尽管名称富有国家特色，但内容大同小异，并各具一定的特点。[①] 一般而言，CF 涵盖的内容包括：财务报告的目标、会计假设、会计核算基础、会计信息质量要求、会计要素确认、会计计量属性和财务报告体系。值得特别注意的是，为建立全球统一的高质量会计准则体系，IASB 也发布了 CF，称为“财务报表的编报框架”，并与 FASB 联合开发 CF 以指导 IFRS 的制定、完善，从而为推进国际趋同奠定基础。联合概念框架的出发点是：（1）双方都认可以原则为基础制定会计准则，尽管 SEC 主张以目标为导向，但必须以一个高质量的 CF 为前提，CF 是确立以原则为基础制定会计准则的关键；（2）双方一致认为须提高 CF 在 GAAP 中的地位，使得 CF 成为发展新准则和指导会计实务的依据。

2008 年金融危机发生之后，建立一套高质量的会计准则成为全球共识。会计制度的演进过程是经济发展过程的反映。中国从计划经济过渡到市场经济，使得会计制度由“公法”过渡到“私法”，凸显了会计平等

① 参见葛家澍：《财务会计理论研究》，厦门，厦门大学出版社，2006。

保护产权主体财产权利的倾向。市场经济中的商品交易本质上是财产权利交易，准确界定产权是交易产权的基本前提，是有效保护产权的基础。充分发挥会计准确界定产权和有效保护产权的功能，是促进生产性努力增长，确保经济持续、健康发展的关键，而这又依赖于一套高质量的会计准则体系。如何创建一套国际公认的高质量会计准则体系已经成为IASB最重要的工作目标。IASB通过总结各国会计实践和IFRS的趋同经验发现，创建高质量的会计准则体系必须依赖于内在逻辑一致、连贯的高质量财务报告概念框架的指导。CF是会计理论体系中最实用的部分，是一系列由财务报告的目标和受目标决定的其他基本概念所组成的一套理论体系（葛家澍和陈朝琳，2011）。CF的典型范本是由美国FASB自1978年11月至2000年2月发布的七份概念公告，它们已成为各国和IASB效仿的标杆。IASB的CF源于1989年发布的《编报财务报表的框架》，2004年与FASB联合研究CF，决定采用单一CF并分八个阶段[①]逐步推进。2010年9月，联合CF的第一阶段成果（第1章通用目的财务报告的目标，第3章有用财务信息的质量特征）正式发布：FASB将其作为第8号概念公告发布，取代第1号概念公告；IASB则以“财务报告概念框架2010”为名对外发布。该成果是高质量概念框架的一部分，是财务报告概念框架的新篇章（葛家澍和陈朝琳，2011）。IASB于2013年7月发布《财务报告概念框架评论》（A Review of the Conceptual Framework for Financial Reporting）讨论稿（discussion paper，DP），2015年5月发布《财务报告概念框架》（CF）征求意见稿（exposure draft，ED），旨在通过提供一套更加完整清晰且更新后的概念来改进财务报告。

8.2　财务报告概念框架征求意见稿评论

8.2.1　引言

2015年5月，IASB发布CF ED，反馈意见的接收截至2015年10月26日。目前处于分析（analysis）阶段，计划于2016年10月发布正式的

① 这八个阶段是：目标和质量特征，要素定义、确认和终止确认，计量，报告主体概念，财务报告、列报与披露的边界，概念框架的目的和地位，在非营利组织中运用概念框架，其他问题。

CF。ED引言部分介绍了CF的目标、地位以及使命。ED归纳了CF的三个目标：（1）协助IASB基于一致的概念制定准则；（2）协助财务报告编制者在某一特定交易或事项没有适用的准则或者某项准则允许选择会计政策时形成一致的会计政策；（3）协助有关各方理解和解释准则。ED指出，CF会随着IASB的工作经验变动而出现调整，这符合"会计的发展是反映性的，须随着经济发展、业务类型变化而调整"的要求。ED强调，CF不是具体的会计准则，不得凌驾于任何具体的会计准则之上。为与通用财务报告的总体目标保持一致，IASB有时会提出某些违背CF的具体要求并提供相应的注释。本书认为，这里存在逻辑混乱，既然CF是具体准则的指引，处于统驭地位，那么具体准则的制定或修订必然符合财务报告的目标。或许IASB考虑的是，未来发布CF后，难免有些具体准则与CF存在不一致，所以想为后续准则修订留有余地。但是，这不符合CF"基于一致的概念制定准则以及协助各方理解准则"的目标，必将损害CF的权威性。对于我国而言，CF（基本准则）属于部门规章，具有法律地位，指引具体会计准则的制定。当具体准则的修订与CF的要求相违背时，必须先修订或同时修订CF，否则将瓦解基本准则与具体准则的统驭关系，不符合法治精神和依法治国的基本要求。建立具有逻辑一致性的概念框架，并将该框架置于会计准则体系中的统驭地位，指引构建一套首尾一贯、逻辑一致的具体会计准则体系，这是准确界定产权和有效保护产权、确保财务会计具有信任功能的必然要求。CF理应成为财务会计信息功能实施的制度基础。建议IASB发布CF之后，在通用目的财务报告总体目标的指引下系统评估现有的具体准则（IFRS和IAS），若其与财务报告目标不符，则须逐步、系统修改现有具体准则，与CF保持一致。

与DP相比，ED增加了"CF可以实现IASB的使命，即发展国际财务报告准则，为世界各地的金融市场带来透明度、问责制及效率"。具体而言，CF的重要性在于：（1）有助于增加透明度。通过为具体准则提供指引，能够提高财务信息的国际可比性和信息质量，有助于投资者及其他市场参与者作出合理的经济决策。（2）通过减少投资者和被投资者之间的信息不对称，增强问责制。基于CF的准则提供管理层履行责任概况的信息，也是国际可比信息的来源，对于世界各地的监管者而言，其重要性不言而喻。（3）通过帮助投资者识别世界各地的投资机会与风险，有助于提高经济效率，改善资本配置。站在主体角度，使用基于CF的单

一、可信赖的财务会计语言，可以降低资本成本与国际财务报告成本。值得注意的是，作为 IASB 前身的 IASC 的使命是：致力于全球经济的诚信培养、维持增长以及长期金融稳定，从而服务于公众利益。可见，IASC 强调以 CF 为基础制定的具体准则应该具有信任功能，维护金融市场稳定，服务社会公众。这值得肯定，毕竟其目的是维护投资者和债权人的财产权益。财产权益的切实维护是世界各国采纳国际财务报告准则的基础。但 IASB 的三个使命均围绕“投资者决策”展开，弱化了“信任、金融稳定和除投资者之外的其他信息使用者”，难以获得新兴市场经济国家的广泛认可，不利于国际趋同战略的实施，毕竟财务会计的信任功能是基础。

8.2.2　征求意见稿主要内容及观点评论

（一）通用财务报告的目标

本部分由 IASB 2010 年首发的现行概念框架第 1 章修订而来。ED 指出，通用财务报告的目标构成了 CF 的基础，CF 的其余部分（有用财务信息的质量特征及成本限制、财务报表与报告主体、财务报表要素、确认与处置、计量、列报与披露以及资本保全）逻辑上均遵循目标（para 1.1）。此处 IASB 强调了 CF 以目标为起点的逻辑演绎性质，表明实务中 CF 和具体会计准则的制定均以目标为起点。只有这样才能建立逻辑一致的概念框架，切实维护利益相关者的财产权利。与现有 CF 相比，ED 增加了财务报表及报告主体、资本保全须遵循目标的规定。这是一种进步，因为 CF 是以财务报告的目标为起点逻辑演绎而来，CF 的其他部分理应遵循目标，形成具有一致性的框架体系。

通用财务报告的目标是，向现有和潜在的投资者、贷款人和其他债权人提供有关报告主体的财务信息，帮助其作出与向主体提供资源相关的决策（para 1.2）。该决策包括：购买、出售或持有权益及债务工具；提供或收回贷款及其他形式的债权。可见，财务报告的目标是为投资者和债权人的决策提供信息服务，是一种典型的决策有用观。ED 指出，在预计金融工具投资收益时，投资者和债权人需要在评估主体预计未来现金净流量的金额、时间及不确定性的基础上，增加“评估管理层对主体资源的管理职责”（para 1.3），并提供较为详细的解释。（1）管理层职责包括（para 1.23）：在价格波动、技术变化等情况发生时，确保主体资源不受经济波动的负面影响；确保主体经营合法合规，合同义务切实履行。

(2) 主体的管理层尽职有效地使用主体资源的信息，有助于预计管理层在未来使用主体资源时的效率和效果，有助于现有的投资者、贷款人及其他债权人合理运用投票权或对管理层行为施加影响（para 1.22）。该管理层职责实际上就是对主体资源的受托责任。这说明ED倾向于将受托责任纳入财务报告目标，但是很明显，这里的受托责任并未体现管理层是财务信息的使用者，而是服务于投资者和债权人的“决策有用”。即IASB认为，投资者和债权人的决策有用可以涵盖管理层的受托责任，这是对现行CF的改进。CF选用决策有用观的原因在于，决策有用观确实强化了对外部信息使用者的财产权保护，以内部化信息不对称对外部利益相关者财产权益攫取的外部性。受托责任观关注管理层对所有者受托责任的履行情况，侧重于维护所有者的财产权利，而对债权人、政府、社区等利益相关者的重视程度要逊于决策有用观。前文已述，受托责任观和决策有用观均有其深刻的产权基础：在未出现成熟的资本市场之前，基于资本雇佣劳动逻辑，对所有者的产权保护始终处于支配地位，因而受托责任观占主导地位；在出现成熟的资本市场后，基于共同治理逻辑，对要素所有者的产权保护日渐盛行，决策有用观占据主流也就顺理成章了。会计目标的演进旨在维护占支配地位的产权关系，保护相应产权主体的财产权利。

当然，将决策有用的信息的使用者仅仅定位于微观层面的投资者和债权人，而忽视宏观层面的信息使用者（如税务部门、财政监督部门等），难以实现会计制度与法律制度的协调。为什么IASB没有将宏观层面的信息使用者纳入目标？本书认为，可能的原因在于：一是IFRS是针对全球证券市场制定的一套会计规则，证券市场上最主要的信息使用者是投资者和债权人，这体现了IASB抓主要矛盾——服务主要信息使用者的理念；二是IASB或许认为，宏观层面的信息使用者要么是投资者（如国有资产监督管理部门等），要么是债权人（税务部门等），其所需信息可以从服务于微观层面的投资者和债权人的财务报告中获取。然而，本书认为，会计的目标是内部化外部性，不管是受托责任观还是决策有用观，如果不能满足信息使用者的需求，难免引发外部性问题，这将损害利益相关者的财产权益。客观地讲，IASB的目标是建立全球统一的一套高质量的会计准则体系。CF目标的确定，必须考虑IFRS的定位。IFRS是基于成熟资本市场中的会计规则制定的，实质上是面向证券市场的一套会计处理规范。而在资本市场中，证券买卖、资金融通的信息使用者主要是投资者和债权人。所以，IASB 将 CF 的目标定位于决策有用是可以理解的。然而，对于非证券市场的企业（如中小企业）、证券市场的监管者（如证监会、银监会和中国人民银行）以及国家宏观经济管理部门（如国家税务总局、国家统计局、国家发改委等）而言，如实反映企业管理层的受托责任履行情况却显得尤为重要。现实中，决策有用的财务信息有时与受托责任的财务信息大相径庭：前者更看重相关性，而后者更看重如实反映；当相关性与如实反映能够统一时，决策有用的财务报告目标负外部性很少，是恰当的目标选择；当相关性与如实反映相冲突时，顾此失彼必然引发外部性问题。究竟是决策有用重要还是受托责任重要？选择决策有用提高了信息的相关性但减损了财务会计的信任功能，选择受托责任确保了如实反映但削弱了财务会计的估值功能。人类会计发展史表明，会计是一种低成本内部化外部性的信任机制。与估值功能相比，财务会计的信任功能在维护利益相关者的财产权益中始终处于主导地位。值得注意的是，ED 再次强调，财务报告在很大程度上并非精确的描述，而是依赖于估计、判断和模型（para 1.11）。这说明，估计、判断和模型将削弱财务信息的信任功能。众所周知，估计、判断在财务会计中不可避免。基于决策有用观的财务报告目标，如何合理估计、准确判断和恰当使用模型，如何尽量减少估计和判断，是确保财务信息具有信任功能的重大课题。改进列报方式或许是唯一的完善路径，后文再详细讨论。

（二）有用财务信息的质量特征

本部分由 IASB 2010 年首发的现行概念框架第 2 章修订而来，内容涵盖有用财务信息的基本质量特征、增强的质量特征以及成本效益原则。

1. 基本的质量特征

基本的质量特征有相关性和如实反映。相关财务信息是指能够影响信息使用者决策的信息。这就要求财务信息具有预测价值、确认价值或者两者兼而有之（para 2.7）。其中，预测价值是指财务信息可以作为使用者预测未来结果的一个输入（para 2.8），确认价值是指财务信息可以提供关于（确认或改变）前期评估的反馈（para 2.9）。财务信息的预测价值和确认价值是相互关联的，具有预测价值的财务信息通常具有确认价值（para 2.10）。比如，本年的收益信息可以作为预测以后年度收益的基础，同时也可以和以前年度关于本年收益的预测值进行对比。这些对比的结果可以帮助信息使用者修正和改进先前预测的流程。ED 增加了“计量不确定性”，并解释了计量不确定性与相关性之间的关系。当计量一项资产或负债不能通过直接观察而必须采用会计估计时，计量的不确定性产生（para 2.12）。计量的不确定性是影响财务信息相关性的一个重要因素。会计估计是财务信息生成的一个必不可少的部分，并没有减弱财务信息的相关性，但需要恰当地列示和披露。会计估计可以提供相关信息，即使估计具有很高的计量不确定性。然而，如果估计的不确定性很高，那么这项会计估计相对于它原本可以达到的低计量不确定性是不相关的（para 2.13）。比如对于一些估计，高计量不确定性会偏重某些其他因素达到某种程度以至于得出的财务信息不相关；如果估计可以提供最相关的信息，高计量不确定性并不会阻止会计估计的使用。这说明，计量不确定性产生于会计估计中，在坚持决策有用财务报告目标的前提下，如果会计估计得以合理运用并恰当列示和披露，即便估计的准确性不高，财务信息仍具有相关性。但是，若估计过于偏重某些因素，就会使得财务信息不具有相关性。IASB 想传递的理念是：会计估计的使用须坚持决策有用财务报告目标指引，以确保财务信息具有相关性，同时估计过程要尽量客观，对需要考虑的因素不能顾此失彼。尽管 IASB 基于财务报告目标的逻辑将相关性放在首位，但是关于计量不确定性与相关性之间的关系的阐述也透露了相关性须以如实反映为前提。

如实反映是指财务信息客观公允地反映经济现象原本呈现的本来面貌。如实反映需要满足完整性、中立性和没有差错。ED 增加的内容有：一是如实反映与经济实质和法律形式之间的关系。如实反映提供一个经济现象的实质信息，而不仅仅是提供它的法律形式信息。仅仅提供一个经济现象的法律形式信息而忽视经济现象背后隐藏的不同的经济实质，不能认为是如实反映（para 2.14）。这强调了如实反映要求坚持实质重于形式的原则，符合会计惯例。二是如实反映要求的中立性与谨慎性之间的关系。中立性由谨慎性支持，谨慎性是指在不确定的情况下作出判断需要保持一定的审慎。谨慎性原则的运用意味着资产和收益不能被高估，负债和费用不能被低估；同样，谨慎性原则的运用不允许低估资产和收益或者高估负债和费用，因为这种错误列报可能导致未来期间高估收益或低估费用（para 2.18）。这里的谨慎性与传统上理解的谨慎性或稳健性存在较大差异。IASB 新解释的谨慎性实际上就是客观公正、不偏不倚，与中立性要求一致。而传统上理解的谨慎性在实际运用过程中存在一定程度的低估资产和收益或高估负债和费用。IASB 新定义的谨慎性的实质是“不存在滥用会计估计、会计判断”，从而为投资者和债权人财产权利的保护提供一个不偏不倚的客观标准。这样处理的主要目的是与公允价值计量协调一致，因为理论上公允价值计量与传统意义上的谨慎性存在冲突。IASB这样处理尽管保留了“谨慎性”这一传统会计概念，但其含义发生了改变。建议IASB予以删除，以免造成概念混淆。该概念的新解释也不符合会计习惯、会计习俗、会计惯例和会计行为规范，是IASB“设计”的结果，是一种“致命的自负”，难以获得世界主要经济体的一致认同。

至于相关性与如实反映的关系，ED强调决策有用的财务信息必须同时具有相关性和如实反映的特征。一个不相关经济现象的如实反映或一个相关现象的非如实反映都不能帮助信息使用者作出正确的决策。ED增加了如实反映与会计估计之间关系的解释：如果报告主体恰当使用合适的程序，恰当地描述会计估计以及解释任何显著影响估计的不确定性，一项会计估计可以说是如实反映；但是，如果会计估计是不相关的，提供的信息就不是有用的会计信息（para 2.20）。这说明，会计估计的恰当运用并不会损害如实反映和相关性。但是，如何恰当运用会计估计、会计估计的结果究竟是放在表内确认还是表外披露，仍需要提供更多指引。

2. 增强的质量特征

增强的质量特征是指有助于增强相关性和如实反映的财务信息质量特征，包括可比性、可验证性、及时性和可理解性（para 2.4）。

（1）可比性。如果一个报告主体的信息可以与另一主体的相似信息以及同一主体其他期间或者日期的相似信息进行对比，那么信息具有可比性（para 2.23）。可比性是能够使信息使用者识别和理解项目相似或差异之处的质量特征。一致性是指在同一报告主体的不同期间或者不同报告主体的单一期间，对相同的项目采用相同的方法（para 2.25）。可见，一致性虽然与可比性相关，但是并不相同；可比性是目标，一致性帮助达成这个目标。虽然单独的经济现象可以通过不同的方法如实反映，但是同一经济现象允许多种会计方法选择减弱了可比性（para 2.28）。这说明，尽量减少会计方法选择有助于增进如实反映，便于投资者和债权人决策。实际上，财务信息具有可比性表明财务会计对财产权利的界定坚持一贯的标准，这是准确界定产权的内在要求，也是准确度量利润（作为财产权利增值）的基础。若财务信息不可比，那么很难说财务会计准确度量了财产权利，产权保护也就是一句空话。

（2）可验证性。可验证性是指具有不同知识结构、互相独立的观察者能够对某一特定经济现象的描述是否如实反映达成一致的结论，但是结论不需要完全一致。可验证性帮助信息使用者确信信息如实反映了交易的实质（para 2.29）。值得注意的是：一是量化的信息不是唯一的可验证的信息，可能数量的区间以及相关可能性也能够被验证；二是有些解释性和预测性的财务信息需要到未来会计期间才能被验证，对于这种情况，IASB 通常要求披露信息潜在的假设、收集信息的方法以及支持信息的其他因素和环境，来帮助信息使用者决定是否使用那些信息（para 2.31）。可验证性是如实反映的关键特征，如果财务信息不可验证，将使得财务会计的信任功能丧失，资本市场和市场经济将无序。可见，可验证性是检验财务会计是否准确界定产权的关键性质量特征。

（3）及时性。及时性是指信息使用者及时获得影响他们决策的信息（para 2.32）。通常，财务信息不能及时发布或者发布之后很久才使用，将导致信息不能用于决策或者对决策的参考价值降低，从而影响财务信息的相关性。及时性与相关性紧密相关，是确保财务信息具有相关性的重要特征。

（4）可理解性。清晰和准确地对信息进行分类、描述和反映可以使信息更容易被理解（para 2.33）。信息使用者应该具有合理的商业和经济活动的知识并勤奋地评价和分析财务信息（para 2.35）。可见，可理解性要求信息使用者具备一定的商业知识并付出一定的努力。客观地讲，可理解性是针对具有一定会计知识背景的使用者而言的，现实中，基于专业化的分工，可理解性主要针对财会人员而言。如果一项信息无法被财会人员准确理解，则说明不符合可理解性，难以理解的信息无法指导投资者和债权人决策，无法维护其财产权益，也就难以实现信息的相关性。

值得注意的是，ED 指出，运用增强的质量特征是一个反复的过程，没有特定的顺序。即上述四个增强的信息质量特征没有优劣，同等重要。有时，会强化某一质量特征而弱化另一质量特征。比如预期运用新的财务报告准则能够同时在较长期限内提高相关性或如实反映水平，暂时对可比性进行削弱，恰当的披露能部分弥补不可比情况（para 2.37）。然而，要实现财务会计准确界定产权和有效保护产权的功能，财务信息在坚持相关性和如实反映的基础上，也须满足增强的质量特征。

3. 有用财务报告的成本效益原则

有用财务报告的成本效益原则是指报告中财务信息产生的收益大于

成本。IASB 运用该原则的方法是（para 2.41）：评估报告特定信息的收益是否可能超过提供或者使用该信息的成本；如制定一项财务报告准则时，向编制者、使用者、审计师、学者和其他人员咨询这一财务报告准则预期收益的性质、数量以及成本；大多数情况下，评估时要将数量和质量信息结合起来考虑。很显然，成本效益原则是降低准则运行成本的必然要求，是科斯定理降低市场经济交易成本进而提高经济效率在 CF 中的体现。

（三）财务报告和报告主体

本部分包括财务报告的作用及报告主体。

1. 财务报告的作用

ED 指出，通用目的财务报告提供了报告主体经济资源、权益以及经济资源和权益变化的信息（para 3.2）。这些关于资产、负债、所有者权益、收益和费用的信息，可以预计报告主体未来净现金流入量和评估报告主体资源管理水平（para 3.4）。预计报告主体未来净现金流入的目的是评估报告主体价值，而评估报告主体资源管理水平实际上是评估管理层的受托责任，两者均可以为投资者和债权人决策提供信息支撑。财务报告的作用必须基于一定的假设，ED 重申了 CF 坚持持续经营假设，即报告主体是持续经营的主体并且在可预见的将来继续经营下去（para 3.10）。因此，报告主体被假定为既没有意图破产清算也没有被要求破产清算或停止交易。持续经营符合会计惯例。当然现实中确实有很多报告主体破产清算，若发生这种情况，会计处理就基于清算会计而非持续经营会计，为了保护投资者和债权人财产权益，基于清算会计的基础需要在财务报表中披露。

2. 报告主体

ED 指出，报告主体是一个被选择或被要求编制通用目的财务报告的主体（para 3.11）。即报告主体规定了会计核算的空间范围。报告主体与法律主体的关系是：报告主体不一定是法律主体，它可以是法律主体的一部分，也可以是两个或多个法律主体的集合（para 3.12）。如何确定报告主体的范围？当一个主体（母公司）控制另一个主体（子公司）时，报告主体范围通过满足下列条件之一确定（para 3.14）：（1）仅直接控制；（2）直接控制和间接控制。报告主体的范围基于直接控制，其财务报告被称为个别财务报表，母公司只需反映直接控制的经济资源以及自身的直接权益，对控制主体（子公司）的投资应当作为一项资产；报告主体的范围基于直接控制和间接控制，其财务报告被称为合并财务报表，报告主体需要反映母公司直接控制和通过子公司间接控制的经济资源，以及对母公司的权益和通过子公司权益产生的对母公司的间接权益。将财务报告的作用和报告主体纳入CF是一种进步，因为财务报告和报告主体都是财务会计中的重要概念，既符合CF属于内在逻辑一致的概念体系的要求，也符合会计惯例。此外，报告主体实际上也确定了财务会计界定财产权利的边界。

（四）财务报表要素

本部分的内容包括资产、负债、所有者权益、收益和费用的定义，待执行合同，对合同权利与义务实质的报告以及计量单元。

ED中定义的要素包括：（1）与报告主体财务状况相关的资产、负债和所有者权益；（2）与报告主体经营成果相关的收益和费用（para 4.3）。财务报表要素与资源、权益和经营成果有关，其定义如表8—2所示（para 4.4）。

表8—2　　　财务报表要素的定义

项目	要素	定义或描述
资源（resources）	资产（asset）	资产是指过去的事项形成的、由主体控制的现时经济资源；经济资源是一项潜在的（potential）会产生经济利益的权利
权益（claims）	负债（liability）	负债是指由过去的事项形成的、未来转移经济资源的现时义务
	所有者权益（equity）	所有者权益是指主体的资产扣除所有负债后的剩余权益
经营成果（资源与权益的变化）	收益（含收入和利得）（income）	收益是由资产的增加或负债的减少引起的、与所有者投入资本无关的所有者权益的增加
	费用（含损失）（expense）	费用是由资产的减少或负债的增加引起的、与向所有者分配利润无关的所有者权益的减少
资源与权益的其他变化	—	权益持有者资本投入、向权益持有者分配利润
	—	不会导致所有者权益增加或减少的交换（比如用现金购买资产）

1. 资产的定义

资产是指过去的事项形成的、由主体控制的现时经济资源。经济资源是一项潜在的会产生经济利益的权利。ED讨论了该定义涉及的权利、产生经济利益的潜能等。

(1) 权利。产生经济资源的权利可以有下列形式（para 4.8）。①合同、法律或其他类似的方式产生的权利，包括：金融工具产生的权利，如对债务工具或权益工具的投资；基于实物的权利，如财产、厂房、设备或存货，这种权利包括对实物的所有权、使用权或基于租赁对象剩余价值的权利；在优惠条件下与另一方交换经济资源的权利，如买入某经济资源的远期合同或买入某经济资源的期权；受益于当不确定的未来事项发生时随时准备向另一方转移经济资源的权利；收到货物或接受劳务的权利；知识产权，如注册专利。②由另一方的推定义务产生的权利。③并不适用于其他各方当事人的其他可能给主体带来未来经济利益的权利，如产生经济利益的权利可能是由条款规定产生。可见，ED将产生经济利益的权利作为资产的重要特征，实际上是将收益权作为资产的关键特征，收益权是财产权利的核心权能，该定义符合法学“所有权”和经济学“产权”的核心要义。资产的新定义与现有的定义（资产是过去的交易或事项形成的、由主体拥有或控制的、预期会导致经济利益流入主体的一种资源）相比，具有以下差异：一是定义中用“经济资源”取代“经济利益”，并将经济资源解释为潜在的会产生经济利益的权利，突出了资产的权利本质；二是定义中删除“预期”，表明概率的引用应该从定义标准中删除；三是用“控制”取代“拥有或控制”，现有定义中的拥有表示拥有所有权，控制表示控制使用权，然而法学中的所有权是一种排他性权利，拥有所有权必然能够排他性地控制，因而新定义用控制取代拥有或控制更符合法定所有权的逻辑。

ED在控制的指引部分坚持了“权利与责任相统一”的原则：控制将经济资源和主体联系在一起，控制评估帮助主体确认了哪些经济资源主体需要负责（para 4.17）。比如在并未拥有全部财产控制权时，某主体也许会按比例份额拥有财产所有权，此时主体的资产是此财产中主体所控制的部分份额，而并非此项未被主体全部控制的财产本身。

ED指出，主体不会拥有从自身获取经济收益的权利（para 4.11），因此：①主体发行的债务或权益工具（如库存股）的回购不属于该主体的经济资源；②在合并财务报表中，母公司与子公司或者子公司之间一方向另一方发行债务或权益工具，不属于报告主体的经济资源。这说明经济资源的范畴与报告主体相一致，即经济资源是针对报告主体与其他报告主体而言的，体现了与报告主体概念的逻辑一致。

ED进一步阐述了资产与权利之间的关系（para 4.12）：原则上，主体的每一项权利都是独立的资产。然而，为了便于会计上的操作，相关的权利集合通常被视为一个单独的资产，也就是计量单元（unit of account），如因物体的法定所有权而产生的使用权、销售权、抵押权等权利。从概念上讲，经济资源不是物体本身而是这一系列权利。然而，描述这些权利时，物体通常会提供最简洁、最清晰易懂的信息。即现实中作为权利集合体的物体视为一个单独的计量单元来处理。

（2）产生经济利益的潜能。经济资源拥有产生经济利益的潜能，这种潜能不需要是确定的，甚至只是很可能的（probable），这些资源将会产生经济利益（para 4.13）。经济资源产生经济利益的情形包括（para 4.14）：①按合同收到现金流；②接受另一个经济资源或以优惠条件与另一方交换经济资源；③使用经济资源来产生现金流（或者节省现金流出），如使用单个的经济资源或联合其他经济资源来生产商品或提供劳务，使用该经济资源来提升其他经济资源的价值，为取得贷款拿经济资源作抵押，将经济资源出租给另一方，因经济资源赋予的权利而接受劳务；④销售经济资源换取现金或其他经济资源，或为还债而转移经济资源；⑤通过向所有者分配经济资源，来满足部分或全部所有者的权益请求。即IASB主张经济利益潜能存在的不确定性，而不是经济利益收益的不确定性，这是一种改进。因为产生经济利益潜能的不确定性决定了经济利益流入的不确定性，即便产生经济利益的潜能是确定的，经济利益流入也可能因为存在违约而产生不确定性。ED显示，IASB主张“资产存在的不确定性”，摒弃了“资产结果的不确定性”。

2. 负债的定义

负债是指主体由过去的事项形成的、未来转移经济资源的现时义务(para 4.24)。值得注意的是，一方确认为负债，那么对应的一方应确认为资产。但两者之间的金额可以不同，因为为了满足财务报表的客观性，双方可能运用不同的确认和计量标准，尤其是在需要判断、估计的情形下。转移经济资源的义务包括（para 4.28）：（1）支付现金的义务；（2）转移其他资产的义务；（3）不利于自身的情况下，与另一主体交换经济资源的义务；（4）提供服务的义务；（5）产生另一项要求主体转移经济资源的义务。

ED指出，若同时满足以下两点，则主体有转移经济资源的现时义务（para 4.31）：（1）主体没有实际能力去避免此项经济资源的转移；（2）此项义务因过去事项而形成，换言之，主体已经获得某项经济利益或者已经进行某项行动，从而产生了某种程度的义务。可见，现时义务的要点是同时满足“未来无法避免经济资源转移”和“过去事项引起”两个条件。ED阐述了主体没有实际能力去避免经济资源转移的情形（para 4.32）：转移本身是法律强制性的；任何避免转移经济资源的必要行为会导致重大经营中断，或者这些行为所造成的结果比选择转移经济资源所带来的结果更不利。值得注意的是：合同、法律法规往往使得许多义务具有强制性，然而在一些商业惯例准则、公开的政策或者具体的声明公告中，也会要求主体进行经济资源的转移，若主体必须遵循这些惯例、政策和声明公告，则主体是有义务的，此义务经常被称为推定义务（para 4.34）。这里可以看出，现时义务包括法定义务和推定义务两种：前者源于法律法规，具有强制性；后者源于商业惯例，具有遵从性。与现有的负债定义相比（负债是指主体由于过去的事项而承担的现时义务，该义务的履行预期会导致含有经济利益的资源流出主体），新定义删除了“预期”，表明负债的确认标准不应该包含“预期经济利益流出”，这与现时义务“无法避免经济资源转移”的特征一脉相承。

3. 待执行合同

ED指出，待执行合同确定了交换经济资源的义务和权利（para 4.41）。缔结一项合同确定了主体交换经济资源的权利和义务的程度。交换经济资源的权利和义务是相互依存不能分离的。因此，权利和义务的结合构成了一项资产或负债。如果交换条款对主体有利，则主体拥有一项资产；如果交换条款对主体不利，则主体形成一项负债。即待执行合同通过条款确定了交换双方的权利和义务，权利与义务是共生的，获得权利的同时必须承担义务。比如销售商品，到交货日，销售方有按合同条款发货的义务，同时拥有收款的权利，而购买方有收到商品的权利，同时有付款的义务。

4. 所有者权益

所有者权益等于主体的资产扣除所有负债后的剩余利益（para 4.43）。所有者权益要求权是主体的资产减去负债后的剩余利益的要求权。此类要求权产生于合同、法律等方式，包括获得各种形式的股份和权益（分配股利、破产清算时权益投资的偿还额等）的权利。

5. 收益和费用的定义

收益是由资产的增加或负债的减少引起的、与所有者投入资本无关的所有者权益的增加（para 4.48)。费用是由资产的减少或负债的增加引起的、与向所有者分配利润无关的所有者权益的减少（para 4.49)。可见，所有者权益之间的交易不产生收益或者费用。ED 指出，收益和费用是反映一个主体经营成果的要素，尽管资产和负债的变化决定着收益和费用，但是主体的收益和费用信息与资产和负债信息一样重要（para 4.52)。因为对于投资者和债权人而言，既需要主体财务状况信息用于评估主体价值，又需要主体经营成果信息用于评估主体管理资源的效率。值得注意的是，IASB 并未将收益区分为收入和利得，费用也包含损失，这不利于准确评价主体管理层的经营业绩。收入和费用是由日常活动产生的，具有持续性，属于线上项目；而利得和损失是由非日常活动产生的，具有偶发性，属于线下项目。经营业绩的评价主要看财务业绩表线上项目部分，建议 IASB 在列报部分予以区分。此外，CF 清晰地体现了收益和费用的决定坚持了资产负债观，而不是收入费用观，这突出了收益和费用的决定中财产权利的增减变化。

6. 合同中权利和义务的实质

ED 还指出，需要明确合同中权利和义务的实质。合同条款规定了主体的权利和义务。为了如实反映这些权利和义务，财务报表中需要报告它们的经济实质，而不是仅仅报告合同的法律形式（para 4.53)。除非合同没有经济实质，否则不论合同中的条款是明示条款还是默示条款，都必须加以考虑（para 4.54)。默示条款可以包括法定条款，如为销售商品给客户而签订的合同中包含的法定保修义务。如果条款对合同没有可识别的经济意义，该条款就属于没有经济实质的条款（para 4.55)，包括不涉及任何一方的条款以及持有者没有行权能力的权利条款（期权等）。之所以不考虑没有经济实质的合同条款，是因为财务会计一贯坚持实质重于形式原则。

7. 计量单元

计量单元是适用确认和计量要求的一组权利、一组义务或者一组权利和义务的集合（para 4.57)。一项资产或负债计量单元的选择不仅要考虑到该资产或负债，还要考虑到与其相关的收益和费用是如何进行确认和计量的。为了列示或披露，选定的计量单元可以合并或拆分（para

4.58)。ED 阐述了可能的计量单元，包括（para 4.61）：(1) 源于一项合同的所有的权利或义务（或所有的权利和义务）；(2) 权利和/或义务的一部分——如有关一项固定资产（财产、厂房和设备）的使用寿命和折旧方法的权利（该权利与其他权利不同）；(3) 相似来源（source）组合形成的权利义务集；(4) 非相似项目组形成的集合权利和/或义务——如在一项单独交易中将被处置的资产组和负债组；(5) 项目组合中显现的风险——如果项目组合面临共同的风险，该组合计量的一些方面应该关注该组合的总体风险。选择计量单元的目标是在成本不超过收益的情况下提供最有效的信息（para 4.62）。可见，计量单元实际上是确认和计量的最小单位，对它的选择需要考虑资产、负债、收益和费用财务报表要素的影响，以及合同中的权利义务条款内容、相似的经济特征、相似的风险特征以及成本效益原则的约束。

(五) 确认和终止确认

本部分讨论确认的过程、确认标准和终止确认。

1. 确认的过程

确认是确定一个项目符合要素定义的过程，以使项目包含在财务状况表（statement of financial position）和财务业绩表（statement of financial performance）中。它包括用文字描述并用货币数量计量（不管是单独的还是作为报表项目的一部分），也包括该科目在相关报表中的总金额（para 5.2）。对资产、负债、所有者权益、收益和费用的确认是用一种使信息具有可比性和可理解性的结构化概述的方式，来描述经济资源、要求权及其变化。这种概述的一个重要特征是报表中确认的金额将包含在小计和总计中。

确认将会计要素、财务状况表和财务业绩表通过以下方式联系起来（para 5.4）：(1) 在期初和期末财务状况表中，资产总额减去负债总额等于所有者权益总额；(2) 一段期间内所有者权益变动包含“财务业绩表中收益减去费用的差额”和“归属于所有者的利润减去分配给所有者的利润”。这一关系如图 8—1 所示。

ED 的解释为：财务报表之间关系的形成是因为对一个要素的确认（或一个要素的变动）要求在另一个或几个要素（另一个或几个要素变动）中进行相等金额的确认。比如只有当资产或者负债的账面价值增加或者减少被确认时，才会在财务业绩表中确认相应的收益和费用（para 5.6）。ED 强调，只有满足资产、负债或者所有者权益的定义的项目才能

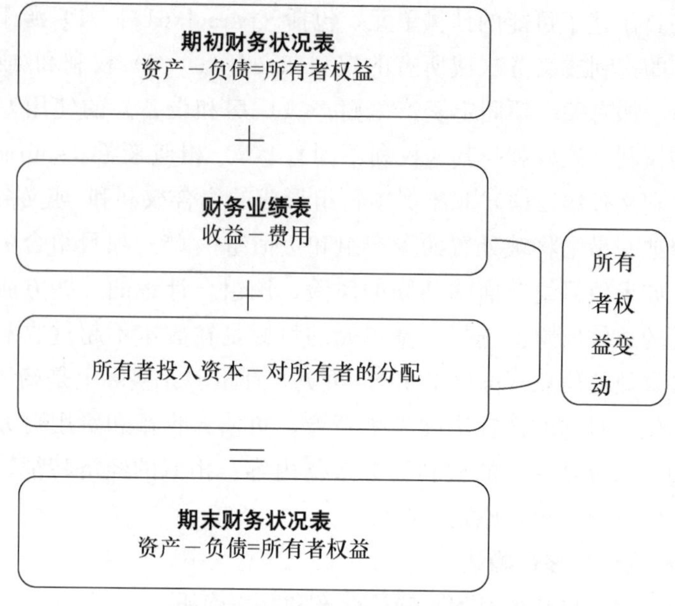

图 8—1　财务报表要素及表间关系

在财务状况表中确认，只有满足收益或费用定义的项目才能在财务业绩表中确认。然而，设计财务状况表的目的并不是反映主体价值，所以，并非所有的资产和负债都需要确认，资产和负债的确认必须满足确认标准。当然，该确认标准的前提是资产、负债必须符合定义。

2. 确认标准

那么，确认标准是什么？只有当为财务报表使用者提供的信息满足以下条件时，才对主体的资产或负债（以及相关的收益、费用或者所有者权益变动）进行确认（para 5.9）：（1）提供的信息与资产、负债或者收益、费用以及所有者权益变动情况相关；（2）信息是对资产、负债或者收益、费用以及所有者权益变动情况的如实反映；（3）提供信息的效益（benefits）大于成本（cost）。不符合确认标准的财务报表要素需要进行披露（para 5.11）。简言之，上述三条标准可以总结为“相关性、如实反映和效益大于成本”。严格地讲，财务报表要素的确认还应加上“符合定义”这一标准。当然，ED实际上将“符合定义”作为讨论确认标准的前提。只有在符合要素定义的前提下讨论确认标准才有意义。值得注意的是，与现有确认标准相比，ED增加了“效益大于成本”并同时删除了“金额能够可靠计量”。这样处理的原因可能包括：一是与有用财务信息质量特征相协调，确认标准中的“相关性”与“如实反映”对应基本信息质量特征，“效益大于成本”对应提供信息时需遵循的成本效益原则；二是为公允价值计量这一充满估计、判断计量属性的运用做好铺垫，因为在不存在活跃市场的情况下，通过不可观察的输入值模型获取的公允价值估计很难符合“金额能够可靠计量”；三是从逻辑上讲，计量是确认的应有之义，确认的定义暗含了必须依赖计量，这说明没有必要单独将“计量”作为确认标准。总之，ED 中的三条确认标准体现了与有用财务信息质量特征的高度协调，强化了 CF 内在的逻辑一致性，值得肯定。同时，ED 也提供了一个披露指引，那就是符合定义但不符合确认标准的要素，原则上纳入表外披露。这就从 CF 层面区分了哪些需要在财务报表表内列示（符合三条确认标准的要素），哪些需要在财务报表表外披露（不符合三条确认标准的要素），对于构建逻辑一致的列报框架具有重要意义。本质上看，CF 的确认标准是确保财务会计具有信任功能的重要技术装置。

ED 指出，确认的资产、负债、所有者权益、收益和费用等信息须与报表使用者相关。然而，当考虑以下一种或多种因素时，确认将无法提供相关信息（para 5.13）：（1）不确定资产是否存在或是否独立于商誉存在，或不确定负债是否存在；（2）资产或负债存在，但是将来导致经济利益流入或流出主体的可能性较小；（3）资产（或负债）的计量是可行（或可获得）的，但计量不确定性较高导致信息相关性差，且没有其他的计量方式可行（或可获得）。即确认产生的信息具有相关性要求同时满足：一是资产和负债是存在的或独立于商誉而存在；二是未来经济利益很可能流入或流出主体；三是计量不存在较高的不确定性（如交易事项的可能性结果范围很大并且每一项结果的可能性很难估计；对于资源或义务的计量非常困难，或者对不单独归属于某一计量项目的现金流进行异常主观的分配）。从这里我们发现，“未来经济利益很可能流入或流出主体”虽然已经不构成资产或负债的定义要素，却成为确认的重要参考因素。这说明 ED 坚持了财务报表要素定义与确认标准适度分离的原则。这对于挖掘财务报表要素定义的权利本质，给出一个科学的定义具有重要意义。

3. 终止确认

终止确认是将前期确认的资产或负债从财务状况表中全部或部分移除（para 5.25）。资产的终止确认往往发生在主体丧失或部分丧失对前期确认的资产的控制时；负债的终止确认通常发生在主体不再对所有或部分前期确认的负债承担现时义务时。ED 还讨论了终止确认与合同变更之间的关系：当合同变更涉及减少或消除现有的权利或义务以及增加新的权利或义务时，终止确认问题就会出现（para 5.33）。如果一项合同变更增加了不同于原合同条款规定的权利与义务，那么新增部分应当视为新的资产或负债。如果合同变更增加的权利或义务与原合同确认的权利或义务没有区别，那么应该将新增部分看作与现有权利和义务相同的计量单元的一部分。实际上，合同变更引起的交易双方权利义务的变化是终止确认产生的根源。

（六）计量

本部分讨论计量基础及其提供的信息、选择计量基础时所要考虑的因素、多个计量基础提供相关信息的情形以及权益的计量。

ED将计量定义为：以货币形式来表示主体的资产、负债、所有者权益、收益和费用的量化过程（para 6.2）。计量是以特定的计量基础度量某一资产、负债、权益或者某一项收益、费用的结果。计量基础是度量时能被识别的特征（例如历史成本、公允价值或履行价值（fulfilment value））。通过将计量基础应用于某一资产或负债，可以为资产或负债以及相关收益和费用提供计量方法。考虑到财务报告的目标，对于不同的资产、负债以及收益、费用项目，有用财务信息的质量特征和成本约束可能会导致选择不同的计量基础（para 6.3）。

1. 计量基础及其提供的信息

ED将计量基础划分为历史成本（historical cost）和现行价值（current value）两类（para 6.4）。

（1）历史成本。历史成本计量并不能反映资产或负债的价格变化，但是能反映资产的减值或消耗及负债的履行。非金融资产的历史成本是资产收购或购建过程中所产生的所有费用，包括给予的对价和交易费用。符合下列情形之一时，资产金额会随着时间推移而调整（para 6.7）：①资产经济资源消耗（折旧或摊销）；②资产的历史成本不可收回（减值）。非金融负债的历史成本是承担负债时所收到的对价，发生的交易成本应从对价中剔除。符合下列情形之一时，负债金额会随着时间推移而调整（para 6.8）：ⅰ应计利息；ⅱ负债的履行；ⅲ任何预计的现金流出量超过收到的净对价（过度负债）。金融资产的历史成本（有时称为摊余成本）是最初获得资产时给予的对价加上与获得资产相关联的交易成本。金融负债的历史成本（有时称为摊余成本）是最初接受负债时的对价减去交易成本（para 6.9）。金额资产和金融负债后续的账面价值按摊余成本计量可以反映后续应计利息、预计现金流量的变化（包括金融资产的减值）、付款或收款的变化，但无法反映其他因素引起的后续的价格变化。若在没有交换的过程中获得资产或发生负债，此时初始计量可以采用现行价值作为替代，并成为后续计量的起点。

历史成本计量的优点在于信息具有预测价值、确认价值、可验证性和可理解性。首先，以历史成本计量的收益和支出可能有预测价值（para 6.13）。例如，对于非金融资产来说，在过去的商品和服务供应中以及资产消耗中产生的信息，可能用来评估一个主体未来预期的投入需求、未来商品和服务供应中的现金流量和资产的消耗。其次，以历史成本计量的收益和费用也可能通过对先前的估计现金流或利润提供反馈产生确认价值。最后，在很多情形下，采用历史成本计量比采用现行价值计量更方便、成本更低，而且使用历史成本计量更容易理解和验证，从而使得信息具有可理解性、可验证性并符合成本效益原则。当然，当资产和负债没有可观察的交易价格时，历史成本与现行价值一样难以客观估计确定（para 6.17）。历史成本计量的劣势在于：不同时期类似资产或负债在财务报表上存在较大差异，这降低了同一报告主体内以及不同报告主体之间的可比性。一个可能的改进就是当价格变化非常显著时，用现行成本（current cost）替代历史成本计量将产生更相关的信息。比如价格变化显著时，基于现行成本计量报告的收益和费用信息比基于历史成本更能预测未来的利润、更符合实物资本保全理念。但用现行成本来计量产生的信息会损害可比性。尽管如此，历史成本计量仍是实现财务会计信任功能的首选计量基础。为了维护信息使用者的财产权益，历史成本的劣势可以通过表外披露的方式予以解决。

（2）现行价值。现行价值计量基础包括公允价值以及资产的使用价值和负债的履行价值（para 6.20）。现行价值计量的特点是利用更新（update）的信息反映计量日报表要素的货币量化信息。

第一，基于市场参与者视角的公允价值。公允价值是市场参与者在计量日的有序交易中出售一项资产所收到或转移一项负债所支付的价格（para 6.21）。即公允价值反映了市场参与者的利益。公允价值反映了以下因素（para 6.23）：①预计未来现金流；②由现金流量固有的不确定性引起的，预计资产或负债时未来现金流金额和时间的可能变化；③货币的时间价值；④承受现金流量内在的不确定性的价格（即风险溢价或风险贴现），该价格取决于不确定性的程度；⑤市场参与者将考虑的流动性、自身信用风险等其他因素。值得注意的是，公允价值的确定不需要考虑交易成本。

公允价值计量的优点集中在提供的信息具有预测价值、确认价值和可比性。首先，以公允价值计量的资产和负债有预测价值（para 6.28)。这是因为公允价值反映了金额的期望值、现金流量的期间和不确定性。即公允价值反映了市场参与者的期望值并按其风险偏好来定价。其次，通过对先前估计值的反馈，以公允价值计量的收益和费用具有确认价值(confirmatory value)。以公允价值计量的收益和费用可以通过下列方式来提供预测价值和确认价值的信息：一是在资产持有期间，市场参与者期望的回报值及其与实际回报的差异；二是市场参与者预期的金额、时间以及未来不确定性收益、风险偏好的变化产生的影响。最后，基于市场参与者而非特定主体的公允价值与获得资产或负债发生的具体时间无关，同一资产（在估计误差范围内）将会以相等的金额计量，这可以增强同一报告主体内以及不同报告主体之间的可比性。公允价值计量的缺点主要在于非活跃市场获取公允价值的可理解性和可验证性问题：如果某一资产或负债的公允价值可以在一个活跃的市场观察到，那么以公允价值计量的过程就非常简单且容易理解，公允价值就是可验证的（para 6.32)；如果某一资产或负债的公允价值不易在一个活跃的市场观察到，就需要使用估值技术（有时需要以现金流量为基础来计量)。估值过程可能成本高昂且复杂，参数输入可能是主观的而难以验证，从而损害公允价值计量的可比性。公允价值计量的侧重点在于提高财务信息的相关性，然而相关性须与如实反映配合才能使财务会计提供的信息具有信任功能。若一味追求相关性而不顾及如实反映，该财务信息仍然难以有效保护投资者和债权人的财产权益。

第二，基于特定主体的使用价值和履行价值。使用价值和履行价值是特定主体的价值。资产的使用价值是主体持续使用和最终处置资产产生的现金流量的现值。履行价值是主体履行一项负债产生的现金流量的现值（para 6.34)。因为使用价值和履行价值不能直接观察得到，所以需要借助以现金流量为基础的计量技术确定（para 6.35)。原则上，资产的使用价值和负债的履行价值与公允价值在计量时所要考虑的因素相同，但前者是基于特定主体假设而不是市场参与者假设，于是为了提供有用的信息，有时使用价值和履行价值需要进行下列调整：①使用市场参与者对资金的时间价值和风险溢价的假设；②从履行价值中排除主体违约的可能性造成的影响。使用价值反映了主体预期最终处置资产时产生的交易成本的现值（para 6.37）。如果存在交易成本，履行价值也包括使主体能够履行负债而发生的交易成本的现值。

资产的使用价值信息因能预测未来现金流入的前景而具有预测价值。负债的履行价值提供了履行负债产生的预计未来现金流出信息，尤其是在负债将被正常清偿而不是通过转移或谈判处置的情形下，因而该信息具有预测价值。结合实际的现金流信息更新预计的使用价值和履行价值，因可以为先前预计的使用价值和履行价值提供反馈信息而具有确认价值。使用价值和履行价值的缺点与公允价值类似，即可能缺乏可验证性、可比性和可理解性。首先，使用价值和履行价值是以现金流量为基础的计量技术。预计现金流量的过程可能成本高昂且复杂，参数输入可能是主观的，很难验证输入和过程的客观性。因此，主体可能对同一资产或负债计量的金额不同，这就削弱了它的可比性。其次，使用价值和履行价值基于报告主体而非市场参与者，不同主体之间对同一资产和负债的计量结果很可能不同，从而削弱了可比性。再次，很多资产是与其他资产一起使用的，那么该资产的使用价值很难单独计量。相反，报告主体是先对一组资产的使用价值进行联合计量，然后将结果分配给单一资产。因此，要确定与其他资产联合使用的某一资产的使用价值是一个成本高昂且复杂的过程，这影响了可理解性和可比性。最后，使用价值和履行价值的估计可能不自觉地反映了与其他资产和负债的协同效应，因而难以准确计量存在协同效应的资产和负债。

2. 总结不同的计量基础所提供的信息

表 8—3 和表 8—4 总结了计量基础在财务状况表和财务业绩表中可以提供的信息。

表 8—3　　不同计量基础下提供的资产信息

	历史成本计量	现行价值计量	
		公允价值（市场参与者假设）	使用价值（特定主体假设）
财务状况表	某项资产（包括购买发生的交易成本）未使用（或未收回）部分的可回收成本	资产的脱手价格	某项资产持续使用以及最终处置带来的预计未来现金流量的现值，包括处置产生的交易成本现值

续前表

	历史成本计量	现行价值计量	
		公允价值（市场参与者假设）	使用价值（特定主体假设）
财务业绩表	初始确认时由于非等价交换带来的损益	初始确认时由于非等价交换带来的损益	初始确认时由于非等价交换带来的损益
	—	资产购买中的交易成本	资产购买中的交易成本
	会计期间内（通过销售成本、折旧或摊销等）耗费的经济资源的历史成本	会计期间内耗费的经济资源在耗费时点的公允价值	会计期间内耗费的经济资源在业绩期间的使用价值
	利息收益（仅限于金融资产）	利息收益（若单独识别）	利息收益（若单独识别）
	减值损失（与前期历史成本相比）	减值损失（若单独识别）	减值损失（若单独识别）
	会计期间内资产的销售收益或费用（包括无论是否单独识别而发生的交易成本）	处置产生的交易成本，以及处置日收到的对价超过（或低于）公允价值产生的净收益（或净损失）	处置产生的交易成本，以及处置日收到的对价超过（或低于）使用价值产生的净收益（或净损失）
	—	以下事项引起的重新计量： （a）预计现金流量的变动； （b）利率的变动； （c）风险或价格的变动	以下事项引起的重新计量： （a）预计现金流量的变动； （b）利率的变动； （c）风险或价格的变动

注：并非所列事项在每个会计期间都会发生。

表 8—4　　不同计量基础下提供的负债信息

	历史成本计量	现行价值计量	
		公允价值（市场参与者假设）	使用价值（特定主体假设）
财务状况表	某项负债未履行部分的净对价，加上预计未来现金流量现值超过净对价的部分（对价是考虑交易成本后的净额）	转移负债所需支付的对价	由履行负债义务产生的预计未来现金流量现值

续前表

	历史成本计量	现行价值计量	
		公允价值（市场参与者假设）	使用价值（特定主体假设）
财务业绩表	初始确认时由于非等价交换带来的损益	初始确认时由于非等价交换带来的损益	初始确认时由于非等价交换带来的损益
	—	因负债而产生的交易成本	因负债而产生的交易成本
	会计期间内主体履行义务时由客户（或其他主体）支付的对价	会计期间内在主体履行义务时业绩的公允价值	会计期间内在主体履行义务时业绩的履行价值
	利息费用	利息费用（若单独识别）	利息费用（若单独识别）
	会计期间内负债增加带来的损失	会计期间内负债增加带来的损失（若单独识别）	会计期间内负债增加带来的损失（若单独识别）
	会计期间内负债偿还或转移带来的收益和费用（包括无论是否单独识别而发生的交易成本）	偿还或转移负债产生的交易成本，以及支付对价超过（或低于）偿还或转移负债当日负债的公允价值产生的净损失（或净收益）	偿还或转移负债产生的交易成本，以及支付对价超过（或低于）偿还或转移负债当日负债的履行价值产生的净损失（或净收益）
	—	以下事项引起的重新计量： (a) 预计现金流量的变动； (b) 利率的变动； (c) 风险或价格的变动	以下事项引起的重新计量： (a) 预计现金流量的变动； (b) 利率的变动； (c) 风险或价格的变动

注：并非所列事项在每个会计期间都会发生。

3. 选择计量基础时需要考虑的因素

选择计量基础时应该考虑的因素的相对重要性取决于具体事实与环境（para 6.48）。为使某一特定计量基础提供的信息对报表使用者具有有用性，该项计量基础必须与报告目标一致且具有相关性，并能如实反映报告目标。当然，计量基础的选择也应与财务信息质量特征一样受成本效益原则约束。ED通过参考有用财务信息的质量特征，从初始确认的角度来探讨选择计量基础时应考虑的因素。值得注意的是，初始计量与后续计量不能分开考虑。如果初始计量与后续计量失去一致性，收益与费用将因计量基础的改变而单独确认。这种收益或费用的确认可能会反映出根本不存在的交易或事项。因此，一项资产或负债及其相应的收益与费用的计量基础的选择，必须同时考虑初始计量与后续计量。

（1）相关性。为提供具有相关性的信息，在为一项资产或负债及其相应的收益与费用选择计量基础时，应考虑以下因素（para 6.54）：①该项资产或负债将以何种方式产生未来现金流量。这在一定程度上取决于主体经济活动的性质。例如，如果某项房产将直接用于销售，则该项房产将通过销售实现现金流量；如果该项房产将与其他资产联合用于生产商品或提供劳务，则该项房产将通过销售生产的产品或提供劳务产生现金流。②该项资产或负债的特征（例如，由该资产或负债产生现金流量的性质或可变程度，该资产或负债的价值对市场因素变动或其他内在风险的敏感程度）。值得注意的是，某项计量基础所提供的信息的相关性受估计该信息引发的计量不确定性程度影响。计量不确定性程度高并不影响通过估计提供最具相关性的信息。然而，某些情况下，计量不确定性程度过高以至于采用其他计量基础能够提供更具相关性的信息。此外，如果某项资产或负债在各项计量基础下均不能提供具有相关性的信息，则该项资产和负债不应予以确认。这与有用财务信息的质量特征以及确认应该考虑的因素一脉相承，体现了CF具有内在逻辑一致的特征。

（2）如实反映。如果资产和负债在某种程度上存在一定联系，对其采取不同的计量基础将导致计量不一致（“会计错配”）（para 6.58）。计量不一致可能会导致财务报表无法如实反映主体的财务状况及经营成果。因此，某些情况下，对相关（尤其是因合同关系而相关）的资产和负债采取同样的计量基础能够为报表使用者提供更具有用性的信息。

（3）增强的质量特征。增强的质量特征中的可比性、可验证性和可理解性同样对计量基础的选择具有一定影响，但及时性对计量基础的选择无特别影响（para 6.59）。可比性意味着各会计期间及各主体均使用相同的计量基础，减少计量基础的数量有利于提高可比性。可验证性意味着计量结果可以直接（如可观察的价格）或间接（如某个模型的输入值）得到独立证实。若某一特定计量无法得到证实，则需要在财务报表附注中披露，以使报表使用者理解所采用的假设。可理解性一定程度上依赖于采用的计量基础的数量以及变动情况。通常情况下，一套财务报表中采用的计量基础数量增加会使信息变得更复杂，可理解性下降，进而削弱财务状况表和财务业绩表中总数或分类汇总数的意义。但如果这是提供更具相关性的信息所必需的，则增加计量基础的数量仍是合理的。计量基础的变更将导致财务报表可理解性下降，若变更能带来更具相关性的信息，则计量基础的变更可能是恰当的。在这种情况下，需要在财务报表附注中进行披露，以使信息使用者理解由计量基础的变更确认的收益或费用。

（4）初始确认与计量中应额外考虑的因素。初始确认中，通常一项资产或负债的成本与其交易当天的公允价值相同，交易成本重大的除外（para 6.67）。然而，尽管两者金额相同，但初始计量时仍有必要说明所采用的计量基础。如果后续计量将采用历史成本，则初始计量也采用历史成本通常会更恰当。同理，如果后续计量将采用现行价值，则初始计量也采用现行价值通常会更恰当。这样可以避免初始计量和后续计量之间出现不必要的转换。该处理思路有助于提高可比性、可理解性，同时符合 CF 逻辑一致的要求。

（5）不同价值项目的交换。在双方进行非等价交换时（如交易价格可能会受政党关系、财务压力或一方政党胁迫的影响），采用历史成本计量取得的资产或承担的负债可能无法如实反映收益或费用（para 6.70）；另一种情况是，取得资产或承担负债的同时未支付或获得对价（如作为礼物收到的资产，因违法行为产生支付赔偿金或罚金的负债义务）。对该类资产或负债使用现行价值进行确认较为恰当，同时将差额（与历史成本计量之差）确认为收益或费用。

（6）内部建造的资产。对主体内部购建的资产采用与后续计量一致的计量基础，能够避免不必要的计量基础变动（para 6.72）。例如，对采用历史成本进行后续计量的资产，使用历史成本进行初始计量；对采用现行价值进行后续计量的资产，使用现行价值进行初始计量。在资产竣工当日采用公允价值计量，可以通过竣工时收益费用的确认提供该项建筑物的成本效益信息。因此，计量基础从历史成本转为公允价值可能是合理的。但对于独特的或定制的资产，公允价值可能很难确定。因而，对许多内部购建的资产而言，由此带来的成本可能超出效益。

4. 一个以上相关的计量基础

某些情况下，为了提供资产、负债、收益或费用的相关信息，可能需要采用不止一种计量基础（para 6.74）。据此，为了提高可理解性，建议财务状况表中的资产或负债、财务业绩表中的收益或费用采用单一计量基础，附注中披露的信息采用其他计量基础。

5. 权益计量

财务状况表中列示的权益总额并非直接计量的结果，权益总额等于可辨认资产的账面价值总额与可辨认负债的账面价值总额之差（para 6.78）。由于通用目的财务报告的目标并非反映主体的价值，因此权益总额也不等于：(1) 主体股票的总市场价值；(2) 在可持续经营基础上，整体出售主体可获得的总额；(3) 转移主体所有负债后，出售剩余资产所能获得的总额。值得注意的是，尽管财务报告的设计并非为了反映主体的价值，但可以为投资者和债权人评估主体价值提供一个重要基础。

（七）列报和披露

本部分讨论财务报表的目标和范围、作为信息沟通工具的列报和披露以及财务业绩信息。

1. 财务报表的目标和范围

财务报表的使用范围由目标决定。财务报表作为主体资产、负债、所有者权益、收益和费用的信息载体，可以帮助财务报表使用者评价主体未来现金净流量的前景和管理层对主体资源的受托责任（para 7.2）。这些信息通过确认符合要素定义的项目由财务状况表和财务业绩表以及包括附注在内的财务报表其他部分提供。财务报表其他部分可以提供下列信息：符合要素定义的确认项目；符合要素定义但没有确认的项目；现金流量；所有者的投入和对所有者的分配。财务报表附注的内容包括：确认项目和未确认项目的性质以及由此引起的风险；会计政策、会计估计和会计假设及其变化对财务报表列报和披露金额的影响。若未来交易或事项的前瞻性信息（forward-looking information）提供了主体期末资产、负债、所有者权益或者该期间的收益和费用的相关性信息，即使这些交易或事项没有被确认，也应该包含在财务报表中（para 7.4）。例如，如果一项资产或负债用预计的未来现金流量计量，那么为了理解报告的计量结果，预计未来现金流的信息可能需要体现在财务报表中。

2. 作为信息沟通工具的列报和披露

ED 将财务报表列报和披露视作与信息使用者之间的一种沟通工具（communication tools），体现了财务报表的列报和披露需要满足使用者的信息需求的原则，这对于保护投资者和债权人的财产权利具有重要意义。对财务状况和财务业绩的列报揭示了主体确认资产、负债、所有者权益、收益和费用项目的信息，也披露了与此相关的补充信息和影响投资者决策的信息。运用下列快捷高效的信息沟通手段，有助于提高报表要素的相关性和如实反映水平，提高财务报表的可理解性和可比性（para 7.8）：（1）以结构化方式分类信息，相关项目归类报告，不相关项目分别报告；（2）避免被不必要的细节干扰，汇总反映信息；（3）以列报和披露的目标原则为导向，避免单纯规则的机械化。与前文的逻辑相一致，列报和披露受成本效益原则约束。当然，由于不同的使用者的信息需求具有差异性，如何在满足信息需求实现财务报告目标与维护财务会计的信任功能之间进行平衡，确实需要更多的相关指引。

（1）分类。资产、负债和所有者权益以及收益和费用须基于共同的特征进行分类。这些特征包括项目的性质、在主体交易中的角色以及计量方式（para 7.10）。分类的主要目的是提高信息的相关性和可理解性，因为将不同特征的项目归为一类容易产生误解，降低信息的可理解性，通常也不会生成最有用的财务报表。

（2）汇总。汇总是将具有共同特征的同一类项目合并计算。不同水平的汇总需要体现在财务报表的不同部分（para 7.14）。例如：①更高水平的汇总一般体现在财务状况表和财务业绩表中；②更低水平的汇总通常体现在财务报表附注中。汇总通过总结大量细节数据使得信息更具有用性。然而，汇总也会隐瞒部分细节。因此，有必要在大量不重要细节降低相关性与过度汇总隐瞒关键细节之间寻求平衡。

（3）列报和披露的目标和原则。将明确具体的列报披露目标列入会计准则，有助于主体识别相关信息和决定最高效的信息沟通方式。在制定列报和披露要求时，需要在以下两者之间寻求一个恰当的平衡（para 7.17）：①赋予主体提供相关信息的灵活性，该信息如实反映了主体的资产和负债以及该期间的交易和事项；②列报披露的信息在不同主体或报告期间之间具有可比性。信息的高效沟通应遵循下列原则（para 7.18）：①特定主体的信息要比模板信息、容易获取的表外信息更有用；②财务报表不同部分的信息重述（duplication）一般没有必要，这会降低财务报表的可理解性。

3. 财务业绩信息

为了更高效地沟通财务业绩信息，收益和费用在财务业绩表中被分为损益表（statement of profit or loss）和其他综合收益两大部分（para 7.19）。损益表的目的在于：一是描述主体在会计期间利用经济资源获取的回报；二是提供有助于评估未来现金流量前景和评价管理层有关主体资源的受托责任的信息。因此，损益表中的收益和费用是主体会计期间财务业绩的主要来源。利润或损失的总计或小计提供了主体一段期间内财务业绩的高度汇总。许多使用者利用该信息分析主体的财务业绩、管理层对资源的受托责任，将其作为未来分析的一个起点或将其视为主体会计期间财务业绩的指示器。然而，理解主体会计期间的财务业绩需要对所有确认收益和费用的项目（包括其他综合收益中的收益和费用）以及财务报表中的其他信息进行综合分析。

当一项反映财务状况的资产或负债采用现行价值计量基础，而相关的收益或费用却采用不同的计量基础时，该收益或费用应纳入其他综合收益（para 7.25）。如果收益或费用在某一会计期间纳入其他综合收益，则存在一个假设：当未来某一会计期间纳入财务业绩表中列报会提高信息相关性时，应将该项收益或费用重分类到损益表中列报。这也说明，如果没有一个清晰的基础（basis）来识别未来重分类是否提高财务业绩表信息的相关性，那么该项当前的收益或费用不应该列入其他综合收益。

（八）资本和资本保全的概念

本部分包含的内容由现行 CF 第 4 章修订而来，内容涵盖资本的概念、资本保全的概念和利润的确定以及资本保全的调整。

1. 资本的概念

资本的概念包括资本的财务概念和实物概念两种：在资本的财务概念（如投入的货币或投入的购买力）中，资本与主体的净资产或所有者权益的概念相同；在资本的实物概念（如运营能力）中，资本被认为是主体赖以生存的生产能力，比如每日单位产出（para 8.1）。资本的本质特征就是增值，净资产或所有者权益实质上是一种不确定的剩余财产权利。资本增值就是最大化所有者的财产权利，这与所有者是主体的终极所有者不谋而合。毕竟在资本雇佣劳动的逻辑下，最大化所有者的财产权利是其他利益相关者（如人力资本所有者）分享主体剩余的基础。所以，资本的财务概念体现了资本雇佣劳动的逻辑，也体现了财务资本所有者是主体风险的最终承担者。

一个主体究竟选择哪个资本概念更为合适，取决于财务报表使用者的需求。如果报表使用者主要关心名义投入资本或名义投入资本购买力的保全，那么应该采用资本的财务概念。如果报表使用者主要关心主体的运营能力，则应采用资本的实物概念。绝大多数主体在编制财务报表时都会采用资本的财务概念。原因在于：一是资本的财务概念便于用货币量化，这与财务会计“货币计量”假设相符；二是资本的财务概念可以及时度量并反映所有者财产权利的变化；三是在不存在严重通货膨胀的经济环境中，资本的财务概念与实物概念的度量结果短期基本一致；四是资本的实物概念难以统一量度进行计量，不便于全面体现所有者财产权利的变化。选定的资本概念表明了在确定利润的方式上所需达成的目标，即使在实际操作中会遇到许多计量上的困难。

2. 资本保全的概念和利润的确定

与资本的概念相类似，资本保全包括财务资本保全和实物资本保全（para 8.3）。

（1）财务资本保全。在此概念下，利润的取得来自期末净资产的财务（货币）金额超过期初净资产的财务（货币）金额的部分，并扣除在此期间内向权益持有人分配和接受权益持有人投入的部分。财务资本保全既可以用名义货币单位计量，也可以用一般购买力（constant purchasing power）单位计量。当财务资本保全的概念用名义货币单位来定义时，利润代表了一定期间内名义货币资本的增加。那么在一定期间内所持有资产的价格上升（即持有利得）被视为利润。当财务资本保全的概念用一般购买力单位来定义时，利润代表了一定期间内投入购买力的增加。那么只有资产价格上升超过普遍价格上升的那一部分才被视为利润，其他上升部分当作资本保全调整来处理，作为所有者权益的一部分。

（2）实物资本保全。在此概念下，利润的取得来自期末主体的实物生产能力（或运营能力，或达到既定生产能力所需要耗费的资源或资金）超过期初实物生产能力的部分，并扣除在此期间向权益持有人分配和接受权益持有人投入的部分。影响主体的资产和负债的所有价格变动都被视为主体的实物生产能力的计量发生了改变。因此，这些价格变动当作资本保全调整来处理，作为所有者权益的一部分，而不是利润。

可见，资本保全概念提供了利润如何计量的参考，打通了资本概念与利润概念之间的关联。只有流入的资产超过了所需的资本保全金额才被认为产生了利润（即资本回报）。因此，利润是收益扣除费用（包含适当的资本保全调整）后的余额。对于财务会计而言，因为主要是采用资本的财务概念，所以采用的资本保全概念主要是财务资本保全。资本保全充分体现了主体经营首先要确保所有者财产权利不减少，主体实现的利润表明所有者的财产权利增值（增加），这本身也是主体对社会的重要责任。

值得注意的是，CF 的资本保全理念源于公司法的资本保全原则，旨在落实公司法资本保全原则在主体层面的执行。现代公司法的资本保全原则包括资本确定原则、资本维持原则和资本不变原则。资本确定原则是指公司设立时必须在公司章程中明确规定公司的资本总额，股东依据公司章程按时足额缴纳资本，公司后续增资必须通过股东（大）会履行增资程序，修改公司章程。资本维持原则是指公司在其日常经营过程中应保持与资本额相当的财产，具体体现为：公司成立之后，股东不得撤资；公司禁止折价发行股票；限制价值评估难和权利转移受限风险大的无形资产出资，禁止劳务和信用出资；发起人和股东对出资承担连带认缴责任；按规定提取法定公积金；没有利润不得分配；禁止接受以本公司股份提供的担保。该原则旨在从立法层面防止公司资本实质性减少，保护债权人利益，也防止股东掏空公司（如对利润分配的不当要求）。资本不变原则是指公司资本一经确定不得随意变更，如需增减，必须严格按法定程序进行。增减资本时，公司法一般要求编制财务状况表和财产清单，并通知债权人，债权人拥有要求清偿债务和提供相关担保的权利以应对公司资本减少的事实。可见，CF 中的财务资本保全概念是公司法中资本维持原则在主体层面的贯彻落实，鉴于所有者较债权人一般处于信息优势地位，所以公司法规定的资本保全原则侧重于考虑债权人财产权利的保护。但另一个层面，债权人财产权利的保护须以所有者财产权利的保护为基础，因为现代企业（主体）所有权和经营权分离，如何约束管理层、防范内部人控制、维护所有者的财产权利显得尤为重要。对于财务会计而言，CF 规定的利润生成基于资本保全原则，切实维护了所有者财产权益。上述分析表明，财务会计 CF 中的资本保全是公司法资本保全原则在主体层面的贯彻落实。CF 资本保全和公司法资本保全分别从所有者和债权人维度维护了其财产权益，且前者构成后者实施的基础。以 CF 资本保全理念为指导设计的确认、计量和列报规范，使得财务会计在贯彻落实公司法资本保全原则中处于最基础和最具操作性的地位。

资本保全与计量基础的关系在于：实物资本保全概念要求采用当前的成本计量基础；然而，财务资本保全概念并不要求某个特定的计量基础，计量基础的选择取决于需要保全资本的具体类型。同时，计量基础和资本保全概念的选择决定了编制财务报表时的会计模式（para 8.9）。当前，除非在恶性通货膨胀环境中，IASB 不会有意指定某种特定的会计模式。IASB 对使用何种会计模式将会参照世界经济发展情况而保持复审（reviewed）。若在物价水平变动不大的环境中采用通货膨胀会计核算模式，将增加主体编制报表的成本，不符合成本效益原则，同时会增加市场经济运行成本，降低市场经济效率，最终损害所有者的财产权益。

3. 资本保全的调整

资产和负债的价值重估或重述导致了所有者权益的增加或减少（para 8.10）。虽然这些增加或减少满足了收益和费用的定义，但在特定的资本保全概念下，它们并没有纳入财务业绩表，而是作为资本保全调整或重估价准备纳入所有者权益。这样处理可以清晰地保持利润生成的一致性，保持利润即所有者财产权利的增加的一贯本质，毕竟资产和负债的价值重估或重述并不符合实物资本保全的理念。因此，实物资本保全理念有助于财会人员判断，哪些所有者权益的变动可以进入财务业绩表中的利润，哪些可以进入财务状况表的所有者权益部分。本书的结论是：只有同时符合财务资本保全和实物资本保全理念的所有者权益的增减变动才能计入利润（或损失）。

此外，IASB 提出了新的附录 A 和附录 B，并认为附录是 CF 草案不可或缺的一部分。附录 A 包括以现金流为基础的计量技术、估计值的可能变动和现金流的时间，附录 B 则是词汇解释及索引表。

第 9 章 产权保护、“三域”秩序与会计制度设计

9.1 产权域秩序与“三域”机制：一种新的分析范式

9.1.1 产权保护与人类的相互依赖性：秩序形成逻辑

秩序是一种从内部建立起来的平衡，并非一种从外部强加给社会的压力（Gasset，1927）。在各种人际关系中，一系列具有明确目的的制序的生成是极其复杂却又条理井然的；然而，这既不是刻意设计的结果，也不是创新发明的结果，而是产生于诸多未明确意识到其行为后果的人的各自行为（Hayek，1960）。人们在社会交往的行动过程中经由试错过程和赢者生存的实践以及积累性发展的方式而逐渐形成的社会制序就是自发秩序（韦森，2001），这种显见明确的秩序，并非人的智慧预先设计的产物，因而没有将其归于一种更高级的、超自然的智能设计，它乃是适应性进化的结果（Hayek，1960），即这种秩序是自生自发演进形成的。哈耶克将自发秩序理解为社会成员在相互交往中所表现出来的常规性和一致性，并非社会成员有意建构的一种行为状态。哈耶克自发社会秩序的知识论基础来源于苏格兰道德哲学家、英国古典经济学家的社会理论，以及康德（Kant）的法哲学、道德哲学和认识论。遵循演进理性主义分析进路，其理论要点包括：一是自发秩序不仅可在物理领域出现，而且可在社会领域出现（即自发社会秩序），经济学中一度强调的市场秩序只是自发社会秩序的一个范型，不能将两者画等号；二是在自发社会秩序中，参与人个人间的意图和预期的一致性是其最基础的要素；三是自发社会秩序都生成于各种要素之间的互动。这些要素在特定的环境下受到

某些一般性规则的支配：（1）人们对某些行为规则的普遍遵守；（2）个人对具体情势的调试，即人们普遍遵守的行为规则将决定整个社会秩序的一般性，而个人对具体情势的调试能力又决定了社会秩序的特殊性。显然前者比后者更重要，因为哈耶克认为自发社会秩序能比等级结构组织更好地运用广为分散的实践性知识。当社会秩序是通过允许人们根据自发的意图进行互动的方式（仅受制于平等一致、适用于人人的法律）实现时，人类便拥有了一种自生自发的社会秩序系统。据此可以说，这些个人的努力是通过发挥个人主动性加以协调的，且这种自发的协调又通过其对公益的助益性证明了这种自由的正当性。之所以这些人的行为被认为是自由的，是因为这些个人行为所受制于的强力乃是非人格化的和一般性的，而不是由任何具体命令决定的（Polanyi，1951）。

自发社会秩序的提出主要是为了解决人们在社会交往尤其是市场交易活动中知识的运用和信息的利用难题，即为了解释整个经济活动的秩序是如何实现的。在这个过程中需要运用大量的知识，但这些知识不可能全部集中于单个人的头脑之中，而是作为分立的知识分散于多个人的头脑之中，这种超过单个人的知识储备和信息利用的秩序是不可能像建构主义者所认为的那样被发明的。整体而言，秩序的形成本质上源于人类的相互依赖性，源于人类生存、发展所需交换的财产。如何交换？如何在交换中保护交易双方的产权？能够设计一套有效的规则系统来保护交易者的产权吗？当人类的交换由人际化交易扩大到非人际化交易时，解决有关交换商品的知识运用和信息利用问题就显得尤为困难。这样一来，在制度未设计出来之前，人类通过合作逐渐形成财产交换过程中的个人习惯，当个人习惯被认为是合理的时，习惯本身就具有自我的生发演进能力，会得到其他人的仿效与模仿，从而使得个人财产交换的习惯生发为群体的习俗，进而逐渐演化为平等交换、等价交换的自生自发的交换秩序。这种秩序既然是等价交换，就是平等的、合理的，因而也就对交换双方的产权形成了有效的保护。

9.1.2　产权域秩序与“三域”机制

对内在结构与机理极其错综复杂的人类社会制序理论的探究，可能不是依据哈耶克将社会理论简单理解为“作为人们行动结构或事态的秩序”和“规则系统”两分法的简单叠加，也可能不是像诺斯那样直观地把社会制序理解为“正式规则、非正式约束及两者的实施特征”的集合，而是把社会制序理解为一个从习惯（usage）到习俗（custom）、从习俗到惯例（convention）、从惯例到制度化（systematization）这样一个动态的逻辑演进过程（韦森，2001）。一般认为，习惯是指个人做某事所体现出来的一种重复性活动，其精确定义是：个人在其活动与社会交往中所表现出来的诸多“事态”中的同一性，即在个人行为所呈现出来的“单元事态”中重复的、稳定的和驻存的一种行为事态的轨迹，一种重复出现的个人活动的“单元事态”（韦森，2001）。习惯源自人的本能、经由个人理性计算即有意识选择的结果、模仿他人的行为模式等。一旦个人的重复行为固化为习惯，它就可以使个人所面临的复杂生活境势简单化，摆脱理性计算和有意识的思考。个人的习惯可以不断地向作为社会群体的行为模式之复制的习俗“推进”和“转化”，而这种从个人行为的习惯到作为社会群体的习俗的推进与转化是自发社会秩序生成与演进的重要原因。个人习惯应是社会制序自发型构、演进与变迁的基础和逻辑起点(韦森，2001)。社会习俗是指被社群大部分成员认同且在特定的重复出现的情势中约束人们行为的常规性（Schotter，1981），社会交往中的一种演进稳定性、一种博弈均衡，大致是通过自生自发的路径型构的。习俗一旦生成，就作为一种常规性对社群中的成员形成一种自我强制的约束性，该约束给社群成员一种确定的信息，告诉他应该这样做并有信心预期他本人这样做将从其他人那里获得相同的合作，这本身就是一个社群或社会内部的自发秩序。在该秩序中，人们才会有信心与他人交往，即每个人均自我强制地遵守这种自发秩序，并且也有信心预计到他人也会这样做。正因为如此，人类才从“霍布斯丛林”的野蛮社会过渡到文明社会，文明社会的不断发展归因于人类社会有习俗这种自发社会秩序的维系。作为自发社会秩序的习俗是社会（包括经济体系和市场本身）运行的基础，或者说是社会之成为社会，经济之成为经济，以及市场之成为市场的“逻辑坐标”（Wittgenstein，1921）。当一种习俗在一个社群或社会中驻存一段时间之后，一方面，它会向人们的心理层面推进，从而在人们的社会心理层面沉淀下来成为一种社会规范（social norms）；另一方面，它也会向习俗内部推进，从而“硬化”为一种惯例。惯例是在人们的社会生活与交往中（尤其是在市场经济的运行过程中）较长时间驻存并对人们的行为有较强约束、规制与调控力的一种显俗（韦森，2001）。习俗演进为社会规范的原因在于，人们在相互交往中会形成一种更强、更有信心的他人遵从这一习俗的预期，反过来人们发现，人人遵从这一习俗符合自己的利益，这种双向强化的反馈机制将习俗固化为一种社会规范。习俗和社会规范均是人们经济交往活动的常规性约束，是维系市场运行的基础。惯例作为一种显俗决定了其在市场型构与运行中的重要作用。商业信用、行业标准、契约的标准形式、会计和审计标准程序等惯例形式渗透到现代市场经济体系的运行之中。惯例在市场运行中的功能在于：一是作为市场运行的保障机制、自动平衡与规制系统；二是设定人们活动与交往的界限，维系和规制人们的活动与交往的秩序，不断给有序交易者提供当事人的确定信息；三是节省市场运行的交易费用；四是影响和型构（mould）市场参与者未来的行为模式；五是构成人类社会变迁的“基因”；六是作为法庭仲裁的基础或依据。

劳动生产力上最大的增进，以及运用劳动时所表现的更大的熟练、技巧和判断力，似乎都是分工的结果（Smith，1981）。分工和专业化极大地提高了生产力，实现了市场的扩张与统一以及生产要素的有效集中和配置，其经济性表现为生产费用的节约，严格地说是单位生产费用的节省。从社会角度看，财富的创造及其效用的最终表现，必然需经生产活动和交易活动来共同作用。分工与专业化的发展、市场规模的扩大以及人类的多样化需求，使得商品的交易更加频繁。商品的交换本质上是一种财产权利的交换。交换双方作为市场参与者均具有“经济人”特性，即在市场交易中尽力实现自身利益的最大化，这也是个人主义行为的应然要求。那么如何使交易顺利进行，并形成交换双方的习惯呢？交换的一方想最大化自身的交换利益，另一方也有相同的想法，这本身就是一对矛盾，最后为了交易成功，双方必然进行讨价还价式谈判，谈判成功之后交易顺利进行，这时交换双方都在掂量自己的财产交换是否公平合理，若自己评估之后发现存在贱卖或买亏的情形，那么交易双方在下一次的财产交换中还将重新谈判，上一次的交易并未形成下一次交易的“习惯”，直至双方评估后发现买卖价格是合理的即等价交换，那么双方的该类财产的定价交易，才会成为下一次同类财产交易定价的“模板”，形成习惯。简言之，只有财产权利的等价交换才能形成交易双方的交换习惯。随着市场规模扩大和交易活动频繁，等价交换的习惯从个人行为逐渐生发至群体或社会的习俗，经过长时间驻存和播化之后，等价交换的习俗就硬化为惯例，形成社会规范。

当财产转化为资本时，就具有本能的逐利性，这与个人的功利主义是一脉相承的，产权主体对其拥有的财产进行投资，目的就是通过提高自己产权份额绝对量的增长以提高或至少不降低其在社会总的产权份额中的比重。就单个产权主体而言，他将以个人利益最大化为价值取向。整个社会将因此处于无序状态，产权主体之间非合作冲突摩擦会增加交易成本，降低经济运行效率。为了减少共同的产权利益受损引致的个人损失，各产权主体必须进行合作，放弃以个人利益最大化为价值标准的投资行为。合作的基础是所有的产权主体本着等价交换的习俗、惯例或社会规范来确定各自投入的价值量以及各自占有的投资比例，据此承担对应的风险并分享相应的收益（分到多少蛋糕）。这样，所有的产权主体就成为该合作投资的利益相关者，一种自生自发的投资秩序就形成了。隐藏在投资秩序背后的更为本质的则是一种伴生着“价值流”和“权利流”份额及比重的产权界区，我们称之为“产权域秩序”。产权域秩序是不同的产权主体以其所投入的资源为依据而对分享产权界区内价值流和权利流的份额及比重进行冲突与协调的结果，是产权博弈过程中的动态均衡。它体现了产权主体之间的权责利制衡关系（产权安排），是一种自生自发的秩序，具有动态性。它也是一种由重复非合作博弈向合作博弈演进过程中个人理性与集体理性之间的博弈均衡。产权域秩序中的利益分配机制包括投资规模和投资结构两个决定因素。前者决定了产权域秩序边界的广延度（蛋糕本身的大小）；后者决定了各产权主体在既定投资规模下所分享价值流和权利流的比重（分到多少蛋糕）。产权域秩序作为一种自发社会秩序，其生成也需经历最初的产权主体的习惯，习惯在类似的情势中重复出现，播化为群体或社会的习俗，习俗经长时间驻存形成稳定的预期之后，硬化为产权惯例，形成社会产权规范。

各产权主体投资形成的产权域秩序在会计上如何反映？这就必然涉及计量问题。资产计价和收益决定是会计的两大主要问题。各产权主体在进行合作投资的前后，资产计价和收益决定是其博弈的重要内容。为维持产权域秩序，最佳的计量属性应采用价值计量，即用未来现金流量的现值计量。而公允价值就是基于现值和价值的会计计量（谢诗芬，2004）。理论上讲，资产计价和收益决定应采用全面的公允价值计量。这是各产权主体之间由非合作博弈（冲突）转向合作博弈（协调）的基础。奠基于产权域秩序，各产权主体关于财产（资产）和收益计量及其相关信息披露等内容的产权博弈结果就自生自发地形成了会计域秩序。会计域秩序是利益相关者以其所投资的资源为依据而进行的利益冲突与协调的结果（吴联生，2003）。其实，审计的本质也是外部性内部化，审计的职能主要是“二次式”保护产权。内部化外部性需要会计与审计共同效力。会计规则是经营者行为约束的重要组成部分，也是基础性的，但并非全部。大量的利润操纵案例表明，保护产权离不开审计。于是各产权主体为了达到切实控制经营者行为的目的，通过监督和惩罚机制的设置来维持会计域秩序进而维持产权域秩序，需要进行互动。互动的结果是在以会计为基础的监督方面达成一致，这就形成了审计域秩序。审计域秩序就是利益相关者之间在审计监督过程中进行博弈所达到的纳什均衡（吴联生，2003）。本书认为，产权保护的实质就是维持产权域秩序，以便向产权主体提供稳定预期，毕竟产权的稳定性是产权效率的源泉。

总之，从“三域”秩序（产权域秩序、会计域秩序和审计域秩序）的形成逻辑看，它们具有紧密的联系：一方面，产权域秩序是基础，是本原；会计域秩序和审计域秩序都是在产权域秩序的基础上构建的，是衍生的。另一方面，产权域秩序决定会计域秩序和审计域秩序；会计域秩序和审计域秩序又反过来维护产权域秩序；会计域秩序直接指导审计域秩序的建立。“三域”秩序都是自生自发的动态秩序。产权域秩序处于统驭地位，会计域秩序和审计域秩序处于从属地位；产权域秩序与会计域秩序、审计域秩序之间，以及会计域秩序与审计域秩序之间相互联结、相互影响、相互促进，形成了以产权域秩序为核心的互动机制。我们称其为“三域”机制。产权域秩序与“三域”机制均是以结果理性标准为指导思想建构的概念，这为全面分析会计审计信息失真及内部化信息失真引致的负外部性提供了一种新的分析范式。

9.2　会计制度设计的产权逻辑：“三域”机制观

9.2.1　最优会计制度设计原则与实施细则

法律、惯例与习俗属于同一连续体，其间的互相转化是难能辨识的（Weber，1978）。在人类社会的制序内部，无论是人类历史上的文明社会还是当前的现代社会，实际上均进行或发生着从个人的习惯到群体的习俗，从习俗到惯例，从惯例到法律规则这一动态演进过程，如图 9—1 所示。

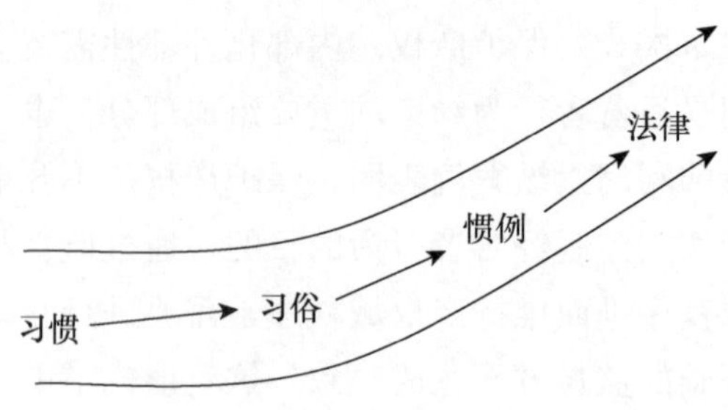

图 9—1 法律规则演进逻辑路径图

这种演进过程，既昭示了人类诸文明社会的制序演进轨迹，又构成了当代任何一个社会即时现地的社会制序之实存（韦森，2001)。法律的目的不是取消或限制自由，而是维护和扩大自由（Locke，1997)，即法律是依凭某种规则来达到一安全且自由的领域。进步社会的运动，迄今为止，始终是一个从身份到契约的运动（Maine，1861)。身份观念即指个人在社会中占据的地位观念。在该观念中，适用的规则并不具有一般性，而是指向特定的个人或群体，并赋予其特殊的权利和义务，这种观念下的资源配置规则就是所谓的等级规则或称为基于职位的权利体制，权利主体拥有的权利具有松散性，不具有排他性，服从政权变更。权利主体一般具有自由变更权利的裁量权，因而，身份观念一般使得寻租行为盛行，引致分配性努力的增加，个人收益率与社会收益率不一致，不利于社会经济健康发展。与身份对应的契约之治，乃是一般性的、平等适用的法律之治，即人人拥有平等的权利和义务，该观念下的资源配置规则即为产权规则，或称为基于财产的权利体制，该体制下财产权利通常被法律予以明确界定并得到强制性保护。契约观念遏制了寻租，促进了生产性努力的增加，使得个人收益率与社会收益率趋于一致，助推经济增长。因而，一般的市场经济国家均坚持利用产权规则来配置资源，发展经济。从运转机制上说，那些存在至今的市场需要更多的交易赖以发生的物质设施，也需要建立健全主导交易主体权利与义务的法律规则（Coase，2009)。会计作为资源配置的“信号灯”具有界定产权和保护产权功能，在资源配置中处于最基础、最重要和最具操作性的地位。财产交换中的等价交换以及财产交换结果均需会计提供最基础的价值数据信息，进而成为交换的依据、交换范围扩大的助推器，这实际上就是自发会计域秩序要达成的目标。那么，最优的会计制度设计原则是什么？合乎逻辑地，最优会计制度应遵循如下演进路径：

会计习惯→会计习俗→会计惯例→会计制度

其中，“会计习惯→会计习俗→会计惯例”均属于自发会计域秩序范畴，“会计制度”则属于人类合作的扩展秩序，是一种人造秩序。根据最优的人造秩序是遵从自发秩序的理论逻辑，最优会计制度设计原则是“会计制度完全遵从或重叠于会计域秩序”，两者不存在任何偏离，如图 9—2 所示。

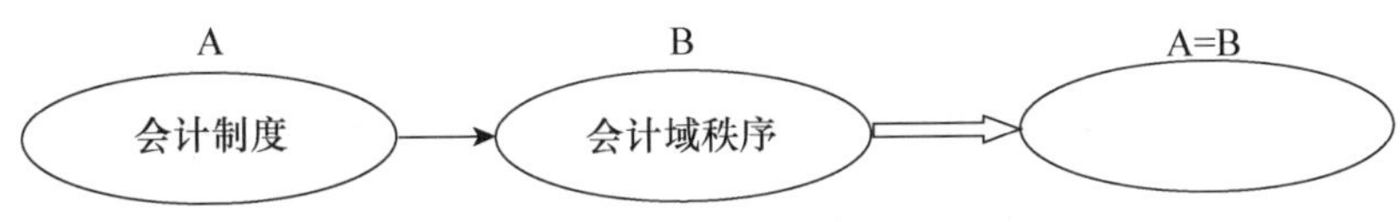

图 9—2　最优会计制度设计原则逻辑

若 A 代表会计制度界定的财产权利价值量，B 代表会计域秩序界定的财产权利价值量，那么最优的会计制度设计原则是使得 A 向 B 趋近、吻合以至最终 A 与 B 重合。只有这样才能完整、清晰、准确地界定产权主体的财产权利，并有效保护其产权利益。

现实中，最优会计制度设计原则的实施细则是什么？

（1）对于通用财权，应以规则导向为基础设计会计制度；对于剩余财权，应以原则导向为基础设计会计制度。现代会计对象是财权流，财权可以划分为通用财权和剩余财权两个部分，其中，通用财权是指能够用合同准确规定、具有固定或可确定性、价值变动风险小的财权，此外的财权则属于剩余财权。通用财权能够用具体的符合惯例的会计条款来规制，因而具有公允性和合理性，可以完全与会计域秩序中的通用财权重合，符合最优设计的基本原则。剩余财权难以用具体规则来清晰地界定，所以应坚持原则导向来趋近会计域秩序。若强行使用规则基础，将导致会计制度对会计域秩序的更大偏离。因为如果违背产权主体的意愿采用规则基础界定剩余财权，一种刚性的产权就不可能形成并驻存，也就不可能准确界定剩余财权并有效保护产权主体的财产权益。在此情形下，会计制度应设计一些原则性条款让会计主体根据经济实质来选择相应的产权界定方法，因为会计的根本任务是反映经济真实，这也是会计信息质量要求中实质重于形式的基本内涵。

（2）当然，现实中，一种财权通常是通用财权与剩余财权的混合体。完全的通用财权和完全的剩余财权在现实中是非常罕见的。根据上述（1）理论上的实施细则，可以逻辑推导出现实中更具操作性和针对性的第二层次的实施细则，那就是：①若此财权中通用财权占主导，则会计制度设计应坚持“规则基础为主，原则基础为辅”；②若此财权中剩余财权占主导，则会计制度设计应坚持“原则基础为主，规则基础为辅”。只有这样才能将最优会计制度设计原则落到实处，从而最大限度地清晰界定产权、有效保护产权，使得个人收益率与社会收益率趋于一致，促进生产性努力的增长，助推经济发展，彰显会计在市场经济体系中的基础性地位。

9.2.2 统一会计制度形成的产权基础：从自发秩序到人造秩序

从前文可知，习俗作为人们从事经济活动中所表现出来的一种事态、情形、演进博弈稳定性和社会博弈均衡，本质上是一种自发社会秩序。惯例作为一种显俗，是从习俗中沉淀并硬化的博弈规则。当由诸多社会博弈者所构成的动态博弈中某部分人采取了反习俗的策略选择，从而引致整个群体的某些人甚至绝大部分人的福利损失时，社群或社会总会自发地产生出一些强制机构或第三者来维护这种自发社会秩序，监督并强制每个人都按照某种习俗作策略选择，同时惩戒那些采取违反习俗、打破惯例的策略选择的人（韦森，2001）。当一个社会或社群中产生一些强制性构成或第三者来维护自发秩序时，即监督个人在特定习俗中的社会策略选择时，此时的惯例规则就演化为习俗法。习俗法的实施机制在于拥有一种社会权威机构或作为“主权者”的第三者维护、监督并惩戒那些反习俗、破惯例的社会策略选择者的社会机制，尽管有时习俗法规则未经正式立法机构用法律条文规定下来。法律并不是由立法者以专断刻意的方式制定出来的东西，它深植于一个民族的历史之中，其真正源泉是人们的普遍信念、习俗和民族的共同意识，每个民族有传统和习俗，对其不断运用则逐渐演化为法律（Savigny，1831）。习俗法是一个民族的共同信念最真实的表示，它高于制定法，制定法只有在体现民族的习俗和惯例时才是有用的（Puchta，1887）。

依此逻辑，不同的民族应该存在各自的习俗和惯例，那么对于财产权利的计量和财产收益的决定而言，各民族均有自己的会计习俗和惯例。可能各民族受社会经济环境和文化传统影响，会计习惯、习俗和惯例存在一定的差异，例如中国受传统社会礼乐文化精神影响，在未经资本主义充分发展之后就引进并建构了中国特色的行政控制经济，再从行政控制经济过渡到中国特色的社会主义市场经济。在我们的民族意识中，历来就缺乏尊重他人产权和民主观念，难以形成良序的市场经济。中国的市场化改革旨在确立市场经济运行的基本逻辑，即如果一个人想得到幸福，他必须首先使别人幸福。市场的这一逻辑把个人对财富和幸福的追求转化为创造社会财富和推动社会进步的动力（张维迎，2010）。但是，所有市场经济的基本特征是：竞争为他人创造价值和非人际化的等价交换。也就是说市场经济国家还是具有共性的，其中，等价交换也是不同会计习俗和惯例的共同点所在。为了等价交换，如何测度财产价值？能够成为会计习俗的是按照价值计量基础来确定财产价值，即在现实中采用公允价值来计量资产，因为公允价值是基于市场脱手价格的一种最近似的价值计量。若公允价值不能可靠取得，考虑到反映经济真实对可靠性的强制要求，则采用历史成本计量基础来近似替代公允价值计量基础。另外，现代会计采用“货币计量，币值稳定”假设和“权责发生制基础”也是一种会计惯例。每个国家可能由不同的民族构成，那么不同民族之间资产计价和收益决定的会计习俗与惯例所具有的共性就成为国家会计习俗与惯例，这种国家层面的会计惯例规则就成为国家统一会计制度的基础。从世界范围来看，只要是实行市场经济的国家，其会计习俗与惯例中的共同特性也就成为世界统一会计制度（即国际财务报告准则（IFRS））的基础。当然，这些统一会计制度所依赖的会计习俗和会计惯例，其共同特征的产权基础在于“准确界定产权、等价交换产权和有效保护产权”。当然，这种产权基础根源于人类的相互依赖性和合作激励的意识形态。由产权基础决定，具有共性的会计习俗和会计惯例的逐渐演化，形成会计的社会规范，并制度化为统一会计制度，这是会计从一个自发秩序到扩展秩序的演进过程，最终形成的统一会计制度就是一种人造秩序。人造秩序的有效性在于遵从自发社会秩序的程度，即会计制度对会计域秩序的遵从程度。

9.2.3　最优会计准则制定权安排：交易成本观点

整体而言，会计准则制定有两种基本模式：一是由民间职业团体制定；二是由政府或立法机构制定。

支持由民间职业团体制定会计准则的理由有：（1）可充分利用职业团体专业知识和资源，保证准则制定内在逻辑一致；（2）可避免准则因政府政策多变而反复变更，破坏准则逻辑一致，降低信息质量；（3）可避免要求准则遵循法规的高遵循成本；（4）可避免政府更替或政治化而导致特定会计准则难产或流产；（5）可避免准则制定过分严格或机械而导致缺乏职业判断。

支持由政府或立法机构制定会计准则的理由是：（1）可避免会计准则袒护大企业集团利益，因为大企业往往是会计职业团体的大客户；（2）可保证会计准则的权威性、强制性及贯彻实施；（3）可避免民间团体采用过长的“应循程序”导致准则项目落后于会计实践的情形；（4）可平衡不同利益集团的需要，实现公共政策目标。

当然也有学者主张，理想的会计准则制定模式是民间职业团体与政府力量的结合。比如，加拿大特许会计师协会（Canadian Institute of Chartered Accountants，CICA）负责制定加拿大会计准则（CICA 推荐书），但由有关法律（公司法或证券法规）直接予以确认，从而使得会计准则成为“准法律”，可提高准则的权威性和实施的有效性。

按照人类会计准则发展史由会计习惯到会计习俗，由会计习俗到会计惯例，再由会计惯例到会计制度（会计准则）的演进逻辑，要实现最优会计制度设计原则，最优的会计准则制定模式应以民间职业团体为主体。因为民间职业团体具有丰富的会计实践经验，能够准确把握一个国家的会计惯例，由其制定的准则可以完整呈现会计惯例，而会计惯例又是会计域秩序形成的基本依据，这样可以实现会计准则与会计域秩序的完美重叠，有助于产权主体的产权保护。然而，现实中最优会计准则制定模式的选择既受产权保护约束，也受交易成本约束，需要在产权保护与交易费用之间寻求平衡，而这又取决于不同的社会秩序类型。诺斯等（2007）将人类社会秩序划分为原始社会秩序、有限进入社会秩序和开放进入社会秩序三类。其中，原始社会秩序是指人类的狩猎、捕鱼和采集野生食物为生阶段的早期社会，与有限进入社会秩序相匹配的政治体制是一种“自然国”（natural states），与开放进入社会秩序相匹配的政治体制则是一种稳定的宪政民主政体。目前世界上大多数国家处于有限进入社会秩序阶段，只有少数发达资本主义国家进入了开放进入社会秩序阶段。在有限进入社会秩序中，政治与经济紧密结合在一起，国家设定有限的进入而创造经济租金，而这些经济租金又被社会精英阶层用来支撑现存政治体制和维系社会秩序，政府是经济中最重要的参与者，其基本特征是不断创造出有限地进入一些有特殊价值的权利和活动的特权，而这些特权又为国家内部的一些政治和军事精英及其集团所维系和享有，从而产权的发生和法律制度亦为精英的权利所界定。这必然导致政府行政控制经济，使得非精英无法信任国家所作出的保护其权利的承诺。尽管存在所谓的产权法律体系，但由于没有市场参与者的自觉遵守，一种刚性的产权就不可能形成并驻存。自然国限制进入和排斥竞争者，致使那些能协调民众反对政府的组织难以形成并受到严格限制。相反，在开放进入社会秩序中，政治竞争实际上要求众多大量的、复杂的和良好组织的利益群体的存在，以至于在任何政治制度存在的条件下，他们均能有效地相互竞争，这才使可持续的竞争民主成为可能。在该秩序中，政府为民众建立了信誉，形成的产权法律体系可以有效实施，使一种刚性的产权结构得以生发，民众的个人权利和财产权利得到有效保护，社会进入良序市场经济运行。毫无疑义，在开放进入社会秩序中，存在活跃的会计职业团体，因而采用民间职业团体准则制定模式是最优选择。而在有限进入社会秩序中，民间会计职业团体可能存在且不活跃，也可能存在且比较活跃，还有一种可能是民间会计职业团体不存在。即存在以下三种情形（见图9—3）：

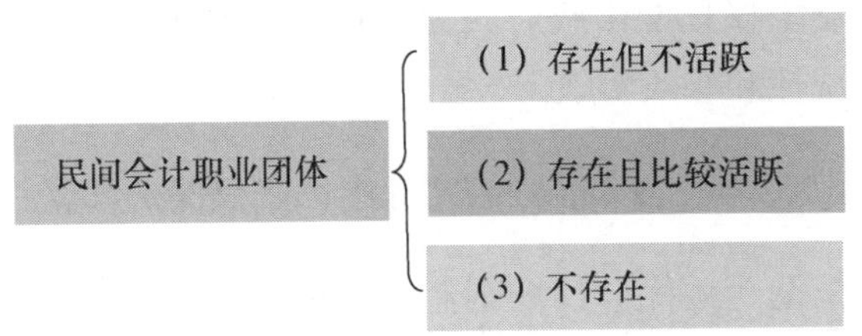

图9—3　有限进入社会秩序中民间会计职业团体实存状态

第一种情形下，该类秩序中的国家可能正处于行政控制型经济向市场经济过渡的进程中或处于市场经济发展的初级阶段。在这类国家中与现代市场经济相关的会计习惯、会计习俗和会计惯例并未得到充分发育，民间会计职业团体难以担当制定准则的重任，因为受交易成本约束，它可能无法准确搜集有关会计习俗和会计惯例的相关信息，即便能够准确搜集信息，也可能因缺乏权威性难以获得政府和会计实务界的支持。政府为了加快推进市场经济建设，可以借鉴开放进入社会秩序中的准则范本，结合本国国情进行调整来快速制定会计准则，这可以大大节省准则制定成本。此外，该类准则因获得政府支持而具有权威性，有利于贯彻实施，也就是说，政府或立法机构制定可以降低准则实施成本。那么，如何保证制定的准则符合最优会计制度设计原则？实际上，市场经济国家的会计实务具有很大的共性，而特殊性成分相对较少，因而借鉴发达资本市场国家会计准则范本，再结合本国国情进行一定的调整是完全可以确保最优会计制度设计原则的实现的。

第二种情形下，该类秩序中的国家一般处于市场经济发展相对比较成熟的阶段，即进入市场经济发展的中级阶段。在该类市场经济国家中，会计习惯、习俗和惯例得到较为充分的发育，民间会计职业团体存在且比较活跃，因而具有较高的权威性，当然它也害怕失去政府支持而丧失准则制定权。对于政府而言，既然存在比较活跃的民间职业团体，要是自己亲自制定，可能遭到会计职业界的强烈反对，若支持民间会计职业团体制定，则可以向民众树立自己的信誉，且有利于准则有效实施。政府从节省交易成本和保护产权主体财产权益出发，将选择支持民间会计职业团体来制定准则，而由自己予以直接确认，提高准则的权威性，赋予其一定的法律地位。

第三种情形下，该类秩序中的国家一般处于行政控制型经济中，会计习惯、会计习俗和会计惯例的发展很不充分，民间会计职业团体不存在，那么准则制定权只能由政府或立法机构来行使。只有政府制定准则才能确保其权威性和有效实施。

9.2.4　会计准则制定程序：产权保护观点

各个国家依据“最优会计准则制定权安排”的逻辑，选择适合本国的准则制定模式之后，如何确保制定的准则符合最优会计制度设计原则？这就必然涉及会计准则的制定程序问题。准则的制定程序旨在确保制定的准则遵从会计域秩序，维护产权域秩序，保护利益相关者的产权，即从程序上确保高质量会计准则的构建。会计习惯、会计习俗和会计惯例都是人们在会计实践中总结、提炼和生发出来的自发秩序，因而会计准则制定程序必须将会计实践中形成会计惯例的参与者（即产权主体）纳入准则制定中，才可能制定出遵从会计域秩序的会计准则。也只有这样，会计准则才能不偏不倚地反映会计域秩序。然而，由于人类的有限理性和交易成本约束，会计惯例形成过程中的参与者不可能全部纳入准则制定过程，即使纳入进来，也可能存在利益集团之间的冲突与协调问题。这就决定了会计准则不可能完全遵从会计域秩序，即与会计域秩序重合。现实中我们要做的就是设计一套程序以实现会计准则对会计域秩序的高度遵从。我国会计准则制定权属于财政部会计司，由其负责草拟会计准则，实行项目起草负责制，草拟的准则分为讨论稿、征求意见稿、草案和送审稿。准则制定过程分为立项、起草、公开征求意见和发布四个阶段。财政部会计准则委员会是我国会计准则制定的咨询机构，现有委员 31 名，聘请了 160 名咨询专家，分别来自政府有关部门、会计理论界、会计中介机构、会计职业团体、证券交易所和企业界，具有广泛的代表性。

在美国，从 1973 年开始，FASB 就是企业会计准则的制定机构，它是一个民间会计职业团体，其制定的准则由 SEC 和美国注册会计师协会官方确认其权威性。尽管按照 1934 年的证券交易法，SEC 有权制定财务报告准则，但截至目前，该权利一直未行使，而是交由 FASB，因为 FASB 制定的准则显示出其履行符合公众利益的责任的能力。FASB 是独立于所有其他商业组织和职业组织的结构中的一部分，这个结构包括财务会计基金会（Financial Accounting Foundation，FAF）、财务会计准则委员会（FASB）、财务会计准则咨询委员会（Financial Accounting Standards Advisory Council，FASAC）、政府会计准则委员会（Governmental Accounting Standards Board，GASB）和政府会计准则咨询委员会（Governmental Accounting Standards Advisory Council，GASAC）。FASB 理事会成员由 FAF 委托人任命 7 名全职人员担任，他们最长可获任两个 5 年期，另有 60 多名工作人员。理事会成员和工作人员的构成考虑了投资者、其他信息使用者和公众利益，要求成员具有投资、会计、财务、商业、会计教育与研究等知识储备和经验背景。

制定准则的程序规则包括：①FASB 的使命，如何达到使命，指导理事会准则制定活动的相关原则；②FASB 运转的组织；③FASB 的运作程序，包括主席的责任、FASB 技术人员构成、咨询委员会的角色、应循程序中公众论坛的角色；④多样化的沟通交流形式，包括会计准则修改的形式与内容、征求意见稿和概念公告；⑤FASB 会议协议和投票要求；⑥向社会公众公开与准则相关的公告和其他相关信息。

依此程序规则，制定准则的具体程序是：①理事会从利益相关者或其他相关方的要求或建议中识别出一个财务报告问题；②FASB 主席向理事会成员和其他合适的人员咨询后决定是否增加一个项目至技术议程；③理事会在一个或多个公开会议上审议由工作人员识别和分析的问题的各种报告；④理事会发布征求意见稿，广泛征求利益相关者的意见，在一些项目中，理事会可能在一个项目的早期阶段发布讨论稿来获取利益相关者的意见；⑤如果需要，理事会会举行针对征求意见稿的公众圆桌会议；⑥工作人员分析评论回函、公众圆桌讨论意见和其他通过应循程序获取的任何信息，理事会在一个或多个公开会议上再次推敲建议的准则条文，仔细考虑收到的利益相关者的意见；⑦理事会发布一项新的或修订的会计准则并描述对会计准则编纂的修订。

从美国FASB发展和修订准则的程序规则和具体程序可以看出，美国制定的会计准则之所以被认为是高质量的，是因为其制定和修订准则的程序从立项至颁布过程中一环扣一环，充分体现了吸纳利益相关者意见的精神。这有利于保护利益相关者的产权，也能激发利益相关者参与准则制定过程的积极性。IASB是IFRS基金会中独立的准则制定机构，它的成员（目前由15名全职人员组成）负责发展和发布IFRS，包括中小型企业IFRS（目前发布的又称为“中小企业会计准则”），并支持IFRS解释委员会发布的IFRS解释公告。IASB的所有会议都是公开的并且网上直播。IASB为了履行其准则制定义务，对其颁布的所有咨询文件（例如讨论稿和征求意见稿）都遵循着一个彻底、公开和透明的应循程序，因为公众的评论是准则制定过程中一个非常重要的组成部分。IASB与世界范围内的利益相关者（包括投资者、分析师、监管机构、商界企业家、各国会计准则制定者和会计职业界）保持着紧密联系。IASB的这种应循程序是IFRS的生命力所在，是保证IFRS高质量的关键。因为这种准则制定程序能够将世界范围内市场经济国家会计惯例中的共性部分吸纳到准则中，这样制定出来的准则才能够有效保护利益相关者的产权。总之，会计准则制定程序的科学性是确保会计准则遵从会计域秩序程度的关键，也是高质量会计准则的关键。

9.2.5 会计对称、非对称异象与信息质量：来自中国CAS的证据

当我们建立了内部逻辑一致、首尾一贯的CF之后，实际上就确立了制定具体会计准则的依据，所有的准则都必须依据CF来制定，这就要求整个准则体系和具体准则的条款之间保持对称性，只有这样才能确保制定的会计准则高度遵从会计域秩序。会计对称是会计主体在记录经济交易、反映财务状况方面具有的内部和外部信息的一一对应关系（赵西卜，2004），包括会计确认与计量的对等性和信息披露的对等性：前者解决反映经济真实问题，后者解决充分披露问题。会计确认与计量方面的对称性按照是单个会计主体内部的交易还是多个会计主体之间的交易，划分为内部对称和外部对称：前者是指对同一会计主体内部的同类业务和对应业务（反向业务）应采用对称会计处理方法；后者是指多个会计主体

之间的交易，其会计确认和计量要满足权利义务对等、依据相同、时间一致、科目对应、金额相等和解释对应。同一性质、内容的交易与事项的会计处理，原则上应采用相同的会计处理方法，如果采用相异的方法，将违背会计的基本原则，引起会计核算的混乱（赵西卜等，2012）。会计对称实质上就是指一致性，既包括会计准则体系的一致性，也包括会计准则条款规范的会计处理方法的一致性。对我们国家而言，会计准则体系的一致性表现为“基本准则→具体准则→应用指南→解释公告”的一致性，也就是说，后者是对前者的细化、补充，前者是后者的依据。国际财务报告准则体系遵从“编报财务报表的框架→国际财务报告准则→解释公告”的演进路径，体现了一致性要求。而准则条款规范的会计处理方法的一致性是指对企业过去的交易或事项要按照权利义务对等的要求来进行确认与计量。所以，会计对称需涵盖会计准则体系对称与会计准则条款对称两个部分。若不满足对称性的基本要求，就会出现非对称异象。非对称异象会损害会计信息质量，降低会计准则对会计域秩序的遵从度，这是完善会计准则体系需重点关注的重大问题。

针对会计对称的基本原理，我们发现2006年颁布的企业会计准则体系中存在大量的不对称现象，这极大地降低了会计信息本身的质量。然而，在我国新兴资本市场不完善的情况下，这或许是应对会计信息违规性失真、降低交易费用的权宜之计。如何看待现行准则的不对称现象对信息质量的影响，需要坚持客观真实性这一评价标准，我们拟进行后续研究。

目前，我国会计准则条款中的非对称异象主要反映在以下方面。

1. 金融资产

（1）购入交易性金融资产的手续费直接计入当期损益，而持有至到期投资、可供出售金融资产的手续费需计入成本。

（2）金融资产公允价值变动：交易性金融资产公允价值变动形成的利得或损失直接计入当期损益（公允价值变动损益）；可供出售金融资产公允价值变动形成的利得或损失，除减值损失和外币货币性金融资产形成的汇兑差额外，直接计入其他综合收益。

（3）金融资产或金融负债的重分类：一般情况下，企业将尚未到期的某项持有的投资在本会计年度内重分类为可供出售的金融资产（条件是处置的持有至到期投资占处置前总额较大比例），在本会计年度及以后两个完整的会计年度内不得再将该金融资产划为持有至到期投资。以公允价值计量且其变动计入当期损益的金融资产或金融负债，不得重分类为其他类型金融资产或金融负债。

（4）金融资产的减值：对以摊余成本计量的金融资产确认减值损失后，如果有客观证据表明该金融资产价值已恢复，且客观上与确认该损失后发生的事项有关（如债务人的信用评级已提高等），原确认的减值损失应当予以转回，计入当期损益。但转回后的账面价值不得超过假定不计提减值准备情况下该金融资产在转回日的摊余成本。权益性的可供出售金融资产发生减值时，不得通过损益转回，而要通过其他综合收益转回。

2. 固定资产与无形资产

（1）盘盈固定资产，按前期会计差错处理；盘亏固定资产，计入当期营业外支出。

（2）固定资产从购入下月开始提折旧，无形资产从购入当月开始摊销。

（3）固定资产、无形资产计提减值准备后若价值回升，则不能转回，即在会计确认时，只确认损失，不确认收益。

3. 长期股权投资与企业合并

（1）以企业合并方式取得的长期股权投资所发生的审计费、咨询费、评估费等直接相关税费直接计入当期损益，而以企业合并以外其他方式取得的长期股权投资，该类直接相关税费则计入取得长期股权投资的成本。

（2）以企业合并以外其他方式取得的长期股权投资：以支付现金方式取得的长期股权投资，购买过程中支付的相关费用，计入初始投资成本；以发行权益性证券方式取得的长期股权投资，与发行相关的直接费用，不构成初始投资成本，应自权益性证券的溢价发行收入中扣除，权益性证券的溢价不足冲减的，应冲减盈余公积和未分配利润。

（3）当成本法转换为权益法时，需要进行追溯调整；而权益法转换为成本法时，不需要追溯调整。

（4）长期股权投资减值：长期股权投资账面价值低于可收回金额，不计提减值，高于可收回金额的差额计提减值准备，之后发生升值迹象减值不得转回。

（5）在用权益法时，当初始投资成本超过应享有被投资单位可辨认净资产公允价值的份额时，不作处理；当初始投资成本小于应享有被投资单位可辨认净资产公允价值的份额时，差额计入营业外收入。

（6）非同一控制下企业合并成本与合并中取得的被购买方可辨认净资产公允价值份额的差额的会计处理。合并成本大于合并中取得的被购买方可辨认净资产公允价值份额的差额，确认为商誉；若小于，则应当按照下列规定处理：首先对取得的被购买方各项可辨认资产、负债及或有负债的公允价值以及合并成本进行复核；经复核后合并成本仍小于被购买方可辨认净资产公允价值份额的，差额部分计入当期损益。

4. 商誉

（1）商誉减值处理：①正商誉在取得日分摊到购买方的每一现金产出单元或现金产出单元组合，并于每个会计年度末进行减值测试；②负商誉不分摊入账，而且全部计入营业外收入。

（2）企业合并确认商誉时，只确认正商誉而不确认负商誉；负商誉计入营业外收入。

5. 投资性房地产

（1）投资性房地产可以从成本模式转变为公允价值模式，但是不能从公允价值模式再转为成本模式。

（2）自用房地产转换为投资性房地产时，在转换日投资性房地产的公允价值小于账面价值的，差额借记“公允价值变动损益”；在转换日投资性房地产的公允价值大于账面价值的，差额贷记“其他综合收益”。

6. 借款费用

企业为构建或生产符合资本化条件的资产所借入的专门借款为外币借款时，资本化期间内，外币专门借款本金及其利息的汇兑差额须资本化，而除外币专门借款之外的其他外币借款本金及其利息所产生的汇兑差额应当计入财务费用。

7. 债务重组

（1）债务重组收益冲减资产减值损失，债务重组损失计入营业外支出。

（2）附或有条件的债务重组，符合条件者债务人可以确认预计负债，债权人不可以确认或有应收金额为其他应收款。

8. 或有事项

（1）与或有事项有关的义务如果同时符合“现时义务＋很可能＋可靠计量”，须确认为负债。“现时义务＋很可能＋可靠计量”是指：①该义务是企业承担的现时义务；②履行该义务很可能导致经济利益流出企业；③该义务的金额能够可靠地计量。此时作为预计负债进行确认和计量。而同一事项的对方却不能确认为相关资产，只能在或有事项的结果很可能导致经济利益流入企业时，在报表附注中披露为或有资产。在或有事项的确认中，或有事项形成的资产只有在企业基本确定能够收到的情况下才予以确认。

（2）或有事项披露条件不对称：①除非或有负债极小可能（5%以下）导致经济利益流出企业，否则企业应当在附注中披露有关信息，包括或有负债的形成原因、经济利益流出的不确定性说明、预计产生的财务影响等。②企业通常不应披露或有资产。只有当或有资产很可能（50%～95%）会给企业带来经济利益，且金额可以可靠地计量时，才对或有资产的形成原因、预计产生的财务影响等进行披露。

9. 租赁

（1）在融资租赁中，对承租人而言，租赁开始日最低租赁付款额的现值几乎相当于租赁开始日租赁资产的公允价值；对出租人而言，租赁开始日最低租赁收款额的现值几乎相当于租赁开始日租赁资产的公允价值。对承租人而言，最低租赁付款额＝各期租金之和＋由承租人或与其有关的第三方担保的资产余值；对出租人而言，最低租赁收款额＝最低租赁付款额＋独立于承租人和出租人的第三方对出租人担保的担保余值。这可能导致承租人计算的最低租赁付款额和出租人计算的最低租赁收款额不相等，从而导致双方判断的交易类型也不同。

（2）出租人的租赁内含利率是使得最低租赁收款额的现值等于租赁开始日租赁资产公允价值加上初始直接费用的折现率，而承租人在分摊未确认融资费用时采用的实际利率法。根据租赁开始日租赁资产和负债的入账价值基础不同，融资费用分摊率的选择也不同：若以现值作为融资租入固定资产入账价值确定基础，计算现值时采用的折现率就是分摊率，依次为出租人的租赁内含利率、合同规定利率、银行同期贷款利率；若以租赁资产公允价值作为入账价值，则须重新计算分摊率，该分摊率是使得最低租赁付款额的现值等于租赁资产公允价值的折现率。而出租人对未实现融资收益的分摊率必须是租赁内含利率。这就表明双方对分摊率的选择可能不一致。

10. 资产减值

（1）对子公司、联营公司和合营公司的长期股权投资，采用成本模式进行后续计量的投资性房地产，固定资产，无形资产，生产性生物资产，商誉，探明石油天然气矿区权益和井及相关设备的资产减值，适用《企业会计准则第8号——资产减值》。存在减值迹象的，按照相关规定计提减值准备；在价值回升时，不准许转回。

（2）存货、消耗性生物资产、递延所得税资产发生减值时，按照相关规定计提减值准备；在价值回升时，按照相关规定把计提的减值准备转回。公益性生物资产不得计提减值准备。

（3）资产计提减值准备：如存货，固定资产、无形资产等，初始计量时采用的是历史成本属性，计提减值准备时使用的是公允价值模式，这是一种不对称。

（4）资产减值予以确认，资产增值不予以确认。资产减值时，金额是可收回金额与账面金额的差额；资产减值转回时，最多只能转回至历史成本。

（5）一般而言，流动性资产减值可以转回，除持有至到期投资、可供出售金融资产、递延所得税资产、租赁资产未担保余值外，长期资产减值不能转回。

11. 股份支付

（1）股份支付公允价值变动：现金结算的，要在账上反映；权益结算的，不在账上反映。

（2）不同结算方式下的股份支付在计入成本费用时，权益结算的，同时计入权益（资本公积）；现金结算的，同时计入负债（应付职工薪酬）。

12. 套期保值

（1）套期工具采用市价基础，被套期项目采用历史成本基础。

（2）未确认的确定承诺的套期与已确认资产或负债的套期：前者被套项目因被套风险引起的公允价值变动确认为资产或负债；后者被套项目的公允价值变动计入当期损益，同时调整被套项目账面价值。

（3）现金流量套期有效套期的部分，计入所有者权益；现金流量套期无效套期的部分，计入当期损益。

（4）衍生金融工具公允价值变动情况下，套期保值项目和投机业务处理情况不同：①套期保值业务，衍生金融工具公允价值的变动计入被套期保值项目；②投机业务，衍生金融工具公允价值的变动直接计入当期损益。

（5）在套期保值中，当现货价格变动额占期货价格变动额的百分比大于等于80%时，期货价格变动计入资本公积；当现货价格变动额占期货价格变动额的百分比小于80%时，期货价格变动计入损益。

13. 其他

(1) 若销货方认定与商品所有权有关的风险和报酬实质上未发生转移，或者与交易相关的经济利益不太可能流入企业，则不能确认商品销售收入；但购货方因为承担了现时义务作为购入存货处理。

(2) 对于可转换债券的发行方，初始确认时要按照负债和权益进行拆分，分别进行处理，权益部分计入资本公积；而对于可转换债券的购买方，则按金融工具核算，并不拆分为这两项。此外，发行可转债时发生的交易费用应当在负债和权益成分之间按照各自的相对公允价值进行分摊，但购买方发生的交易费用不需要拆分。

9.3 会计制度设计中的信息真实性：产权保护与“三域”机制

9.3.1 会计信息真实性悖论：提出与解读

会计理论和实务的产生、发展和变革，缘起于通过界定产权和保护产权以内部化外部性。会计信息失真是一个国际性问题。会计、审计合谋扭曲了资本市场的信号显示与信号传递功能，导致资源配置错位，使产权主体蒙受巨大损失，经济运行效率降低，社会交易费用增加。揭开会计信息失真之谜和治理会计信息失真一直是国内外会计界和审计界孜孜以求的重要课题。[①] 会计信息失真的真正根源是什么？目前，单独从程序理性标准考察会计信息失真的文献丰富，真正将结果理性标准和程序理性标准结合起来全方位分析会计信息失真原因及其治理策略的文献则凤毛麟角。本书将结果理性标准和程序理性标准融合，在构建产权域秩序概念及“三域”机制的基础上，试图全面剖析会计信息失真的原因。

1. 会计信息真实性悖论：会计界与法学界之争

何谓会计信息失真？我们首先须弄清楚“真”的标准，才能讨论

① 财政部2006年发布的39项企业会计准则和48项注册会计师审计准则，标志着适应我国市场经济发展、与国际惯例趋同的企业会计准则体系和注册会计师审计准则体系的建立，其突出特征就是公允价值的引入。它表明中国政府为提高会计和审计信息质量做了重大努力。

“失真”。西蒙（Simon，1978，1979）[①] 明确区分了理性的程序标准（即程序理性）与新古典经济学的实质性标准（即结果理性）：前者强调过程符合目标，而不在意结果；后者则强调结果符合目标，而不在意行为。即前者注重过程，后者注重结果。产权经济学传承了新古典经济学中的结果理性标准，主张结果理性。

蒋义宏（2003）通过问卷调查发现，上市公司经理人对会计真实性持程序理性观，投资人则持结果理性观。学者们发现会计信息真实性具有相对性，主张遵守会计制度这一“合法性真实标准”（曹欲晓，2001；唐国平和郑海英，2001；张敬峰和蔡文春，2004）。会计信息真实性应基于“程序理性为主，结果理性为辅，两者相互促进”（谢德仁，2000）。会计信息真实性的判别标准只能是“遵循原则的程序理性”（吴水澎和黄彤，2004）。会计信息真实的本质不是客观真实，而是法律真实，会计准则是衡量会计信息真实性的直接依据，会计真实性在更大程度上体现为程序真实（蒋尧明，2005）。基于结果真实与程序公正两方面统一的思想，黄申（2008）认为结论可核与方法公开是会计信息真实性的现实标准，结果真实和程序公正是会计信息真实性的使用标准；办法公开和结果可靠是会计信息真实性的编制标准，而报表日价格和改进后的报表附注是实现现实标准的可行途径。可见，会计学界一般主张会计信息真实性的程序理性标准，而法学界侧重结果理性标准。

会计信息真实性的悖论是：按会计准则生成的会计信息得不到法学界的认可，不能成为其判案和裁决的依据。会计活动与司法活动都是对过去的交易或事项的反映，其反映和报告均需基于原始凭证等证据。会计核算基础权责发生制中的权利、义务分别与法学上的权利、义务概念对应，而资产与负债的主要内容实质上是权利和义务。为什么依据会计准则生成的会计信息的真实性却不能得到法学界的认可？尽管会计核算遵循实质重于形式（即经济实质重于法律形式）可能使得会计核算结果并不能得到法学界的完全认可，但是会计核算过程中的账务处理一般都需要以原始凭证这类可稽核的证据为基础，而这些证据一般也能得到法学界的认可。依此逻辑，严格执行会计准则所生成的会计信息也应得到法学界的大致认可。这就是由来已久的会计信息真实性悖论问题。如何

① 转引自陶永谊：《旷日持久的论战——经济学的方法论之争》，西安，陕西人民出版社，1992。

解读这个悖论？法学界认为：会计界的真实性与法律界的虚假性之间的矛盾属于过程的真实性与结果的虚假性之间的矛盾（刘燕，1998），即现实中依据程序理性生成的会计信息却导致了结果虚假，也就是程序理性严重偏离了结果理性，这是存在会计信息真实性悖论的根本原因。如何跳出这个悖论？一般而言，一个国家刚性的法律制度体系是一套界定产权和保护产权的体系，法律制度的最终目的是维持产权域秩序，会计准则的最终目的是维持会计域秩序，这是通过会计准则高度遵从会计域秩序来实现的。按照“三域”机制的生发逻辑，会计域秩序是在产权域秩序的基础上生发出来的，如图 9—4 所示。

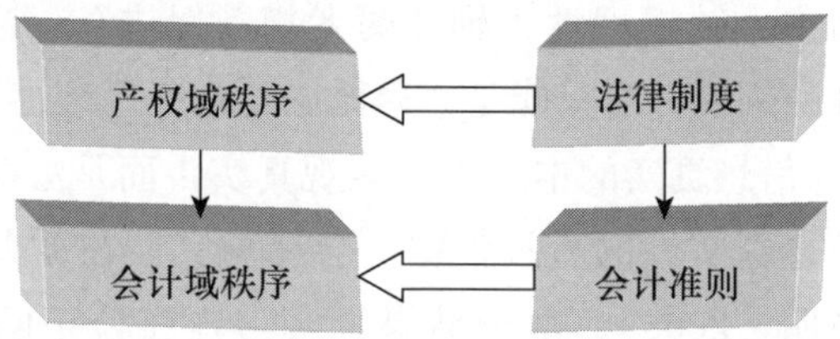

图 9—4　会计域秩序与产权域秩序的生发逻辑

依图可见，法律制度是维持产权域秩序的技术装置，会计准则是维持会计域秩序的技术装置。会计域秩序生发于产权域秩序，则会计准则也应依据法律制度来制定。即在会计处理中贯彻“依法记账”思想。然而，现行的会计准则坚持投资者决策有用导向，加之会计准则制定过程中人类的有限理性以及利益集团的干预，使得会计准则对会计域秩序的遵从度大大降低，导致会计准则与法律制度逐渐分离，这样就产生了程序真实但结果虚假的会计信息真实性悖论问题。跳出该悖论要求坚持最优会计制度设计原则，提高会计准则对会计域秩序的遵从度，进而形成现实中的法律遵从型会计准则。在该类型会计准则下，会计信息真实性的程序理性标准将趋于结果理性标准，从而使会计信息真实性得到法学界的认同。

9.3.2　产权保护、会计信息真实性定位与最优会计责任分享安排

高质量会计准则是产生高质量会计信息的前提。通常所说的会计信息失真中的“真”，就是程序理性观，而不是结果理性观。这种程序理性观容易导致人们对现行会计准则盲目遵从，减弱会计制度变迁的内在驱动力。会计与产权的关系是过程与结果的关系，会计核算和监督的过程

都是为了准确界定产权，进而实现有效保护产权的功用。因而，忽视结果理性而单独从程序理性来考察会计信息真实性不符合会计与产权之间紧密联系的要义。在把握会计真实性的内涵时，我们应坚持“结果理性优先，兼顾程序理性”的原则。

随着资本市场的逐步完善，利益相关者逐步关注财务信息和注册会计师的审计报告。利益相关者对会计信息质量、审计信息质量的判定坚持结果理性标准，而会计行业和注册会计师行业为了维护行业发展利益，坚持程序理性标准。法院遵循公平正义、维护公众利益精神，往往倾向于作出有助于利益相关者财产权益的司法判例。由于现实中会计责任和审计责任往往交织在一起，难以划分明确的界线，使得会计主体和审计主体（会计师事务所和 CPA）经常作为共同被告，导致会计审计主体面临的诉讼案件急剧增加，会计审计职业声誉受到严峻挑战。结果理性标准与程序理性标准之争分别对应于会计审计法律责任归责上的无过错责任原则和过错责任原则。

无过错责任原则以保障社会安全、保护公众产权利益为出发点，这正是会计审计职业生存的根基。提供真实公允的会计审计信息以引导投资者正确决策是被审计单位和 CPA 的基本责任；反之，他们则应承担民事赔偿责任。所以，会计审计法律责任归责应坚持无过错责任原则，即以结果理性为基准。但是，会计准则作为一种不完全契约，也存在条款未规定的交易或事项，人类的有限理性使得会计核算过程中大量的估计与判断存在有偏性，这是客观存在的。所以会计归责也应参考过错责任原则，即以结果理性为基准，程序理性为参考。

科斯定理表明：如果交易费用为零，不论法律规则如何选择，有效率的结果都会发生；若交易费用不为零，则有效率的结果并不能在每种法律规则下都出现，而较优的法律规则是能够最小化交易费用的规则。信息成本是决定法律制度有效性的重要因素，法律制度应随信息成本的变化而变化（张维迎，2003）。现代法律强调个人主义的过错责任原则，但对他人行为所负的连带责任仍在现代法中存在，且其主要建立在契约关系而不是血缘、地域、身份的基础上。现代企业可视为产权主体通过契约形成连带责任的中介。企业所有者对企业雇员行为负连带责任，而员工只负过错责任。这样所有者就有监督雇员的激励，并通过内部激励机制设计将具体责任落实到个人。企业的连带责任大大节约了交易的信息成本，使个体行为得到更有效的社会监督（张维迎，2003）。对于会计信息生产而言，会计人员听命于管理层，而管理层相对于所有者而言具有信息优势，并主导会计信息的生成列报。管理层受薪酬契约与债务契约等契约约束，而这些契约又直接或间接与企业经营业绩挂钩。为了达成这些契约目标，管理层有冲动操纵会计信息生成与列报过程，即所谓的机会主义行为。对于虚假会计信息引致的经济后果，目前主要由所有者来最终承担责任。

本书认为，相对于所有者而言，管理层处于信息优势，若基于契约关系建立管理层对会计信息真实性的无过错责任原则（即连带责任），可以促使管理层对会计人员的个体行为进行更为有效的监督和约束，从而达到对会计信息真实性负责的目的，确保会计信息真实可靠，这样就可以约束管理层及会计人员的造假行为，保护产权主体的财产权益。这对于树立企业信誉、会计职业声誉是大有裨益的，关系到会计职业的长远发展。当然，我们也设想，如果遵循程序理性生成的会计信息被法学界认定为虚假会计信息，表明会计准则存在重大缺陷，建议问责准则制定机构成员，使其承担连带责任，即坚持无过错责任原则，这样就可以敦促准则制定机构及时修订相应的准则，使得按照程序理性标准生成的会计信息的真实性也符合结果理性标准。

结合结果理性与程序理性理念，会计信息失真可以划分为先天性失真和现实性失真两个层面：前者主要源于会计域秩序对产权域秩序的偏离，后者主要发轫于会计制度对会计域秩序的偏离。先天性失真基于结果理性标准，而现实性失真包括违规性失真和行为性失真两个方面：违规性失真基于程序理性标准，行为性失真则基于程序理性。会计信息先天性失真和现实性失真分别从会计的自然属性与社会属性两个层面完整解开了“会计信息失真”之谜。①

① 实际上，审计信息失真也存在先天性失真和现实性失真。有关会计信息失真的分析可以类似扩展到审计信息失真的分析中。

第 10 章　产权保护、公共领域与会计制度变迁

10.1　会计制度变迁决定定律

10.1.1　会计制度变迁的必然性：公共领域与生产性激励

因为交易是有成本的，所以产权作为经济问题不可能被完全界定，未被完全界定的产权就被搁置在公共领域（Barzel，1997）。公共领域中的财产既能扩大，也能缩小。随着商品各种属性价值的不断变化，产权的度量成本和保护成本不断增减，人们会相应地改变原来的决定，放弃某些财产，使其化作公共领域的财产，或对现有公共领域的财产进行重新界定，使之归于自己名下（Barzel，1997）。若预期的收益超过预期的成本，一项制度安排就会创新。只有当这一条件得到满足时，我们才有望发现在一个社会内改变现有制度和产权结构的企图。在现有的制度结构下，由外部性、规模经济、风险和交易费用所引起的收入的潜在增加不能内部化时，一项新制度的创新可能获取这些潜在收入的增加（Davis & North，1979）。某些外生性变化（如技术、市场规模、相对价格、收入预期、知识流量或政治和游戏规则的变化）使得某些人收入的增加成为可能。但是，由于某些内在的规模经济、外部性、厌恶风险、市场失败或政治压力等原因，上述可能的所得并不可能在现存的安排结构内实现。只有那些创新出能够克服这些障碍的制度安排的人（或团体）才能获取潜在的利润（Davis & North，1979）。实际上处于公共领域的产权就是潜在的收益来源，也就是说，公共领域的存在是制度变迁的重要原

因。按照戴维斯和诺斯（Davis & North）的理论，制度需要变迁是为了获取公共领域中的经济租金，因为公共领域的大量存在使得制度由均衡演进到非均衡状态，这就迫切需要进行制度创新或变迁以使这种非均衡重新回归均衡。

我国会计制度变迁的根本原因是满足建立健全社会主义市场经济体制和对外改革开放的内在要求。会计制度变迁的理论逻辑是政府财政部门为了履行法律所赋予的职责，完善政府治理结构，明晰利益相关各方的产权关系而做的努力（李连军，2007）。该观点对会计制度变迁原因的探讨仅局限于政府制定会计准则模式，没有抓住问题的关键，且不具有一般性。按照本书的理论逻辑，会计制度需要变迁的原因是：产权域秩序和会计域秩序均是自生自发的动态社会秩序，会计域秩序是依据产权域秩序而生发的，但产权域秩序是一个动态的自发社会秩序，这样当产权域秩序发生变化时，会计域秩序也会适时进行调整以保持与产权域秩序的一致性。只有这样，会计才能实现准确界定产权和有效保护产权的基本职能。当然，由于人类的有限理性加之会计域秩序以产权域秩序为标杆进行调整并非即时同步，从而使得会计域秩序对产权域秩序的偏离不可避免。尽管如此，会计域秩序还是动态调整的，因为随着市场经济的不断发展，一些新的交易与事项会出现，在现有会计准则没有规范的条件下，依据 CF，实务中又会形成新的会计习惯、会计习俗和会计惯例，乃至会计社会规范，这些都会被吸纳到会计域秩序中。而依据会计域秩序制定的会计制度具有相对静止特征。一般而言，会计惯例规则是针对当前新出现的会计交易或事项的，而会计制度一旦制定就是针对未来的，是约束未来期间会计实务处理的规则系统。因此，会计制度偏离会计域秩序不可避免。这种偏离导致无法进行会计规制的产权被搁置在公共领域，形成公共资源，从而引致分配性努力。各产权主体为了攫取公共资源这一“经济租金”会投入消耗性资源，直至攫取公共资源的价值与投入消耗性资源的价值相等，即使得经济租金耗散至零。当公共领域经济租金价值不断提高，使得对其界定产权的成本小于收益时，公共领域中的产权将得到重新界定，纳入产权域秩序和会计域秩序，这就要求原会计制度必须进行创新或修订以实现对新会计域秩序的高度遵从，进而内部化公共领域中产权的外部性，促进生产性努力的增长，为各产权主体提供生产性激励，实现个人收益率与社会收益率趋同，助推市场经济健康发展。

总之，会计制度的相对静止与会计域秩序的动态生发决定了会计制度无法完全遵从会计域秩序，这使得未被界定的产权被搁置在公共领域，形成共有财产。当共有财产的价值提高以致对其界定的收益超过成本时，会计制度就必须变迁（创新或修订）以获取这种潜在利润，再次实现对会计域秩序的高度遵从，从而为产权主体提供生产性努力的激励。这表明会计制度变迁具有必然性。

10.1.2　经济史中的会计制度变迁：从法律遵从型到金融预期型

按照前文的逻辑，产权域秩序的制度化形成了产权法律制度，会计域秩序的制度化则形成了会计制度。会计域秩序是依据产权域秩序生发而成，是产权域秩序的细化，在产权域秩序的生发过程中处于基础性地位。因此，会计制度也是产权法律制度运行的基础。当产权法律制度高度遵从产权域秩序且会计制度高度遵从会计域秩序时，合乎逻辑地，会计制度就会遵从产权法律制度，从而形成法律遵从型会计制度。人们之所以重视会计工作，是因为依据会计制度核算出来的有关企业的财务状况、经营成果和现金流量能够得到法律的认可，能够提供具有法律证据力的资产、负债和税后利润信息。法律遵从型会计制度提供的会计信息具有可靠性的根源在于“依法记账”，这是会计学和会计工作在社会中得以安身立命的法宝。这里的“法”就是产权法律制度，因为会计的对象是财权流（即产权流的核心部分）。在大陆法系下，产权法律制度包括：物权法、合同法、知识产权法、公司法、破产法、侵权责任法、税法等民商法和经济法；在普通法系下，产权法律制度包括：财产法、契约法、信托法、公司法、破产法和侵权行为法等。会计制度作为遵循民商法和经济法的规则，其特征是依民商法记录企业财产权利、债务和股东权益，依经济法（主要是税法）界定企业的收入、费用和利润，据此编报的财务报告在私法和公法层面均具有法律证明力（周华等，2008）。依此我们发现，会计信息的可靠性是指会计提供的信息具有法律真实性、结果真实性，具有可验证性，具有法律证明力。

法律遵从型会计制度是 1973 年以前经济史中会计规范的一种常态。产权法律制度是维护奴隶制国家政权和促进经济发展的制度装置。维护产权是维护政权的根本出发点，债权是产权的转化形式，从本质上讲，保护债权便是保障产权，对产权、债权与继承权的保障与维护也是奴隶制度时代财计立法建制的根本目标，它把这一行为落实到最具体、最切实的方面，它一直是经济法律制度建设中的基础部分（郭道扬，2004）。奴隶制时代的会计核算与报告制度有：（1）与赋税征收和财政收支有关的会计制度。官厅会计贯彻“量入为出”财政法则，包括户籍制度、财计入出项目制度、财计报告制度、财计牵制制度。（2）民间经济活动中的会计核算规范，包括放债利息计算收取规定、货币计量单位使用与物品价格确定规定、以记账的凭证为依据等。这是会计制度对产权法律制度的细化，并构成其运行的基础，是奴隶社会中会计制度遵从产权法律制度的鲜明体现。当人类社会进入封建社会、资本主义社会，有关产权的立法建制仍然根源于对产权的维护与保障，即对产权、债权和继承权的一体化产权立法建制行为都是对封建时代和资本主义时代政治与经济环境的反映，遵循着由人类社会生产与生活过程中的产权习惯到产权习俗，由产权习俗到产权惯例，由产权惯例再到产权社会规范，再由产权社会规范到产权习俗法，最后由产权习俗法到制定法的演进路径。产权法律制度本质上并不是人类刻意设计的结果，而是通过建构理性主义方法遵从产权域秩序的结果。

进入资本主义社会之后，会计制度主要是规范采用复式记账方法进行会计核算，包括设置账户、复式记账、填制与审核凭证、登记账簿、成本计算、财产清查和编制会计报表等。这些关于会计核算的制度规范分散在产权法律体系中，如《德国商法典》《法国商法典》及美国的《统一商法典》《公司法》《破产法》等，还体现在专门的会计法规中，如法国的《统一会计方案》、日本的《会计法》、英美的财务会计概念框架及会计准则。这些会计制度都遵从产权法律制度，是在基础层面界定产权和保护产权的制度安排。法律遵从型会计规则是规范社会经济秩序的必需规则，由于产权界定功能由民商法决定，收益分享功能由经济法决定，会计法规也就必然地由民商法和经济法规共同决定，这种遵循上位法的会计规则就是会计制度（周华等，2008）。

尽管法律遵从型会计制度一度在美国会计理论界、实务界和证券监管机构取得共识，但受联邦和州法律结构限制，在联邦层面不可能形成稳定的法律遵从型会计法规。1973 年之后，脱离法律原则，强调金融预期的会计理论逐渐瓦解法律遵从型会计理论。金融预期型会计制度诞生的经济环境在于，虚拟经济不断发展，交易次数频繁，交易规模越来越大，而传统的历史成本会计难以提供及时的具有相关性和可靠性的会计信息，难以反映证券市场经济中的经济真实，从而将含有预期因素的公允价值计量引入现代会计。值得特别注意的是，公允价值计量本身并不都是内含未来预期的，只有在通过估值技术确定公允价值时才含有预期成分，另外在运用公允价值时，未实际进行交易就以公允价值发生变动为由进行相应会计处理，是典型地依照金融预期进行会计处理。所以，部分学者将公允价值本身视为金融预期型会计制度的“元凶”是欠妥的。此外，在初始确认时，公允价值与历史成本是等价的。

金融预期型会计制度的典型规则有：

（1）金融资产公允价值的会计处理。交易性金融资产和可供出售金融资产全程都是采用公允价值计量，资产负债表日，公允价值变动前者计入公允价值变动损益，后者计入其他综合收益，两者都是“理念”中的，而不是已经实现的损益或利得/损失。但是公允价值变动损益计入当年利润表，但这种利润具有不可分配性，与公司法“利润须具有可分享性”原则相背离。另外，这种会计处理因不符合“过去的交易或事项”，不被税法等经济法规认同。同理，其他综合收益也是未实现的预期的所有者权益，不代表所有者当前对其享有的剩余权益，这与民商法律制度相违背。与此类似，投资性房地产后续计量时采用公允价值，公允价值变动也是计入公允价值变动损益。

（2）金融资产减值和长期资产减值的会计处理。对于贷款和应收款、持有至到期投资以及不具有控制、共同控制、重大影响、公允价值不能可靠计量的长期股权投资这类金融资产而言，减值测试的标准是账面价值与该资产未来现金流量的现值，而后者就具有典型的金融预期性。可供出售金融资产减值测试标准是账面价值与公允价值，该测试标准未含有预期因素，因为公允价值的获取存在外部活跃市场，其账务处理如下：

借：资产减值损失（含有预期性）

　贷：其他综合收益（含有预期性）

　　可供出售金融资产——公允价值变动（不含预期性）

对于具有控制、共同控制和重大影响的长期股权投资而言，其减值测试的标准是比较账面价值与可收回金额，而可收回金额的确定是“公允价值减去处置费用后的净额”与“资产预计未来现金流量的现值”两者中的较高者，其中后者含有预期因素，相应的会计处理也含有预期因素。金融预期型会计制度中存在的部分对预期进行会计处理的规则都不能得到法律规则的认可。因而，利用未实现理念来运用公允价值的会计处理规则就是金融预期型会计制度。

金融预期型会计制度强化了证券市场中投资者的决策有用导向，因为上市公司在证券市场中的股票可以自由交易，为了鼓励投资者参与交易并维持频繁的交易频率，会计信息的相关性显得尤为重要，而引入公允价值被认为是提供相关性的关键举措。但其后果是助长了股市短期投机行为，漠视长期投资的价值，这难道是证券监管机构的初衷？若如此，则该规则就是为证券监管部门利益服务的。毕竟交易频率的高低和交易额度的大小是决定证券监管部门收益的关键。但是市场经济中的企业绝大部分并非上市公司，让这些公司采纳不被产权法律制度认可的金融预期型会计制度降低了会计信息可靠性，增大了税会差异调整成本。不仅仅是企业，还包括中介机构以及政府税收征管部门，是它们承担了金融预期型会计制度与产权法律制度冲突的社会成本。我们不禁要问：由法律遵从型会计制度转向金融预期型会计制度带来的高昂社会成本由谁来负责？

10.1.3　会计制度变迁的一般规律

根据前面的行文逻辑，我们可以将会计制度变迁的一般规律总结如下：

（1）会计制度变迁的终极目标是通过准确界定产权和有效保护产权以内部化外部性，促使产权主体的个人收益率趋向或等同于社会收益率，促进生产性努力的增长，助推产权经济持续健康发展。

（2）会计制度和产权法律制度的演进遵循由习惯到习俗，由习俗到惯例，由惯例到社会规范，再由社会规范到制度的过程。对一个国家而言，有效的会计制度应遵从有效的产权法律制度，从而实现会计制度与产权法律制度同步变迁。

（3）虚拟经济的快速发展决定了法律遵从型会计制度演进到金融预期型会计制度的必然性，保护虚拟经济中产权主体的正当产权利益是这一转变的根本原因。现代市场经济体系是由实体经济与虚拟经济构成的二元结构经济体系，这就要求产权法律制度和会计制度对二元结构中的产权进行一体化控制。

10.2　产权保护导向会计制度变迁路径

10.2.1　最优会计制度变迁路径原则与实施细则

按照前文的逻辑，会计制度变迁的过程表明会计制度遵从会计域秩序的过程。会计制度变迁路径表明如何实现会计制度持续遵从会计域秩序。最优会计制度变迁路径原则就是以最低的交易费用实现新的会计制度高度遵从会计域秩序。在实务中，会计制度变迁有诱致性变迁和强制性变迁两条路径：前者是指一群人在响应由制度不均衡引致的获利机会时所进行的自发性变迁，后者则是由政府颁布法令引发的变迁（林毅夫，1989）。会计制度的诱致性变迁一般表现为遵循由会计习惯到会计习俗，由会计习俗到会计惯例，由会计惯例到会计社会规范，再由会计社会规范到会计制度的演进过程；会计制度的强制性变迁则由政府直接颁布会计准则以实现会计制度对会计域秩序的遵守。一般而言，与会计制度诱致性路径相对应的准则制定机构是民间会计职业团体，与会计制度强制性变迁相对应的准则制定机构则是政府或立法机构。整体而言，前者制定的会计制度一般不具有法律强制力，除非得到政府权威机构的直接确认；而后者制定的会计制度由政府部门颁布，具有法律强制力，是法的一种形式。那么如何选择最优会计制度变迁路径？总的原则是变迁净收益最大化。假定两种变迁路径均能实现会计制度完全遵从会计域秩序，那么最优会计制度变迁路径就是最小化交易成本的路径。将会计制度变迁净收益设为 $AITP$，则

$$\begin{aligned} AITP &= AIR(\text{会计制度收益}) - AIC(\text{会计制度成本}) \\ &\quad - TC(\text{由原制度到新制度的转换成本}) \end{aligned}$$

当选择诱致性制度变迁路径时，设其方程式为：

$$AITP_a = AIR_a - AIC_a - TC_a$$

而选择强制性制度变迁路径时，设其方程式为：

$$AITP_b = AIR_b - AIC_b - TC_b$$

则

当 $AITP_a > AITP_b$ 时，选择诱致性制度变迁路径；

当 $AITP_a < AITP_b$ 时，选择强制性制度变迁路径；

当 $AITP_a = AITP_b$ 时，二者无差异，根据国家偏好选择。

一般而言，$AIR_a > AIR_b$，因为相对于强制性会计制度变迁而言，诱致性制度变迁的制度化遵循了会计习惯、习俗和惯例的逐步演化过程，最能体现产权主体的要求，该类会计制度可以实现对会计域秩序的更高程度的遵从。而强制性会计制度变迁的主体为政府机构，由于政府的有限理性以及最大化政府利益的冲动，其制定的会计制度对产权域秩序的遵从度相对较低。相反，AIC_a 与 AIC_b 的关系存在不确定性，因为会计制度成本包括制定成本、实施成本和摩擦成本。就制定成本而言，一般 $AIC_a > AIC_b$，因为强制性制度变迁缩短了原会计制度偏离新会计域秩序的时间。戴维斯和诺斯（1979）曾讨论对潜在利润的认识与制度创新之间存在的时滞问题，包括：（1）从辨识外部利润到组织最初创新团体所需的时间；（2）发明一种将潜在利润内部化的技术所需的时间；（3）从多种可选择制度安排中选出一个最大化创新者利润的安排所需的时间。时滞问题本质上就是一种时间成本。这种时滞在会计制度变迁中依然存在，相比而言，强制性会计制度变迁在上述四个方面均具有节省时间的优势，即可以节省时间成本。另外，强制性会计制度变迁还可以降低制定程序过程中的成本，因为其制定程序比诱致性会计制度变迁简单。

综上可以发现，一般情况下 $AIC_a > AIC_b$。就实施成本而言，因为强制性会计制度变迁路径形成的会计制度具有法律强制力，不执行就是违法，所以更能得到有效实施，即 $AIC_a > AIC_b$。就摩擦成本而言，则一般情况下 $AIC_a < AIC_b$，因为诱致性会计制度变迁是一种自下而上的会计制度变迁，会计制度对会计域秩序的遵从度更高，遵循了产权主体的共同意愿，所以在实施过程中会计人员更能深刻领会会计制度的价值导向，实施过程中的摩擦成本就更小。综上可以发现，整体而言 AIC_a 与 AIC_b 的大小关系并不确定。就转换成本而言，一般地，从原会计制度转变为新会计制度，强制性会计制度变迁比诱致性会计制度变迁相对更容易，即 $TC_a > TC_b$。由政府主导的会计制度设计及变迁所需时间更短，更有利于在全国层面转换过程中的协调；此外，政府推动具有权威性，也更有助于产权主体接受。

10.2.2 有限/开放进入社会秩序：最优变迁路径细则

对于开放进入社会秩序而言，最优会计制度变迁路径细则是：诱致性变迁为主，强制性变迁为辅。因为开放进入社会秩序一般实行的是普通法传统，普通法本身由无数的习俗、惯例和先例累积演进而成，它是一个开放的系统，其实际运作与实施本质上就是一个从习惯、习俗、惯例演化为先例、法律的自然转化与发展过程。一般而言，普通法内生于市场交换内部的自发秩序之中，它彰显出由市场内部自发秩序沉淀、硬化出来的内在规则，伴随着由市场发展和变化型构出的新秩序和内在规则而不断丰富和发展，又反过来作为一种开放的、不断丰富的规则体系维系和规制着市场中人们交易与交往的秩序，所以，在英美的近现代和当代社会中，在市场的自发秩序和源自这种自发秩序的规则系统即普通法制度之间，有着互相促进、协同型构与共同发展的机制和过程（韦森，2001）。而诱致性会计制度变迁的逻辑正好是普通法形成的逻辑。因此，开放进入社会秩序中最优会计制度变迁应以诱致性变迁为主。但同时，为推动会计制度有效实施，建议诱致性变迁的结果得到政府部门的直接确认或微调以法律形式公布。这样就可以获得诱致性变迁的好处，同时节省新会计制度实施成本。

对于有限进入社会秩序而言，最优会计制度变迁路径细则是：强制性变迁为主，诱致性变迁为辅。因为有限进入社会秩序大多实行大陆制定法传统，强调国家制定法律的权威。不管人们何时建构法律，一个不容争辩的事实是，至少从形式上看，任何成文法都是通过人类的理性运用而编撰出来的，尽管法律规则是统治者和法律专业人士制定的，但它们往往是统治者对人们社会生产生活过程中的内在规则和未阐明规则的文字肯定、阐明、表述和事实认定并被赋予权威，因而从本质上讲，法律规则并不是人类刻意创制的（韦森，2001）。即制定法实质上是将习俗、惯例和先例赋予国家层面的权威而建构的，准确识别一个国家的习俗、惯例规则是建构高质量制定法的重要前提。在有限进入社会秩序中，政府一般处于强势地位，人们服从政府权威，因而政府可以借鉴成熟市场经济国家（即开放进入社会秩序国家）的会计制度范本，结合本国会计习俗、会计惯例特殊性，高效制定会计制度，并获得法律权威以有助于贯彻实施。因而，有限进入社会秩序的最优会计制度变迁路径是以强制性变迁为主。为了确保制定的会计制度是有效的，建议颁布新的会计制度前，多关注本国会计惯例与国际会计惯例的共性及特殊性，多征求利益相关者的意见，吸纳各产权主体的意见，建构科学的会计制度制定程序。这些共性、特殊性、吸纳的各方意见都是诱致性会计制度变迁的特征，表明以诱致性变迁为辅，这有助于提高变迁后会计制度的有效性。

10.2.3 中国会计制度变迁路径：兼论持续全面趋同中的可能解

中国属于大陆法系国家，拥有一个强势的政府，处于社会主义市场经济的初级阶段，属于有限进入社会秩序类型。与西方传统注重“个人自主、个人独立、个性解放、个人利益最大化追求”的个人主义相对照，以儒家学说为主干的中国传统文化主张“自我抑制、自我克制、自我舍弃、自我消解和自我牺牲”的社群主义。正是传统华夏文化的这种“无我”和“克己”的精神文化拟子的广泛传播和复制，使得中国社会中的每个人从某种程度上丧失了独立的“人格”，从而变成了社会制序网络结构上的一个“纽结”（韦森，2003）。中国社会秩序中已内嵌人们的“人格”，使得在社会交往中注重人事关系，人人相互牵制，难以发展出非人际化的交易，难以引致市场交换过程中契约关系的普遍化，难以演进到在市场经济秩序型构与扩展过程中主要依赖产权和契约关系来调整人们的经济与社会行为。中国传统社会中文化濡化或制序化的同构，使得社会内部的制序变迁有着巨大的张力（strains），以至于整个中国社会在漫长的历史长河中处于一种“礼俗社会”层面上的内卷（自我保持和自我复制），从而难以开拓出“法理社会”和哈耶克“人之合作的扩展秩序”（韦森，2003）。尽管中国的改革开放旨在建立社会主义市场经济体制，从而型构出一种有效界定产权和保护产权的自发秩序，但是由于中国社会中长期受“无我”“克己”等礼俗文化束缚，难以生发出“尊重人的产权”“尊重民主自由”的“人之合作秩序”，建构的产权法律体系难以得到人们的普遍遵守，难以形成一种刚性的产权结构，也就难以建构出有效的产权法律制度体系。基于社群主义传统引致的内卷，中国社会难以遵循从会计习惯、会计习俗、会计惯例到会计制度的演化路径来建构会计制度。权衡演进主义路径和工具理性主义（建构主义）路径，推动中国市场化改革需要强势政府打破内卷，所以中国的会计改革需要政府来推动。遵循前文的逻辑，中国会计制度变迁的最优路径是以强制性制度变迁为主，诱致性变迁为辅，这根源于中国加快建设市场经济的客观需要，通过内卷方式是无法生发出会计域秩序及相应的会计制度的，通过演进方式可能生发出会计域秩序和相应的会计制度，但建构会计制度的时间太长。会计制度是相对静止的，而会计域秩序是自生自发的动态秩序，这就难以保证会计制度高度遵从会计域秩序，难以建构出有效的会计制度，何况中国目前没有得到一致认可的权威的民间会计职业团体。相比之下，由政府主导会计制度变迁可以借鉴成熟市场经济国家的会计惯例及会计制度范型。通过准则制定的充分程序将本国会计惯例特色吸纳到新的会计准则中，可以在短期内实现会计制度变迁，并可确保会计制度本身比较有效或有效实施，这就是坚持以强制性变迁为主、诱致性变迁为辅的优势。

2010 年 4 月，财政部印发《中国企业会计准则与国际财务报告准则持续趋同路线图》，要求结合我国新兴市场和转型经济国家国情，深入参与 IFRS 的制定，积极推动 CAS 持续国际趋同，为建立全球统一的高质量会计准则作出贡献。与 IFRS 持续全面趋同是我国充分借鉴国际会计惯例、会计准则来深化会计改革，加快推进市场经济建设步伐的重大抉择。趋同的根本原因是会计惯例的国际趋同。国际会计惯例是对现代市场经济国家会计惯例共性的凝结，也是“会计作为一门通用的国际商业语言”的真实写照。但不同国家的政治、经济、法律、文化和市场经济发展阶段不同，要推动国际趋同取得实质性进展，IFRS 的制定和修订不仅要考虑发达市场经济国家环境，而且要充分考虑新兴市场经济国家特殊环境。2006 年我国 CAS 与 IFRS 趋同坚持的是实质趋同，即与 IFRS 仅存关联方认定、企业合并中同一控制的企业合并、部分长期资产的减值不能转回等极少数差异。目前，IFRS 已经吸纳了中国关联方认定的实践经验（国有企业不能仅仅因为同受国家控制而成为关联方）修订了相应条款，消除了关联方认定差异，而 IASB 也对中国企业同一控制企业合并处理方法立项进行研究。这种极少数差异是我国坚持考虑国家会计惯例特殊性的成果，也是“强制性变迁为主，诱致性变迁为辅”的成功实践。即此次会计准则强制性变迁以借鉴国际会计惯例共性为主，考虑国内会计特殊性为辅，而后者就是诱致性变迁的成果。持续趋同路线图颁布之后，未来最优的会计制度变迁路径更应该是以强制性变迁为主，诱致性变迁为辅。因为持续全面趋同战略的实施要求准则制定机构要根据 IFRS 的修订和颁布及时修订 CAS，只有政府主导才能实现同步完善 CAS 的目标。当然，我们也要力争将我国会计惯例的特殊性反映在修订或制定的 IFRS 中，这样就可以使 CAS 与 IFRS 的差异更少，直至两者完全一致。当然，完全一致的可能性较小，但可以尽量减少差异，这就要求我国积极参与 IFRS 的制定和修订过程，将我们的特殊性反映给 IASB，从而实现持续全面趋同、构建高质量会计准则体系的目标。

第 11 章　产权保护、适应性效率与会计法律制度体系优化

11.1　问题缘起

经济学本质上是研究稀缺资源的产权，经济问题其实就是产权应该如何界定和交换的问题（Alchian，1967）。任何社会，只要有稀缺，必有竞争，而决定胜负的规则可以阐释为产权法律制度。资源使用的竞争须受到约束，否则必然带来租值消散，约束竞争的权利结构包括以资产界定权利（即私有产权）、以等级界定权利（按资历级别排列）、法例管制以及风俗或宗教（张五常，2009）。解释中国三十余年经济发展奇迹的重心在于，从以等级界定权利的制度过渡到以资产界定权利的制度，贯穿其中的核心一直是产权改革及保护问题。产权的载体是制度，制度的基础是产权。制度是一个社会的博弈规则，它构造了人们在政治、社会或经济领域里交换的激励（North，2008）。法律是制度的表现形式之一。产权与制度相伴相生，形成产权制度。党的十八届三中全会通过了《中共中央关于全面深化改革若干重大问题的决定》，强调要使市场在资源配置中起决定性作用，健全归属清晰、权责明确、保护严格和流转顺畅的现代产权制度。党的十八届四中全会通过的《中共中央关于全面推进依法治国若干重大问题的决定》强调，要使市场在资源配置中起决定性作用，必须以保护产权、维护契约、平等交换、公平竞争和有效监管为基本导向，完善社会主义市场经济法律制度。市场经济的显著特征是利用交换来配置资源，隐藏在商品交换背后的则是一种财产权利的交易，这决定了市场经济法律制度本质上是一套产权法律制度。会计在市场经济的良序运行中处于最基础、最重要和最具操作性的地位。会计对产权的

贡献与生俱来，其产生、发展和变更的根本使命是体现产权结构、反映产权关系和维护产权意志（伍中信，1998）。现代会计的两大基本职能是界定产权和保护产权（曹越等，2011）。会计法律制度是指调整经济关系中有关的各种会计法律规范的总称，它是经济法律制度体系的重要组成部分（郭道扬，2004）。会计法律制度体系是以宪法中的“权利法案”为根本支柱或主轴建立起来的，维护与保护市场经济下的所有者权益问题是会计法律制度建立的出发点、落脚点（郭道扬，2002a）。英美法系会计法律制度体系的主体内容由宪法、财产法、合同法、侵权行为法、继承法、公司法和破产法中有关财产权利质的规定性和量的规定性以及会计准则构成，大陆法系会计法律制度体系主要由宪法、民商法、公司法、税法和会计制度构成（曹越等，2014）。统一会计制度在会计法律制度体系中处于基础层次，在实现对产权的有效控制与维护、保障财产所有者权益方面具有切实性和针对性作用（郭道扬，2005）。

现有会计法律制度方面的文献并未系统讨论会计法律制度体系的优化问题。当前，IASB 以趋同为主旨，旨在创建一套符合公众利益、可理解且具有强制性的高质量全球会计准则体系。我国财政部于 2010 年 4 月 1 日发布《中国企业会计准则与国际财务报告准则持续趋同路线图》，要求中国企业会计准则（CAS）持续趋同的时间安排与 IASB 的进度保持同步。持续趋同必将导致会计准则与本土产权法律制度体系分离、冲突等不兼容问题。世界上绝对没有一成不变与一劳永逸的会计法律制度，任何一个法制国家如果不能一如既往、坚持不懈地解决会计法律制度的制定、修订与执行机制运行中的一致性，便不可能避免历史悲剧的重演（郭道扬，2002b）。优化会计法律制度体系，旨在建立针对“产权—债权—财产继承权”三位一体的法律制度规范，实现对产权界定（产权）、产权交易（债权）与产权继承（财产继承权）的一体化控制和基础性控制。可见，优化会计法律制度体系，形成一套上下逻辑一致、层级分明的产权会计法律制度体系显得尤为迫切。本章系统探讨了会计法律制度体系优化的理论基础、必要性与迫切性、指导原则、优化路径与实施方案以及中国会计法律制度体系优化方案。这对于提高会计法律制度的适应性效率，充分发挥会计有效保护产权的功能，促进生产性努力的增长，遏制分配性努力的泛滥，确保经济持续健康发展至关重要。

11.2 会计法律制度体系优化的理论基础

11.2.1 理论基础之一：产权保护

产权的重要性在于帮助市场中的产权主体在进行交易时形成合理预期，这些预期通过法律、习俗和道德得以表达。财产的法律概念就是一组所有者自由行使且不受他人干涉的关于资源的权利（Cooter & Ulen，1999）。财产法上的一个根本问题是：当产权受到非法干预或侵害时，如何进行保护。普通法有两种补偿方式：一是损害赔偿，即被告向原告支付损失赔偿费；二是衡平赔偿，即通过发布禁令禁止被告做某事。前者侧重应对公害，后者侧重应对私害。大陆法系的补偿方式主要是损害赔偿，因为法院的自由裁量权受到严格限制，法院主要是执行成文法规。产权保护是否有效，依赖于会计法律制度体系的设计与优化能否坚持“法律遵从”理念，能否形成一致性的产权界定规范体系，能否切实维护产权域秩序。产权域秩序是各类产权主体以其所投入的资源为依据，对分享产权界区内价值流和权利流的份额及比重进行冲突与协调的结果，是产权博弈过程中的动态均衡（伍中信和曹越，2007）。在各种人际关系中，人们在社会交往的行动过程中经由试错过程和赢者生存的实践以及积累性发展的方式而逐渐形成的社会制序就是自发秩序（韦森，2001），这种显见明确的秩序，并非人的智慧预先设计的产物，它乃是适应性进化的结果（Hayek，1960），即该秩序是自生自发演进形成的。哈耶克将自发秩序理解为社会成员在相互交往中所表现出来的常规性和一致性，并非社会成员有意建构的一种行为状态。作为一种自发社会秩序，产权域秩序的生成经历了最初的产权主体的习惯，习惯在类似的情势中重复出现，播化为群体或社会的习俗，习俗经长时间驻存形成稳定的预期之后，硬化为产权惯例，形成社会产权规范。产权保护实质上就是维护产权域秩序，以便向产权主体提供稳定预期，毕竟稳定性是产权效率的源泉。奠基于产权域秩序，各产权主体关于财产（资产）和收益计量及其相关信息披露等内容的产权博弈结果就自生自发地形成了会计域秩序。

前文已述，产权域秩序与会计域秩序具有紧密的联系：一方面，产权域秩序是基础，是本原，会计域秩序是在产权域秩序的基础上构建起来的，是衍生的；另一方面，产权域秩序决定会计域秩序，会计域秩序又反过来维护产权域秩序。产权域秩序处于统驭地位，会计域秩序处于从属地位。一般而言，一个国家刚性的法律制度体系是一套界定产权和保护产权的体系，法律制度的目的是维护产权域秩序，会计准则的目的是维护会计域秩序，这是通过会计准则高度遵从会计域秩序来实现的，进而形成法律遵从型会计准则。

11.2.2　理论基础之二：适应性效率

诺斯（2008a）认为，适应性效率关注的是那些型塑经济之长期演化方式的规则。具有适应性效率的制度结构体现为鼓励创新、试验、竞争、决策的分散化、明晰界定的产权契约及破产法等。非人格化的交换制度是西方社会和美国经济长期增长的基础，非人格化交换制度的出现归因于这些国家在向近代演化过程中形成了具有适应性效率的制度结构。适应性效率是诺斯用来衡量制度效率的理论（周冰，2014）。诺斯（2008b）从两个层面分析了适应性效率的重要性：一是社会秩序与无序之间的矛盾。秩序是经济长期增长的必要条件，但经济演进又因绝对和相对收入的变化、经济地位变化等滋生无序，秩序与无序都内嵌于社会自身的制度结构中。制度结构是否具有适应性效率关注的是社会经济能否长期维持秩序或出现无序时能否迅速重建秩序，这对经济的长期增长至关重要。非人格化交换制度结构则具有适应性效率。二是稳定与变革之间的矛盾。持续的经济增长依赖于有效的产权结构与政治体制，当新的生产方式出现时，具有适应性效率的制度结构能够迅速而灵活地进行调整与规制，从而促进生产性努力的增长；而刻板僵化的制度结构将难以应对，使得产权结构与政治体制相互僵持，引致分配性努力行为，减损经济增长的动力。如何创建具有适应性效率的制度结构？诺斯将其归因于“关键参与人具有善于学习和开放的特征”“竞争性且分散决策的制度结构”和“对生产者激励的政治体制”三个方面。正式制度与非正式制度之间的协调和融合是提高制度适应性效率的重要途径（黄信，2011）。资源配置效率与制度适应性效率两者并不总是相容的，前者强调既定制度约束下的静态效率，后者强调制度变迁过程中的动态效率。因此，仅建立产权法律制度是不够的，更重要的是建立具有适应性效率的产权制度结构。在国际趋同背景下，各国会计法律制度体系架构基本建立，但该体系中作为基础层次的统一会计制度大多与上层法律制度存在割裂、冲突等不兼容问题。为了建立具有适应性效率的会计法律制度体系，必须优化会计法律制度的系统性与一致性。在两大法系的立法中，议会或国会依据法律制度体系中自上而下的逐级统驭层次来统一各层次法制之间的精神，协调各层次法制之间的内容，以明确法律制度构建的关联性及执行这些法律制度的系统性、一致性（郭道扬，2002a）。这种系统性与一致性体现为“上位法对下位法的统驭，下位法对上位法的遵从”。

11.3 会计法律制度体系优化的必要性与迫切性

11.3.1 会计法律制度体系：市场经济中的基础性产权保护制度安排

市场经济的主要特征是通过非人际化的市场交换来配置资源，而商品实物交换本质上是一种权利交易。当一种交易在市场中议定时，就发生了两束权利的交换。权利束常常附着在一种有形的物品或服务上，但是，正是权利的价值决定了所交换的物品的价值（Demsetz，1967）。所以，市场经济本质上就是一种产权经济。那么，在市场交换过程中，交换商品的定价问题以及交易成果测度问题是交换双方最为关心的问题，而资产计价和收益决定正是会计的两大主要议题。会计通过核算系统准确界定产权，通过监督系统有效保护产权，从而解决市场交易中的资产计价和收益决定问题，这就为等价交换原则的确立奠定了可具操作性的基础，同时反过来促进了市场交换，使得市场规模呈现出累积性增长态势。会计法律制度是会计界定产权和保护产权的具体规范，指引着实务工作中的会计核算，会计的对象是产权流，即会计法律制度本质上是一种产权法律制度。不同市场主体之间产权交易对资产计价和收益决定的基础性依赖证实了会计法律制度体系是市场经济正常运转的基础性产权保护制度。另外，对于作为产权主体的经济组织而言，计量投入的生产率以及对报酬的计量是其至关重要的需求（Alchian & Demsetz，1972）。经济组织是要素所有者交易产权的结果，旨在利用其相对于市场交易的比较优势创造财富，这就要求针对要素所有者（包括生产者）的报酬支付与经济组织的生产率保持一致，因为这种客观、公允和公平的薪酬政策是生产性努力增长的源泉。若报酬随意支付，忽视要素所有者的投入，该经济组织就无法提供生产性努力的激励，更严重的是若报酬支付与组织生产率负相关，则该经济组织就会被分配性努力毁灭。如果经济组织的计量能力很弱，报酬与生产率之间只有松散的联系，生产率就较低；但如果经济组织的计量能力很强，生产率就较高（Alchian & Demsetz，1972）。可见，经济组织计量能力的强弱对组织生产率具有决定意义，而会计是经济组织中最基础、最重要、最具操作性的计量系统，对经济组织生产率的提高至关重要。会计通过对经济组织特定时日财务状况和特定期间经营成果的综合反映，可以测度经济组织的生产率，并可指引管理层将报酬支付与生产率相互匹配，使得经济组织中的个人收益率与经济组织整体收益率相一致，从而内在地促进生产性努力的增长，不断提高组织的生产率，推动市场经济持续健康发展。会计在测度经济组织生产率方面处于基础性地位，而经济组织又是市场经济中最具活力的"细胞"，即经济组织作为市场主体是市场经济的基石，合乎逻辑地，以经济组织为中介可以发现，会计在市场经济中处于最基础的地位。综上可见，不论就产权主体之间而言还是就经济组织（本身也是产权主体）内部而言，会计法律制度体系都是市场经济中基础性的产权保护制度安排。这表明，会计法律制度体系优化对于有效保护产权、提高适应性效率和建立良序市场经济具有重要意义。

11.3.2　国际趋同与本土特色：会计改革悖论

国际趋同是指各国的会计制度或会计准则与 IASB 制定的 IFRS 趋于一致。截至目前，IFRS 的制定仍由发达资本市场国家主导。趋同的目的是建立全球统一的高质量会计准则体系，从而实现会计是"一门国际通用商业语言"的目标，这样就可以相互交流并进行对比，消除或最大限度减少不同国家会计制度的差异，为资本跨国流动创造基础条件。

趋同的基础在于市场经济国家中的会计习惯、会计习俗和会计惯例所具有的共性。趋同不是等同，因为每个市场经济国家的会计惯例均具有特殊性，尤其是大陆法系市场经济国家。当前，各个国家在进行会计改革时均面临一个悖论：若与 IFRS 趋同，则将使本国的会计准则丧失本土特色，难以适应本国会计实务需求，降低适应性效率；若不与 IFRS 趋同，虽保持了本土特色，但其提供的会计报表及信息难以获得其他国家的一致认可，这就会带来按其他国家准则或按 IFRS 重编报表的调整成本。全球性会计制度改革的基本方针是以协调为指导，将全球性会计准则构建的基本范围分为一致性、趋同性与协调性三个维度，依次增进，建立现阶段全球性会计准则体系（郭道扬，2013）。

针对具体的国家而言，该如何抉择呢？若趋同收益大于趋同成本，则会保持本土特色。现实中，不管是趋同收益还是趋同成本都难以量化测度。一般而言，普通法系国家大多选择趋同，而大陆法系市场经济国家偏好选择本土特色。原因在于：普通法系国家会计制度与 IFRS 趋同，基于判例法原则生发的法律规则能够被现有的法律制度体系吸纳和兼容，因为普通法系本身是一个开放的法律系统，适应性效率相对高。而大陆法系国家会计制度与 IFRS 趋同，将使原有的体系化的产权会计法律制度体系的运行基础发生重大改变，引致趋同后的会计制度与其"上位法"的法律制度相冲突，并违背"上位法决定下位法"的基本逻辑。要解决该冲突，必须以趋同后的会计制度为基础，系统修改民商法、经济法等法律规则，这会导致牵一发而动全身的后果。所以，大多数大陆法系国家在国际趋同的会计改革问题上都持谨慎态度，其最大担忧就是国际趋同的会计制度很可能颠覆"法典式会计制度"，使得会计制度与民商法、经济法等分离，削弱会计信息的法律证据力。对于已经与 IFRS 强制趋同的大陆法系国家而言，要建立一致性的产权法律制度体系，实现对产权的一体化和基础性控制，提高适应性效率，就迫切需要解决会计法律制度体系存在的分离、冲突等不兼容问题。

11.3.3 中国会计法律制度体系冲突类型及表现

中国的会计法律制度属于大陆法系范畴。2005 年之前，我国会计制度本土特色鲜明，与 IFRS 趋同采取的是循序渐进的策略。2006 年财政部颁布了 1 项基本准则和 38 项具体准则，实现了与 IFRS 的实质趋同。2014 年上半年，财政部先后修订 5 项具体准则，发布 3 项新的具体准则，实现了与 IFRS 的持续趋同。当前中国 CAS 与 IFRS 仅存"部分长期资产的减值不能转回"及"同一控制的企业合并"等极少数差异。国际趋同的会计改革使得中国原有的法律遵从型会计制度被金融预期型会计制度取代。这必然导致产权会计法律制度体系的运行基础发生重大变化，使得会计制度与其他产权会计法律制度发生冲突，降低会计信息的法律证据力。当前存在的主要冲突有：

1. *财务会计信息的真实性仍未得到法学界的广泛认可*

严格执行会计准则生成的会计信息，其真实性仍未得到法学界的广泛认可。究其原因是金融预期型会计制度规范的会计处理引入了含有主观性的计量属性（如公允价值、现值、可变现净值等），使得其证明力或公信力大大降低，而法学界坚持的认定会计信息真实性的标准是法律遵从，主张程序理性与结果理性协同一致，这就使得会计法律制度体系正常运行所需的会计信息难以由金融预期型会计准则提供，导致整个会计法律制度体系的运行基础被架空。

2. 会计准则与法律制度的理念发生重大分歧

与 IFRS 趋同后，会计准则的理念是决策有用，淡化了受托责任，漠视会计信息的宏观经济作用。会计准则沦为替资本市场参与者买卖公司股权提供相关、可靠信息的工具，与法律制度一贯坚持的历史成本原则和实现原则的理念相背离。比如，将未实现的利得和损失纳入损益或所有者权益可能导致该部分利润具有不可分配性以及净资产虚增，这与公司法“利润具有可分享性”以及“净资产增加不含预期”的理念相悖。资产与负债按公允价值计量，净资产的公允价值即为公司买卖的参考价格。然而，IASB 于 2011 年发布的准则《公允价值计量》（IFRS 第 13 号），将获取公允价值的估值技术定位于市场法、收益法和成本法，充满了诸多主观估计成分，难以满足“可靠性”这一会计信息质量特征。这导致了一系列困境：会计账簿的法律证据力极大削弱，利润总额和净利润包含未实现盈亏等预期成分且易被操控，公司法资本保全原则难以贯彻，国民经济统计的准确性大打折扣，对企业管理层的业绩评价将出现偏误，会计法律制度的稳定性和一致性遭到破坏（周华等，2009）。下面以 IASB 金融工具准则为例简要分析。

2014 年 9 月，IASB 公布《国际财务报告准则第 9 号：金融工具》[1]（以下简称 IFRS 9），该准则将于 2018 年 1 月 1 日实施，以取代 IAS 39。IFRS 9 的主要变化如下：

第一，金融工具的分类。首先，金融资产的分类。如果企业持有金融资产的业务模式（business model）以收取合同所约定的现金流为目的，且合同条款规定了本金和利息等主要现金流的具体交割日期，则应将该金融资产归入以摊余成本计量的金融资产。如果企业持有金融资产的业务模式以收取合同所约定的现金流并出售该金融资产为目的，且合

---

① International Accounting Standards Board，2014：*International Financial Reporting Standard 9*：*Financial Instruments*.

同条款规定了本金和利息等主要现金流的具体交割日期，则应将该金融资产归入以公允价值计量且其变动计入其他综合收益的金融资产。其他金融资产一律归入以公允价值计量且其变动计入当期损益的金融资产。为了解决会计错配，准则允许报告主体在“以公允价值计量且其变动计入其他综合收益的金融资产”和“以公允价值计量且其变动计入当期损益的金融资产”之间行使一次选择权。实际上，以摊余成本计量的金融资产对应现行准则中的“持有至到期投资”以及“贷款和应收款项”；以公允价值计量且其变动计入其他综合收益的金融资产对应现行准则中的“可供出售金融资产”。上述变化仅仅是形式上的变化，并没有改变现行准则的实质内容。简言之，若持有金融资产的目的是按合同规定收取本金和利息，则应该归入以摊余成本计量的金融资产；若持有金融资产的目的是近期出售、短期获利，则应归入以公允价值计量且其变动计入当期损益的金融资产；若持有金融资产的目的意图暂时尚不明确，则应归入以公允价值计量且其变动计入其他综合收益的金融资产。上述分析充分体现了金融资产类型的划分依赖于管理层意图和合同现金流量。其次，金融负债的分类。企业原则上应当将其所有的金融负债归入以摊余成本计量的金融负债。下列项目除外：（1）以公允价值计量且其变动计入当期损益的金融负债；（2）不满足终止确认条件的金融资产转移所涉及的金融负债；（3）财务担保合同；（4）以低于市场利率的条件发放贷款的承诺；（5）企业合并所涉及的或有对价。值得注意的是，企业自身信用风险上升引发的金融负债公允价值变动收益计入其他综合收益。显然，自身信用风险变动引起的公允价值变动计入其他综合收益并不符合前文CF ED中财务业绩的一般逻辑，缺乏合理的依据。同时，该其他综合收益未来重分类计入当期损益时，并不符合CF ED中的资本保全原则，在公司法层面也不具有可分配性。

第二，以预计损失模型取代现有的已发生损失模型。IFRS 9 引入“预期信用损失”概念，取代IAS 39要求只有在具备客观证据时才能对已发生损失计提贷款损失准备。即企业只要存在金融资产，就要在资产负债表日估计其预期信用损失并进行账务处理。若金融工具的信用风险自初始确认后显著增长，则应估计整个后续期间的信用损失并计提贷款损失准备；若金融工具的信用风险自初始确认后未发生显著增长，则仅需估计未来12个月的预期信用损失并计提贷款损失准备。预计损失模型的关键在于：计算实际利率时，估计现金流量需要考虑预期损失。从这里可以看出，估计预期损失需要估计现金流量、估算实际利率以及度量信用风险，这些都充满了主观性，难以符合“如实反映”这一财务信息质量特征。依此处理，尽管符合巴塞尔金融监管协议提高了相关性，但如实反映大幅降低，相关性须以如实反映为基础，否则将大幅削弱金融工具会计信息的信任功能，使金融工具会计规则沦为金融预期型会计规则，这与财务会计反映经济交易与事项的法律事实相背离。预计损失模型引发的金融工具损益并不符合公司法“利润具有可分配性”的要求。

总之，IFRS 9 引入的公允价值计量以及预计损失模型忽视了金融工具的法律事实，使得 IFRS 9 会计规则沦为一种“不伦不类”的估值规则，账务处理过程缺乏客观证据，得出的财务信息不具有法律证据力。IASB 一直在金融工具财务信息的相关性与如实反映之间徘徊，设计出的这套规则既没有完全失去如实反映，又没有完全实现相关性。找到解决这一问题的思路只能依赖三重列报。

3. 会计准则与税收法规彻底分离

金融预期型会计准则与税收法规彻底分离的集中表现是企业所得税中应纳税所得额与会计利润之间的差异进一步扩大。税收征管的基础是“查账征收”，“账”就是会计账簿及源自账簿的报表。但目前税法中的收入、费用、应纳税所得额与会计中的收入、费用、利润在定义、包含的内容、确认标准等方面均存在较大差异，这就使得所得税的征管须在会计利润的基础上进行大量调整以得出应纳税所得额，这无疑增加了纳税调整成本。近年来，随着会计准则持续趋同战略的实施，企业会计准则与税收法规的差异进一步加大（如修订后的 CAS 第 9 号《职工薪酬》将独立董事、外部监事视同企业的职工以及离职后福利计划中设定受益计划义务的会计处理均未获得税法认可）。为了减少纳税人的遵从成本，提高税收征管质量与效率，国家税务总局 2014 年 11 月发布修订版《企业所得税年度纳税申报表（A 类，2014 版）》及填报说明。申报表由 41 张表单组成，包括 1 张企业基础信息表、1 张主表、9 类 15 张二级表、22 张三级表和 2 张四级表。其设计思路是：以企业（法人）为主体，在会计利润总额的基础上，通过调整会计与税法差异的方式计算出应纳税所得额，进而计算出应纳税额。但很多纳税人反映表单的填列仍很复杂。而在法典式会计制度或法律遵从型会计制度中，这种调整很少或几乎没有。下面以我国收入准则征求意见稿为例说明会计准则与税收法规的分离。

2015年12月7日，财政部发布《企业会计准则第14号——收入（修订）（征求意见稿）》（以下简称“收入ED”），意见反馈截至2016年4月30日，旨在与IASB IFRS 15《与客户之间的合同产生的收入》保持持续趋同。IFRS 15是IASB与FASB的联合项目，自2018年1月1日起生效（执行美国财务会计准则的企业自2017年12月15日起实施）。该准则的核心原则是：主体确认收入的方式应当反映其向客户转让商品和服务的模式，确认金额应当反映主体预计因交付该商品和服务而有权获得的金额。然而，收入ED与现行企业所得税法规之间有很多分离，具体体现在以下方面：

（1）提供劳务收入的确认方法。收入ED将现行收入和建造合同两项准则纳入统一的收入确认模型，并就在一段时间内还是在某一时点确认收入提供了具体指引。这尽管有助于解决收入确认时点模糊的问题，提高会计信息的可比性，但也存在不利影响：一是建造合同与一般的收入合同在收入确认时点、收入确认方法（如是否采用完工百分比法）以及会计处理（会计科目显示的业务特殊性）方面存在很大差异，将其合并处理难以体现建造合同的特殊性。二是与现行企业所得税政策法规不符。《国家税务总局关于确认企业所得税收入若干问题的通知》（国税函[2008] 875，以下简称《通知》）第二条规定：“企业在各个纳税期末，提供劳务交易的结果能够可靠估计的，应采用完工进度（完工百分比）法确认提供劳务收入”，并指出劳务交易的结果能够可靠估计需同时满足下列条件：①收入的金额能够可靠地计量；②交易的完工进度能够可靠地确定；③交易中已发生和将发生的成本能够可靠地核算。《通知》第二条第（三）款规定：“企业应按照从接受劳务方已收或应收的合同或协议价款确定劳务收入总额，根据纳税期末提供劳务收入总额乘以完工进度扣除以前纳税年度累计已确认提供劳务收入后的金额，确认为当期劳务收入；同时，按照提供劳务估计总成本乘以完工进度扣除以前纳税期间累计已确认劳务成本后的金额，结转为当期劳务成本。”收入ED第十二条规定：“对于在一段时间内履行的履约义务，企业应当在该段时间内按照完工百分比法确认收入，但是履约进度不能合理确定的除外。完工百分比法，是指企业在资产负债表日按照履约进度确认收入的方法。”从这些规定可以看出，《通知》中强调涉及跨年提供服务的，须按完工百分比法确认收入，同时按完工百分比法结转成本，这符合收入与费用相配比的会计原则；若提供的服务没有跨年，则只需要在提供的服务完成时全额确认收入即可。而在收入 ED 中，理论上只要涉及跨月提供劳务就须按完工百分比法确认收入，同时并未强调按完工百分比法结转成本。即对于是否采用完工百分比法确认收入，《通知》是按年为标准来判断的，而收入 ED 是按月（资产负债表日）来判断的。《通知》强调收入与费用相配比来确定应税收入和扣除项目，但收入 ED 中并未体现。

（2）收入确认标准。收入 ED 第四条规定："企业应当在履行了合同中的履约义务，即客户取得相关商品（或服务）控制权时确认收入。取得相关商品（或服务）控制权，是指能够主导该商品（或服务）的使用并从中获得几乎全部的经济利益。"收入 ED 第五条规定："本准则所称合同，是指双方或多方之间设立有法律约束力的权利义务的协议，应同时满足下列条件：（一）合同各方已批准该合同并承诺将履行各自义务；（二）该合同明确了合同各方的权利和义务；（三）该合同有明确的付款条款；（四）该合同具有商业实质，即该合同将改变企业未来现金流量的风险、时间或金额；（五）企业很可能收回因向客户转让商品（或提供服务）而有权取得的对价。"这样规定的原因为：一是与 CF ED 中资产的定义相衔接。IASB 在 CF ED 中认为，资产是指过去的交易或事项形成的、由企业控制的现时经济资源。该定义突出了控制标准，因为收入的增加会导致资产的增加或负债的减少，所以收入 ED 将确认收入的时点定位于取得相关商品（或服务）控制权之时。二是与 CF ED 中的确认标准相协调。前文已述，CF ED 中的确认标准为相关性、如实反映以及成本效益原则。此处关于取得控制权的解释符合相关性和如实反映，而合同需要满足的条件主要体现了如实反映。值得注意的是，从合同须满足的条件（四）可以发现，收入确认须满足实质重于形式原则；而条件（五）表明，收入确认还要符合"很可能"这一不确定性标准。《通知》第一条指出："除企业所得税法及实施条例另有规定外，企业销售收入的确认，必须遵循权责发生制和实质重于形式原则。"第一条第（一）款指出，企业销售商品同时满足下列条件的，应确认收入的实现：①商品销售合同已经签订，企业已将商品所有权相关的主要风险和报酬转移给购货方；②企业对已售出的商品既没有保留通常与所有权相联系的继续管理权，也没有实施有效控制；③收入的金额能够可靠地计量；④已发生或将发生的销售方的成本能够可靠地核算。上述①和②实质上就是控制权转移，综合上述内容可以看出，企业所得税关于商品销售收入的确认标准为权责发生制、实质重于形式、控制权转移、可靠计量以及收入与费用相配比。与收入 ED 相比，《通知》规定的应税收入确认标准更具体、更易理解。两者之间的重大分歧在于：①收入 ED 是从客户取得控制权维度来确认收入，《通知》则是从销售方控制权转移来确认收入。尽管一般而言，客户取得控制权与销售方转移控制权是对立统一的，但从销售方维度考虑更符合会计惯例。当存在合同争议时，从销售方维度考虑也更有助于税务征管人员进行专业判断。②收入 ED 中蕴含了“很可能”的不确定性标准，如客户取得控制权是指获得“几乎”全部的经济利益，企业“很可能”收回因向客户转让商品而有权取得的对价。但《通知》中的应税收入确认标准中是不存在“很可能”标准的，因为“很可能”是一种不确定性，也是企业经营过程中面临的风险，企业所得税法代表国家，国家不应该为企业经营承担风险，应税收入产生的经济利益流入须是确定的。③《通知》强调了收入与费用配比原则，而收入 ED 中并未体现，这既不符合会计惯例，也未考虑与企业所得税法的协调。

（3）存在退货条款的销售。收入 ED 第三十一条规定：“对于附有销售退回条款的销售，企业应当在客户取得相关商品（或服务）控制权时按照因向客户转让商品（或提供服务）而预期有权收取的对价金额（扣除预期因销售退回将退还的金额）确认收入，按照预期因销售退回将退还的金额确认负债；同时，按照所销售商品（或提供服务）的成本（扣除预期将退回商品的成本）结转成本，按照预期将退回商品的成本扣减收回该商品预计发生的成本（包括退回商品潜在减值）后的余额确认一项资产。每个资产负债表日，企业应当重新估计未来销售退回情况，如有变化，应当作为会计估计变更进行会计处理。”《通知》第一条第（五）款规定：“企业因售出商品的质量不合格等原因而在售价上给的减让属于销售折让；企业因售出商品质量、品种不符合要求等原因而发生的退货属于销售退回。企业已经确认销售收入的售出商品发生销售折让和销售退回，应当在发生当期冲减当期销售商品收入。”即对于附有销售退回条款的销售，其应税收入在销售时全额确认，同时全额结转应税成本（扣除项目），等退货期满后或退货条件满足实际退货时，再冲减退货当期的应税收入和应税成本。可见，两者差异明显。

（4）特许权使用费收入。收入 ED 第三十六条规定：“企业向客户授予知识产权许可并约定按客户实际销售或使用情况收取特许权使用费的，应当在客户后续销售或使用行为实际发生与企业履行相关履约义务二者孰晚的时点确认收入。”《企业所得税法实施条例》第二十条规定：“特许权使用费收入，按照合同约定的特许权使用人应付特许权使用费的日期确认收入的实现。”可见，前者采用“客户后续销售或使用与履约义务两者孰晚”确认收入，而后者采用“按合同付款日期”确认应税收入，两者存在明显差异。

(5) 售后回购。收入 ED 第三十七条规定：“对于售后回购交易，企业应当区分以下两种情形分别进行会计处理：(一) 企业负有回购义务或享有回购权利的，表明销售时点客户并未取得相关商品控制权，企业应当作为租赁交易或融资交易进行相应的会计处理。其中，回购价格低于原售价的，应视为租赁交易，企业应当按照《企业会计准则第 21 号——租赁》相关规定进行会计处理；回购价格不低于原售价的，应视为融资交易，企业应当在收到客户款项时确认金融负债，并在回购期间按期计提利息费用。企业到期未行使回购权利的，应在回购权到期时终止确认金融负债，同时确认收入。(二) 企业负有应客户要求回购商品义务的，应当在合同开始时分析判断客户是否具有行使该要求权的重大经济动因。客户具有行使该要求权重大经济动因的，企业应当将售后回购作为租赁交易或融资交易按照本条第（一）款规定进行相应的会计处理；否则，企业应当将其作为附有销售退回条件的销售交易处理。”《通知》第一条第（三）款规定：“采用售后回购方式销售商品的，销售的商品按售价确认收入，回购的商品作为购进商品处理。有证据表明不符合销售收入确认条件的，如以销售商品方式进行融资，收到的款项应确认为负债，回购价格大于原售价的，差额应在回购期间确认为利息费用。”可见，两者在“回购价格低于原售价”以及“合同开始时分析判断客户是否具有行使该要求权的重大经济动因”方面存在明显的差异。

(6) 内部研发形成无形资产的计税基础。《企业所得税法实施条例》第六十六条第（二）款规定：“自行开发的无形资产，以开发过程中该资产符合资本化条件后至达到预定用途前发生的支出为计税基础。”《企业会计准则第 18 号——所得税》第五条指出：“资产的计税基础，是指企业收回资产账面价值过程中，计算应纳税所得额时按税法规定可以自应税经济利益中抵扣的金额。”《企业所得税法实施条例》第九十五条规定，开发新技术、新产品、新工艺发生的研究开发费，未形成无形资产计入当期损益的，在按照规定据实扣除的基础上，按照研究开发费的 50%加计扣除；形成无形资产的，按照无形资产成本的 150%摊销。若符合资本化条件的开发支出是 100 万元，按《企业所得税法实施条例》的规定，该无形资产的计税基础是 100 万元，但按所得税会计准则计税基础的定义，未来计算应纳税所得额税前可抵扣的金额为 100×150%＝150 万元，则计税基础应为 150 万元。尽管所得税准则规定，内部研发形成的无形资产账面价值与计税基础之间的差异既不影响会计利润也不影响应纳税所得额，在初始确认和后续计量中均不考虑递延所得税问题，但是这一差异使得会计中的计税基础概念与企业所得税法中的计税基础概念出现逻辑混乱。

综上所述，金融预期型会计准则导致会计核算结果不被税收法规认可，加大了会计与税法的差异，削弱了税法的运行基础。中国会计法律制度体系现存的上述冲突，使得会计法律制度体系的优化显得尤为迫切。

11.4 中国会计法律制度体系冲突程度：来自税会差异的证据

11.4.1 制度背景

随着国际趋同的 CAS 的实施和彰显宏观经济调控目标的企业所得税法（enterprise income tax law，EITL）改革的推进，税会彻底分离的立法思路使得会计利润与应税所得之间的制度差异进一步加大。具体而言，CAS 与 EITL 服务对象和目的不同导致两者的制度性差异不断扩大。CAS 旨在为经理层解除受托责任以及为投资者、债权人决策提供真实公允的会计信息。政府制定的 EITL 强调税源的稳定性、覆盖面和征税及时性。与 CAS 相比，EITL 在收入、成本和费用方面的差异主要体现在：（1）收入确认条件方面比 CAS 宽松，没有“未来的经济利益很可能流入企业”的条件。因为 EITL 认为，这是企业自身承担的风险，税法代表着国家，它不应承担企业收入存在不确定性的风险。（2）EITL 中收入、成本和费用的范畴比 CAS 要宽。比如，收入不仅包括 CAS 中的营业收入，还包括视同销售收入、计入损益的利得和资产溢余收入等。（3）EITL 不认同 CAS 中的“未确认融资费用”和“未实现融资收益”。（4）EITL 中的关联交易认定比 CAS 更严格。（5）计量属性方面，EITL 基本上坚持历史成本原则，对公允价值计量的采纳很少，而 CAS 公允价值的应用范围要相对广一些。(6) 费用扣除方面，EITL 强调权责发生制原则、确定性原则、相关性原则和配比性原则，且费用扣除有限额限制，但 CAS 费用扣除项目没有限额限制。

在计划经济时代，我国税收法规与会计制度高度吻合，会计制度成为税收征管的重要依据。税会分离始于 1994 年《企业所得税会计处理的暂行规定》(伍丽娜和李蕙伶，2007)。2000 年执行的《企业所得税税前扣除办法》标志着税会正式分离。2006 年，与国际趋同的 CAS 颁布，表明我国努力构建全球统一高质量会计准则，新的 CAS 使得中国特色成分大幅缩水。国际趋同使得 CAS 进一步淡化会计准则宏观经济目标，立足微观层面的决策有用导向，公允价值的应用范围不断扩大，从而使得 CAS 沦为金融分析规则，并导致财产权利的计量规则由历史成本计量基础过渡到“历史成本＋公允价值”双重计量基础。未实现的公允价值变动损益项目也纳入利润表，但其并不具有可分配性，违背了 EITL 损益实现原则，这也与公司法中财产权利的可分配性相背离。可见，国际趋同使得 CAS 服务于投资者个体需求的导向进一步强化。2007 年，为进一步完善社会主义市场经济体制，为各类市场主体创造统一公平的竞争环境，全国人民代表大会通过了《中华人民共和国企业所得税法》。同年，国务院审议通过《中华人民共和国企业所得税法实施条例》。EITL 体现了统一内外资企业税负、降低企业整体税负和加强征管的精神，凸显了宏观调控的经济目标。收入总额、不征税收入、免税收入和扣除项目等均体现了中国特色。合乎逻辑地，我们可以推测，2007 年实施的 CAS 和 2008 年实施的 EITL 之间的制度性差异相对于以前呈不断扩大之势。那么，实务中会计利润与应税所得差异 (book-tax difference，BTD) 是否扩大还受税收征管力度和效率的影响。BTD 是否存在行业特征呢?

针对这些问题，本书以 2001—2011 年我国 A 股上市公司为研究对象，进行以下四方面的研究：(1) 考察 BTD 差异是否显著及其变动趋势如何? (2) BTD 是否具有行业特征? (3) 应税所得除由会计利润决定之外，还受哪些因素影响? (4) 2007 年实施的 CAS 和 2008 年施行的 EITL 这两类制度变迁对税会回归模型的结构性影响如何?

接下来的行文逻辑如下：11.4.2 为文献回顾；11.4.3 为研究方案设计；11.4.4 为样本选取和描述性统计分析；11.4.5 剖析实证结果；11.4.6 总结全文，指出研究局限及未来展望。

11.4.2 文献回顾

现有的关于税会差异的研究主要集中在以下三个方面。

一是探讨税会差异形成的原因，主要包括制度性差异和计量属性选择差异两个方面。戴德明等（2006）以 2002—2004 年我国上市公司为样本，检验了税会差异，发现会计制度与税收法规差异可以解释会计利润与应税所得之间差异的 60%以上，且固定资产折旧和投资收益是造成税会差异的两个主要制度原因。戴德明和周华（2002）认为，应从制度层面实现会计信息对税务征管实务的支持作用。刘慧凤和邓阳（2011）以 2005—2009 年上市公司数据为样本，分析了会计利润与应税所得之间的差异，发现两者的差异随着制度变革持续增加，但在 2008 年后增加幅度不显著，表明新所得税法与新会计准则之间的协调产生了较好效果。李心源和戴德明（2004）认为，会计制度与税收法规之间差异的扩大增加了会计核算成本，加大了税收征管难度，也成为企业逃税的一个重要原因。戴德明等（2005）基于税会关系模式及两者差异的分析，讨论了会计制度与税收法规的协作问题。盖地和孙雪娇（2009）对财务会计计量属性和税务会计计量属性进行了比较分析，认为税务会计的计量特点是以历史成本为主，以重置成本、现行市价为补充，在特定情况下采用公允价值；财务会计特有的计量属性是可变现净值和现值，税务会计特有的计量属性是现行市价。尽管会计和税法均采用历史成本和公允价值，但是，在历史成本方面，两者所处地位、采用程度不同，而在公允价值方面，两者在适用范围、采用目的和估价方法方面也存在较大差异。

二是研究税会差异与盈余管理之间的关系。叶康涛（2006）基于会计利润与应税所得之间的差异，探讨了盈余管理与所得税支付之间的关系，研究发现：上市公司盈余管理幅度越大，则会计利润与应税所得差异也就越大，即上市公司通过操纵差异来规避盈余管理的税负成本，且该操纵行为主要发生在高税率组别中。周中胜（2009）以 1999—2003 年上市公司为样本，考察了税会差异对盈余质量的影响，研究发现：税会差异越大，盈余持续性越弱，盈余质量越低。盖地和孙晓妍（2012）以 2005—2009 年上市公司数据为样本，检验了税会差异的主要成因，发现盈余管理会显著地影响税会差异，盈余管理幅度越大，税会差异波动越明显。伍丽娜和李蕙伶（2007）利用中国 A 股市场数据，研究税会差异与会计盈余预测价值和股票市场反应的关系，发现税会差异幅度大的上市公司盈余持续性显著低，但投资者对该类上市公司盈余持续性高估程度严重。格雷厄姆等（Graham et al.，2012）对税收账户是否用来进行盈余管理以及税收账户是否被股票市场参与者合理定价等问题进行了所得税会计研究的回顾与展望。

三是研究税会差异与信息含量之间的关系。钱春杰和周中胜（2007）考察了独立审计师在执业过程中以及出具审计报告时是否利用了会计—税法差异信息，研究发现：会计利润与应税所得差异与审计收费存在显著正相关关系，与“非清洁”审计意见也存在显著正相关关系，显示审计师充分利用了税会差异蕴含的信息。列夫和尼西姆（Lev & Nissim，2004）、汉隆（Hanlon，2005）和唐（Tang，2006）发现，税会差异具有信息含量，较高的税会差异意味着较低的盈余质量。菲利普斯等（Phillips et al.，2003）和达莱瓦等（Dhaliwal et al.，2004）的研究表明，税会差异程度可以用于识别盈余管理的不同动机。唐和弗思（Tang & Firth，2011）考察了中国上市公司中会计税法差异与盈余管理、税收管理之间的相互关系，研究发现：具有强烈动机进行盈余管理和税收管理的企业显示出高水平的非正常税会差异，表明税会差异能用于捕捉来自管理层会计操纵和税收规避的动机。陈等（Chan et al.，2010）考察了转型经济体中国家财务报告准则的采纳与税务会计系统的分离是否导致了税收违规增加，以及税会差异在识别税收违规方面是否具有信息含量，研究发现：随着税会一致性降低，税收违规增加。尽管税会差异对于税收违规仍具有信息含量，但随着税会分离，其信息含量在减少；此外，在税务会计系统分离之后，相对于其他公司而言，具有强烈动机增加会计利润的公司更偏向于保持与税法的适度一致。汉隆等（2008）考察了一个出于税收目的被迫将其计价基础从现金制转至应计制以增加税会一致性的独特样本，研究发现，增加税会一致性却导致盈余信息含量降低。埃尔策和谢尔顿（Heltzer & Shelton，2011）通过调查 781 个受试者发现，占主导地位的会计师认为，税会分离将导致向上的盈余管理以及向下的应税所得管理，建议增加税会差异的披露或使得会计利润与应税所得相互协调一致，这样就能识别或阻止失真的会计报告。阿特伍德等（Atwood et al.，2010）针对消除会计利润与应税所得之间差异存在的争论（支持者认为，税会一致性的增加将提高税法遵守程度和改善盈余质量；但反对者认为，这将导致盈余质量下降），探讨了税会一致性是否影响盈余持续性，研究发现，增加税会一致性可能降低盈余质量。

通过文献回顾发现，当前国内外对税会差异的研究主要集中在：一是税会差异形成的原因，主要包括制度性差异和计量属性选择差异两个方面；二是税会差异与盈余管理和税收规避之间的关系；三是税会差异与信息含量、股票市场反应之间的关系。至于税会差异的程度、趋势以及行业特征等问题鲜有文献进行讨论，还有待我们进一步拓展研究。

11.4.3 研究设计

1. 会计利润与应税所得差异（BTD）度量

由于少有公司在报表附注中披露应税所得信息，使得税会差异的度量存在一定的困难。我国税收法规烦琐，公司实际税率受行业、地区、规模等因素影响，研究者无法利用合并财务报表数据来推算 BTD（戴德明等，2005）。对于上市公司应税所得的测算，叶康涛（2006）认为存在两种可能途径：一是基于合并报表披露的所得税费用和所得税率计算应税所得；二是基于个别会计报表披露的所得税费用和所得税率分别计算出母子公司应税所得，再将其汇总。鉴于母子公司适用的税率可能不同且企业集团内部交易抵消两因素使得用第一种方法推算 BTD 产生一定的误差，目前大部分文献采用上市公司母公司年报所得税费用和税率来推算 BTD。但是，以母公司应税所得来替代上市公司应税所得名不副实。随着部分数据库（如 RESSET 金融研究数据库）提供上市公司实际税率等数据，这一问题迎刃而解。因此，本书采用上市公司合并报表数据和上市公司实际税率来推算 BTD。

2001—2006 年，在所得税会计采用应付税款法核算下，应纳税所得额＝所得税费用/实际税率。

2007—2011 年，在所得税会计采用资产负债表债务法核算下，所得税费用＝当期所得税费用＋递延所得税费用＝应纳税所得额×实际税率＋(Δ递延所得税负债－Δ递延所得税资产)，所以，应税所得＝(所得税费用＋Δ递延所得税资产－Δ递延所得税负债)/实际税率。

2. 应税所得影响因素测度

理论上讲，各企业应税所得有两种计算方法：一是直接法；二是间接法。直接法下，应税所得＝收入总额－不征税收入－免税收入－扣除项目－经营亏损。而间接法下，应税所得＝会计利润±纳税调整。但实务中，不管是企业填制纳税申报表还是税收征管，均采用间接法。也就是说，应税所得的最重要的决定因素是会计利润。因而，本书将应税所得（TAXINC）设为因变量，将会计利润（TPROFIT）作为自变量，同时考虑控制变量。

（1）公司规模。一般而言，公司规模越大，会计利润越大，应税所得也就越大，即公司规模与应税所得存在正向关系。

（2）财务杠杆。由于利息具有税盾效应，财务杠杆高的公司，借款利息费用化金额越大，会计利润相对越低。EITL 对于费用化利息费用的扣除政策是：若企业向金融机构借款，则可以据实扣除。但是对于企业向非金融机构借款，若两者不存在关联方关系，则受“不超过同期同类银行贷款利率”这一利率限制；若两者存在关联方关系，则既受利率限制，也受本金限制，即企业从关联方接受的债权性投资与权益性投资的比例超过规定标准（金融类企业为 5∶1，其他类企业为 2∶1）而发生的利息，不予在计算应税所得时扣除。尽管如此，一般而言，财务杠杆越高的企业，借款利息费用化金额相对越大，EITL 允许扣除的金额也相对较多，应税所得则相对较低，两者呈负向关系。

（3）资产结构。资产结构主要包括资本密集度和存货密集度两个方面（Gupta & Newberry，1997）。固定资产的加速折旧可以降低税负，但会减少会计利润。会计与税法在固定资产运用加速折旧的条件上有所不同。CAS 对固定资产的加速折旧由管理层确定，但 EITL 规定加速折旧仅适用于“常年处于高腐蚀、强震动或技术进步快、产品更新换代快的生产经营设备”，加速折旧方法有双倍余额递减法和年数总和法，也可缩短折旧年限，但剩余折旧年限不得低于规定折旧年限的 60%。一般而言，资本密集度越高，税法折旧也就越多，应税所得相对越低，即资本密集度与应税所得呈反向关系。资本密集度高，往往意味着存货密集度低，两者呈此消彼长之势。据此可认为，存货密集度与应税所得呈正向关系。

（4）获利能力。一般而言，公司获利能力越高，则会计利润越高，应税所得也越高，即公司获利能力与应税所得呈正向关系。但值得注意的是，因为 EITL 中存在不征税收入和免税收入对应税所得的抵减，所以现实中公司获利能力与应税所得之间的统计关系可能显著相关，也可能不显著相关。

据以上分析，因变量、自变量及控制变量所包含的具体指标及其定义如表 11—1 所示。

表 11—1 变量列表

变量类型	预期符号	指标	定义
应税所得		TAXINC	在应付税款法下，应纳税所得额＝所得税费用/实际税率；在资产负债表债务法核算下，应税所得＝(所得税费用＋Δ递延所得税资产－Δ递延所得税负债)/实际税率
会计利润		TPROFIT	利润总额
公司规模	＋	SIZE	年末资产总额的自然对数
财务杠杆	－	LEV	年末负债总额除以年末资产总额
资本密集度	－	CAPINT	年末固定资产账面价值除以年末资产总额
存货密集度	＋	INVINT	年末存货账面价值除以年末资产总额
获利能力	?	ROA	息税前利润除以年末资产总额

因此，我们可以建立以下回归模型：

$$TAXINC=\alpha_0+\alpha_1 TPROFIT+\alpha_2 SIZE+\alpha_3 LEV+\alpha_4 CAPINT+\alpha_5 INVINT+\alpha_6 ROA+\varepsilon$$

3. 制度变迁与应税所得回归模型结构稳定性度量

为了度量 2007 年实施的 CAS 和 2008 年实施的 EITL 这两项制度变迁是否使应税所得回归模型发生了结构性变化，本书建立以下回归模型：

$$TAXINC=\alpha_1+\alpha_2 D_i+\beta_2 TPROFIT+\beta_2 D_i TPROFIT+\beta_i ConVars+\mu$$

假定 $E(\mu)=0$，则

$$E(TAXINC|D_i=0,\text{自变量})=\alpha_1+\beta_1 TPROFIT+\beta_i ConVars$$

$$E(TAXINC|D_i=1,\text{自变量})=(\alpha_1+\alpha_2)+(\beta_1+\beta_2)TPROFIT+\beta_i ConVars$$

式中，α_2 是级差截距；β_2 是级差斜率系数。若 α_2 和 β_2 都是统计上显著的，则强烈表示制度变迁前后两个时期的回归结果是相异的，也就是相异回归。若 α_2 显著，β_2 不显著，则为平行回归；若 α_2 不显著，β_2 显著，则为汇合回归；若 α_2 不显著，β_2 不显著，则为重合回归。除重合回归外，均表明两个时期的回归方程发生了结构性变化。

若 $i=2007$，则测度的是 CAS 变迁对回归模型结构稳定性的影响；若 $i=2008$，则测度的是 EITL 变迁对回归模型结构稳定性的影响。控制变量的选取同上。

11.4.4　样本选择与描述性统计分析

1. 样本选择

本书选择 2001—2011 年我国 A 股上市公司作为样本，按下列标准筛选后，得到公司年度数据 6 660 个：（1）剔除 2001—2006 年上市公司母子公司既采用应付税款法又采用纳税影响会计法核算的公司；（2）剔除实际税率数据不全及税率为 0 的公司；（3）剔除经营亏损的公司，因为亏损公司的亏损额可用下一年度所得弥补，不足以弥补的，可在 5 年的期限内逐年延续弥补，这样就会抵减以后年度的所得税费用；（4）剔除当年新上市的公司，因为递延所得税款的变动需要上年会计数据，而当年新上市公司并没有披露上年会计数据；（5）剔除 2001—2006 年采用纳税影响会计法进行所得税核算的公司，因为该类公司样本数为 21 家，小于 30，其分析结果不具有代表性；（6）剔除极端值，推算出应税所得（TAXINC）之后，将位于均值正负 3 倍标准差以外的样本予以剔除。在分行业考察时，TAXINC 数据上下 1%的部分分别用 1%和 99%分位数值来替代。财务数据来自国泰安 CSMAR 数据库，实际税率来自 RESSET 金融研究数据库，行业采用传统分类，即将行业分成金融、公用事业、房地产、工业、商业和综合六大类。

2. 描述性统计分析

表 11—2 列出了全样本和分行业 BTD 绝对值均值。

表 11—2　　全样本和分行业 BTD 绝对值均值列表

年度	全样本	房地产	工业	公用事业	商业	综合
2001	47 517 385.9	44 743 380.7	48 836 375.6	55 962 440.0	35 519 660.1	33 818 401.1
2002	50 482 856.4	47 571 193.8	45 363 166.2	35 479 482.5	35 479 482.5	44 741 151.0
2003	40 768 520.3	51 770 576.7	40 859 636.6	28 808 071.4	28 659 125.0	37 690 638.9
2004	54 671 499.1	53 928 482.1	52 220 440.9	50 699 738.9	52 920 931.7	54 581 226.6
2005	58 632 807.6	67 740 637.7	56 217 341.1	74 341 580.9	53 230 423.1	46 240 336.0
2006	121 026 697.5	104 304 304.2	114 221 857.4	236 098 713.8	147 260 002.0	70 891 064.3
2007	189 190 944.1	101 338 140.8	181 884 800.9	265 896 118.1	87 870 705.7	141 837 265.7
2008	169 125 006.4	68 910 362.6	159 683 550.4	164 738 923.8	119 114 744.7	107 941 226.5
2009	119 336 340.9	86 982 974.4	114 621 465.7	125 889 484.6	65 039 546.0	109 232 094.6
2010	101 025 878.3	84 113 598.3	90 755 795.4	99 832 605.2	72 651 559.6	132 411 874.5
2011	118 722 636.4	139 583 407.6	90 234 167.4	200 138 423.5	65 323 227.0	120 375 718.7

说明：由于金融业样本量少，此处没有列出。

图 11—1 显示了全样本与分行业 BTD 的比较。

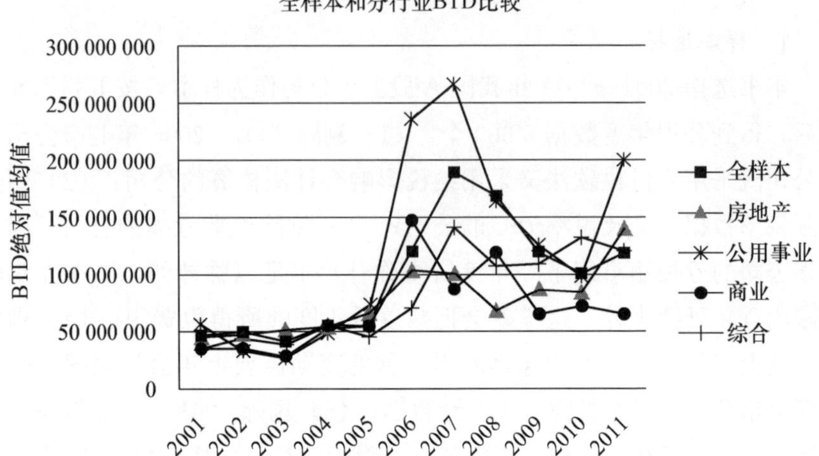

图 11—1 全样本与分行业 BTD 比较

说明：由于金融业样本量少，此处未纳入；考虑到工业样本量较其他行业大得多，可能导致其他行业的波动难以清晰反映，此处未纳入。

通过表 11—2 和图 11—1 可以发现，2001—2005 年，BTD 约为5 000 万元，且各行业变动幅度不大，2006—2007 年，全样本、公用事业和综合类 BTD 不断扩大，而房地产和商业类 2006 年 BTD 增加，但在 2007 年呈下降趋势。2008 年除商业外，全样本和其他行业 BTD 比 2007 年均下降。2009 年，除房地产外，全样本和其他行业与上年相比均下降。2010 年，全样本、公用事业和房地产类 BTD 继续下跌，但商业和综合类有一定增加。2011 年，全样本、公用事业和房地产类比上一年均有所增加，而商业和综合类下降。

从差异的绝对值来看，整体而言，公用事业类 BTD 最大且波动幅度最大，而房地产、综合和商业类波动相对较小。值得特别注意的是，2006—2009 年，全样本及各行业普遍呈现倒 U 形增减趋势，暗示 2007 年 CAS 和 2008 年 EITL 的制度变迁可能对 BTD 产生了重要影响。图 11—2 至图 11—8 显示了全样本和各行业应税所得与会计利润的差异。

如图 11—2 所示，2001—2005 年全样本 BTD 没有什么波动，2006—2010 年先增后减，在 2007 年 BTD 最大。相比上一年，2011 年又有一定程度的增加。

如图 11—3 所示，房地产行业的趋势是 2001—2006 年 BTD 持续扩大，到 2006 年达到最大值，2007—2011 年总体呈现先减后增之势。

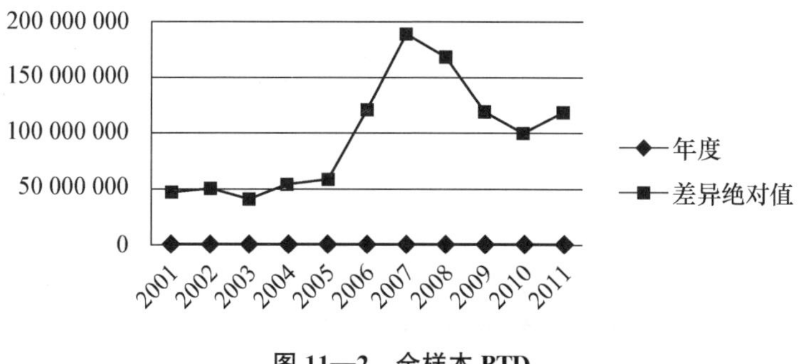

图 11—2　全样本 BTD

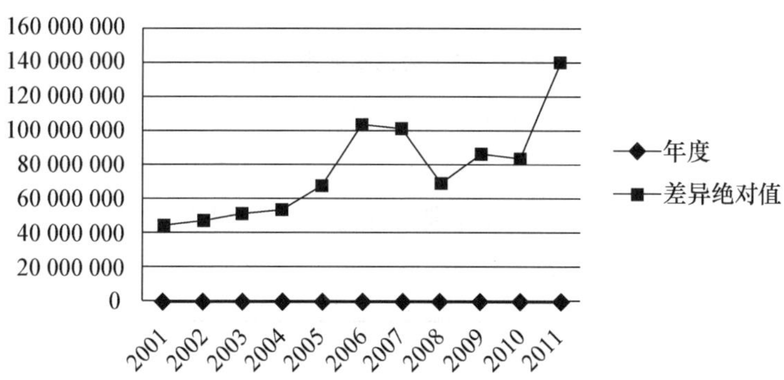

图 11—3　房地产行业 BTD

如图 11—4 所示，2001—2005 年工业类 BTD 波幅不明显，但 2006—2007 年 BTD 大幅增加，2007 年达到最大值，2008—2011 年 BTD 呈下降趋势。

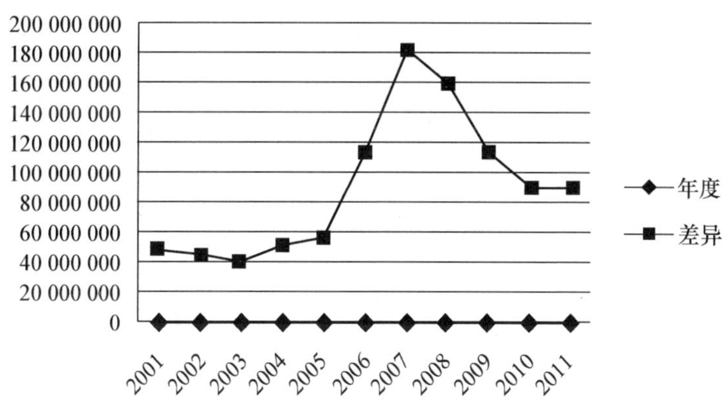

图 11—4　工业类 BTD

如图 11—5 所示，公用事业类 BTD 呈两阶段 U 形结构，2001—2007 年先减后增，在 2003 年达到最小值，2008—2011 年先减后增，2010 年达到最小值，2006—2007 年 BTD 大幅增加，2007 年达到最大值。

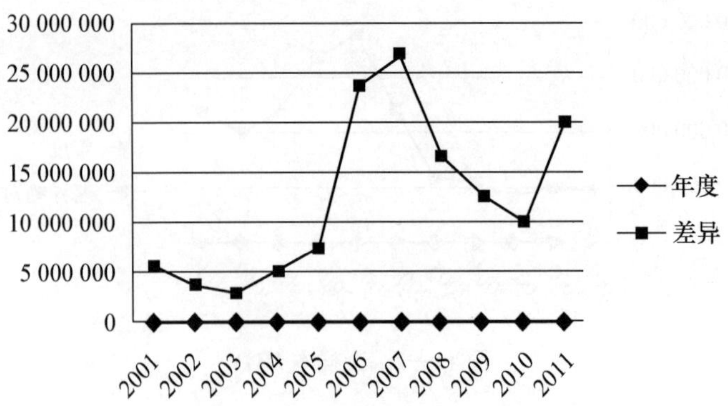

图 11—5 公用事业类 BTD

如图 11—6 所示，金融类 BTD 数据样本量较少，我们以 CAS 实施期限为基准，将 2001—2006 年数据合并为一个混合样本，2007—2011 年数据合并为另一个混合样本，会计准则变迁之后，BTD 增大了。

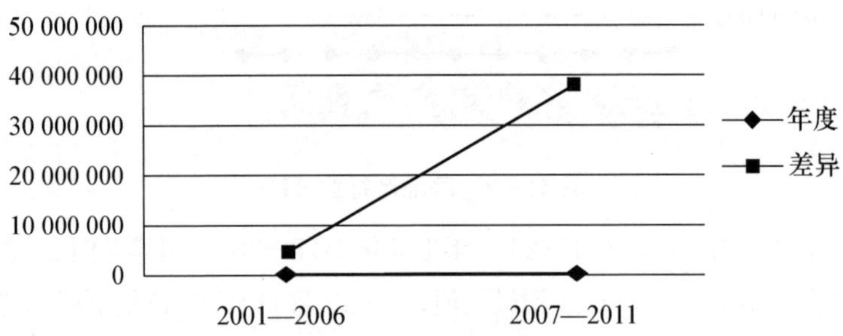

图 11—6 金融类 BTD

如图 11—7 所示，2001—2005 年商业类 BTD 波幅较小，2006 年 BTD 大幅上涨，达到最大值，2009—2011 年 BTD 整体呈下降趋势。

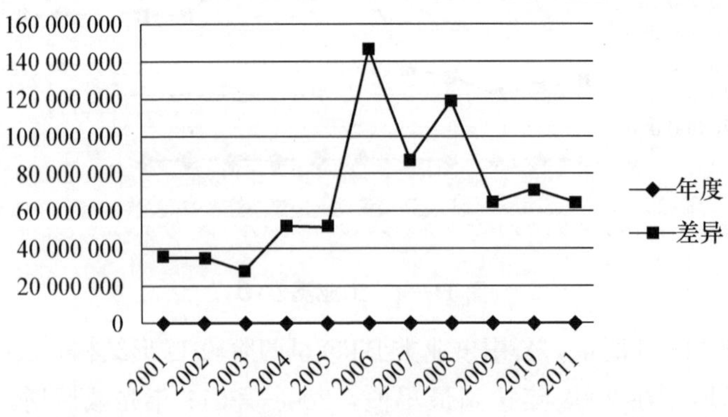

图 11—7 商业类 BTD

如图 11—8 所示，2001—2005 年综合类 BTD 较为平稳，波幅不明显，2006—2007 年 BTD 大幅增加，2007 年达到最大值，之后有降低趋势，但降幅不大。

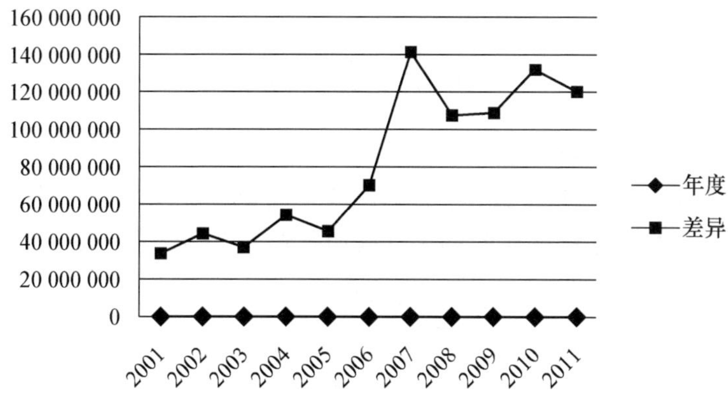

图 11—8　综合类 BTD

整体而言，我们发现，与 2006—2011 年相比，2001—2005 年 BTD 的波动不明显。这可能是会计制度和企业所得税法制度性差异不大，两者存在较好的协调效果的反映。

表 11—3 是 2001—2011 年混合横截面数据样本关于制度变迁结构稳定性变量的描述性统计结果。

表 11—3　制度变迁结构稳定性回归模型变量描述性统计结果（全样本 n=6 660）

变量	极小值	极大值	均值	标准差
TAXINC	−2 689 027 229.67	35 925 244 855.84	201 844 867.07	865 272 674.67
TPROFIT	−3 568 868 108.00	35 839 287 000.00	187 778 771.85	857 068 369.90
LEV	0.00	877.26	0.77	11.19
ROA	−2095.05	25 222.73	3.51	310.11
SIZE	10.84	28.62	21.19	1.13
CAPINT	−0.21	0.96	0.30	0.19
INVINT	0.00	0.95	0.18	0.16
D07	0.00	1.00	0.65	0.48
D07×TPROFIT	−3 568 868 108.00	7 066 796 368.13	60 539 035.85	230 454 194.21
D08	0.00	1.00	0.72	0.45
D08×TPROFIT	−3 568 868 108.00	12113 833 854.00	83 785 730.80	341 376 652.31

从表中可以发现，应税所得比会计利润均值多 14 066 095 元，即 BTD 确实存在。从两者的标准差分析可以发现，应税所得的变异程度高于会计利润，表明公司可能存在较强烈的规避缴纳企业所得税的冲动。A 股上市公司的财务杠杆为 77%，表明财务风险偏高；获利能力为 351%，

表明A股上市公司盈利能力较强，但标准差偏大，说明公司盈利能力不太稳定，公司的可持续发展能力还有待进一步加强。资产规模、资产结构标准差较小，表明其变异较小，说明A股上市公司资产规模变化不大，资产结构较为稳定。

11.4.5 实证检验

1. BTD显著性检验

对BTD进行参数检验和非参数检验，其中，参数检验采用单样本的T检验，非参数检验采用Wilcoxon秩和检验。检验结果如表11—4所示。

表11—4 **全样本BTD显著性检验**

年度	差异均值	单样本T检验（T值）	Wilcoxon秩和检验（Z值）
2001	−16 865 132.32	−5.406	−8.631
2002	7 728 702.69	2.244	−0.267
2003	5 536 630.54	1.994	−0.757
2004	12 378 974.22	3.428	−1.123
2005	21 413 827.04	5.836	−4.669
2006	121 019 801.18	15.005	−22.558
2007	−76 170 042.48	−3.976	−3.906
2008	76 496 038.64	3.865	−2.981
2009	−22 595 082.37	−2.051	−2.765
2010	−9 704 370.92	−1.011	−0.598
2011	−3 574 912.92	−0.289	−0.596

说明：

①2002年数据的正态检验结果显示：单样本Kolmogorov-Smirnov检验$Z=4.606$，$P=0.000$，表明样本不服从正态分布，Wilcoxon秩和检验结果更可靠，所以2002年两者差异不显著。

②2003年数据的正态检验结果显示：单样本Kolmogorov-Smirnov检验$Z=5.079$，$P=0.000$，表明样本不服从正态分布，Wilcoxon秩和检验结果更可靠，所以2003年两者差异不显著。

③2004年数据的正态检验结果显示：单样本Kolmogorov-Smirnov检验$Z=5.812$，$P=0.000$，表明样本不服从正态分布，Wilcoxon秩和检验结果更可靠，所以2004年两者差异不显著。

两种方法的检验结果均表明，2001年、2005—2009年BTD存在显著差异，而2010—2011年BTD不存在显著差异。2002—2004年，单样本T检验结果显示BTD显著，但Wilcoxon秩和检验结果显示不显著。我们运用单样本的K-S检验对这三年的数据进行正态性检验，发现$P<0.0001$，表明样本均不服从正态分布，因而Wilcoxon秩和检验结果更可信，所以2002—2004年三年BTD不显著。

分行业来看，房地产行业 2002—2006 年、2010—2011 年两种检验结果均显示 BTD 显著，而 2001 年和 2007 年 BTD 不显著，2008 年和 2009 年两种方法的检验结果不一致，进行单样本 K-S 正态性检验之后发现样本不服从正态分布。因而，2008 年 BTD 在 0.1 的显著性水平上显著，而 2009 年 BTD 在 0.05 的显著性水平上显著。详见表 11—5。

表 11—5　　房地产行业 BTD 显著性检验

年度	样本量	差异均值	单样本 *T* 检验（*T* 值）	Wilcoxon 秩和检验（*Z* 值）
2001	62	11 922 505.82	1.327	−0.011
2002	66	29 385 084.50	3.118	−2.616
2003	65	40 581 660.63	3.343	−2.447
2004	66	34 692 959.07	3.134	−2.175
2005	66	49 141 457.77	3.730	−3.657
2006	65	104 304 304.20	4.533	−6.452
2007	40	9 569 472.51	0.344	−0.161
2008	42	17 121 211.84	0.845	−1.907
2009	49	17 400 198.36	0.764	−2.313
2010	52	64 760 423.41	3.294	−4.007
2011	50	108 681 843.64	2.803	−3.219

工业类，两种方法的检验结果均显示，2001 年、2006—2011 年 BTD 显著，而 2002—2004 年 BTD 不显著，2005 年两种方法的结论不一致，在进行 K-S 正态性检验后发现样本不服从正态分布，因而 2005 年 BTD 不显著。详见表 11—6。

表 11—6　　工业行业 BTD 显著性检验

年度	样本量	差异均值	单样本 *T* 检验（*T* 值）	Wilcoxon 秩和检验（*Z* 值）
2001	369	−19 731 177.78	−4.892	−7.546
2002	402	4 815 305.50	1.306	−0.452
2003	420	330 121.34	0.097	−0.656
2004	456	4 554 539.10	1.080	−1.203
2005	486	11 281 042.93	2.660	−1.576
2006	463	114 221 857.39	11.993	−18.646
2007	278	−65 034 466.35	−2.956	−1.814
2008	229	81 745 486.87	3.688	−2.934
2009	263	−31 512 245.59	−2.389	−3.189
2010	272	−18 538 617.34	−1.787	−2.400
2011	263	−35 332 132.88	−3.018	−2.098

公用事业类，两种方法的检验结果均显示，2001 年、2006—2007 年 BTD 显著，2002—2004 年、2008—2011 年 BTD 不显著，2005 年，因 K-S 检验表明样本不服从正态分布，故 BTD 在统计上不显著。详见表 11—7。

表 11—7 公用事业类 BTD 显著性检验

年度	样本量	差异均值	单样本 T 检验（T 值）	Wilcoxon 秩和检验（Z 值）
2001	55	−40 905 086.52	−3.538	−3.645
2002	52	6 637 707.37	0.885	−0.012
2003	58	−243 978.22	−0.043	−0.298
2004	64	−856 372.65	−0.081	−0.181
2005	66	46 516 192.87	2.658	−1.198
2006	59	236 098 713.81	5.284	−6.680
2007	56	−195 179 620.64	−2.525	−3.173
2008	52	3 852 066.03	0.103	−0.200
2009	54	18 714 070.79	0.616	−0.202
2010	52	−21 842 276.45	−0.868	−0.364
2011	51	16 530 967.66	0.276	−0.975

金融类，2001—2006 年混合样本采用两种检验方法的结果不一致，单样本 K-S 检验显示，$P=0.305$，表明 2001—2006 年样本服从正态分布，因而参数检验结果更可靠。即对于金融行业而言，2001—2006 年和 2007—2011 年两个时间区间，BTD 均不显著。详见表 11—8。

表 11—8 金融类 BTD 显著性检验

年度	样本量	差异均值	单样本 T 检验（T 值）	Wilcoxon 秩和检验（Z 值）
2001—2006	38	14 862 793.68	1.108	−2.195**
2007—2011	31	−22 083 356.19	−0.186	−0.182

说明：＊＊表示 5%水平上显著。

商业类，对两种检验方法的不一致结果进行单样本 K-S 检验之后，发现 2001 年、2004—2005 年样本不服从正态分布。因而，2001 年、2004—2005 年、2008 年 BTD 在 0.1 的显著性水平上均显著，2006 年、2010—2011 年在 0.01 的显著性水平上显著，其余年份 BTD 不显著。详见表 11—9。

表 11—9 商业类 BTD 显著性检验

年度	样本量	差异均值	单样本 T 检验（T 值）	Wilcoxon 秩和检验（Z 值）
2001	51	−2 304 033.73	−0.310	−1.903*
2002	52	6 637 707.37	0.885	−0.046

续前表

年度	样本量	差异均值	单样本 T 检验（T 值）	Wilcoxon 秩和检验（Z 值）
2003	55	−422 572.08	−0.067	−0.276
2004	55	21 627 031.80	1.636	−1.894*
2005	59	20 418 032.78	1.573	−1.947*
2006	54	147 260 002.03	5.272***	−6.093***
2007	36	34 367 358.81	1.163	−0.503
2008	38	96 765 351.94	1.814*	−1.777*
2009	47	1 406 736.88	0.091	−0.021
2010	50	57 674 829.56	2.709***	−2.872***
2011	44	57 954 077.43	3.520***	−4.306***

说明：*** 表示 1%水平上显著；** 表示 5%水平上显著；* 表示 10%水平上显著。

综合类，对 2003 年进行单样本 K-S 检验后发现 $P<0.001$，表明样本不服从正态分布。检验结果显示，除了 2002 年、2003 年和 2008 年 BTD 不显著外，其他年份 BTD 均显著。详见表 11—10。

表 11—10　　综合类 BTD 显著性检验

年度	样本量	差异均值	单样本 T 检验（T 值）	Wilcoxon 秩和检验（Z 值）
2001	97	−15 553 800.16	−3.290***	−3.280***
2002	102	68 778.05	0.010	−0.382
2003	106	11 697 469.02	2.101**	−1.108
2004	114	29 728 842.15	3.348***	−1.983**
2005	118	27 225 935.94	4.469***	−3.782***
2006	100	70 891 064.32	7.990***	−7.886***
2007	60	−86 690 825.69	−3.261***	−2.923***
2008	44	11 241 241.06	0.438	−0.233
2009	53	−78 753 334.30	−3.931***	−3.298***
2010	57	−67 370 901.94	−2.144**	−2.570***
2011	55	−46 079 276.77	−1.814*	−3.846***

说明：*** 表示 1%水平上显著；** 表示 5%水平上显著；* 表示 10%水平上显著。

综上所述，我们发现，BTD 具有明显的行业特征，这可能归因于会计准则和所得税法在不同行业制度性差异程度不同。

为了考察全样本 2001—2011 年 BTD 绝对值的增减变动是否具有显著性，本书仍采用参数检验和非参数检验两种方法进行检验。其中，参数检验运用独立样本 T 检验（含方差方程 Levene 检验和均值方程 T 检验），非参数检验采用两独立样本检验（Mann-Whitney U 检验）。结果如表 11—11 所示。

表 11—11　　全样本 BTD 绝对值均值比较

年度	差异绝对值	独立样本 T 检验（方差方程 Levene 检验＋均值方程 T 检验）	两独立样本检验（Mann-Whitney U 检验）
2001	47 517 385.87		
2002	50 482 856.38	−0.765	219 963.00
2003	40 768 520.26	0.903	217 627.00**
2004	54 671 499.09	−3.625***	248 024.00***
2005	58 632 807.56	−0.907	292 014.00
2006	121 026 697.54	−7.215***	260 628.00***
2007	189 190 944.06	−3.551***	154 498.00***
2008	169125 006.36	0.792	90 808.00*
2009	119 336 340.94	2.405**	95 245.50
2010	101 025 878.26	1.431	108 594.50
2011	118 722 636.37	−1.268	112 857.00

说明：*** 表示 1%水平上显著；** 表示 5%水平上显著；* 表示 10%水平上显著。

因 2003 年、2008—2009 年两种方法不一致，故先进行单样本 K-S 正态性检验，结果显示：除 2009 年外，2003 年、2008 年样本均不服从正态分布，因而非参数检验结果更可靠。检验结果显示：相比上一年，2002 年 BTD 增加不显著，2003 年 BTD 显著下降，2004 年 BTD 显著增加，2005 年 BTD 比上一年有所增加，但不具有显著性。相比上一年，2006 年和 2007 年 BTD 均显著增加，2008 年和 2009 年 BTD 显著下降。2010 年和 2011 年 BTD 分别下降和增加，但均不具有统计意义上的显著性。

2. *应税所得决定因素实证检验*

用 OLS 方法估计如下模型：

$$TAXINC=\alpha_0+\alpha_1 TPROFIT+\alpha_2 SIZE+\alpha_3 LEV+\alpha_4 CAPINT +\alpha_5 INVINT+\alpha_6 ROA+\varepsilon$$

结果显示所有自变量的 $VIF<3$，表明模型不存在多重共线性问题。Breusch-Pagan 异方差检验和 White 异方差检验的结果显示 $P<0.000\,1$，表明模型存在异方差问题。将 OLS 估计原模型得到残差序列的绝对值的倒数作为加权序列 W_i，运行 WLS 估计方法，得到如表 11—12 所示的回归结果。

表 11—12　　**应税所得决定因素回归结果**

	n	Constant	TPROFIT	SIZE	LEV	CAPINT	INVINT	ROA	调整 R^2
2001	641	77 376 598.387 (3.408) ***	0.790 (58.334) ***	−3 295 104.142 (−2.974) ***	5 291 614.768 (1.579)	−9 656 066.146 (−2.902) ***	12 440 893.147 (2.064) **	−291 921 413.211 (−17.668) ***	0.887
2002	687	−166 005 326.099 (−6.531) ***	0.804 (58.690) ***	8 147 808.206 (6.377) ***	25 788 946.783 (6.634) ***	受容差限制排除	17 765 836.821 (4.710) ***	−84 281 397.613 (−7.853) ***	0.922
2003	710	−186 769 778.753 (−9.504) ***	0.905 (88.155) ***	9 993 157.215 (10.440) ***	−1 791 300.559 (−0.609)	−393 887.397 (−0.111)	17 016 478.891 (2.704) ***	−348 989 733.453 (−21.063) ***	0.958
2004	760	−23 380 315.285 (−1.016)	0.980 (181.475) ***	2 065 067.676 (1.803) *	14 377 592.655 (3.465 0) ***	−15 821 333.101 (−3.439) ***	2 479 559.988 (0.464)	−335 208 769.317 (−22.642) ***	0.985
2005	801	−299 169 176.844 (−11.547) ***	0.928 (157.366) ***	17 091 267.720 (13.486) ***	−13 263 520.290 (−4.710) ***	−43 038 146.290 (−7.486) ***	−40 522 323.119 (−5.876) ***	−35 349 3961.939 (−22.079) ***	0.982
2006	747	−1 400 951 628.068 (−35.654) ***	1.405 (135.100) ***	69 407 739.898 (35.812) ***	受容差限制排除	−26 535 196.418 (−3.167) ***	19 623 953.600 (1.797) *	−355 337.354 (−40.143) ***	0.974
2007	473	−116 750 765.538 (−4.638) ***	0.715 (91.826) ***	3 070 419.496 (2.245) **	4 771 064.183 (4.563) ***	98 583 209.706 (7.927) ***	213 157 364.359 (9.469) ***	−7 712 704.657 (−2.577) ***	0.953
2008	411	−1 148 758 371.025 (−15.591) ***	0.988 (98.489) ***	59 893 803.363 (15.944) ***	6 617 721.194 (4.957) ***	−128 433 397.574 (−7.110) ***	−139 521 540.035 (−8.799) ***	−17 512.746 (−2.342) **	0.969
2009	472	315 056 187.731 (8.608) ***	1.007 (147.901) ***	−16 644 170.881 (−9.175) ***	7 138 400.896 (4.889) ***	1 830 611.849 (0.176)	58 400 600.973 (3.937) ***	21 375 533.664 (5.436) ***	0.982
2010	489	−123 566 217.547 (−2.804) ***	0.923 (153.227) ***	6 676 209.037 (2.981) ***	−660 619.770 (−0.296)	−82 573 300.902 (−7.055) ***	89 598 630.714 (6.690) ***	−47 438 837.067 (−3.575) ***	0.989
2011	469	−131 422 159.089 (−3.022) ***	1.001 (426.232) ***	5 069 626.543 (2.390) **	8 308 123.514 (4.304) ***	−28 190 922.115 (−2.210) **	135 985 244.727 (9.756) ***	−64 890 584.381 (−35.479) ***	0.998

说明：*** 表示 1%水平上显著；** 表示 5%水平上显著；* 表示 10%水平上显著。

结果显示，公司会计利润与应税所得显著正相关，公司规模对应税所得具有显著影响，除2001年和2009年两年外，均是正向关系。即整体而言，81.82%的概率显示，公司规模是影响应税所得的正向因素，公司规模越大，应税所得越大。财务杠杆，除2001年、2003年、2006年和2010年四年外，财务杠杆对应税所得的影响显著，但这种影响的方向存在不确定性。即整体而言，63.64%的概率显示，财务杠杆是影响应税所得的重要因素，但只有54.54%的概率显示财务杠杆与应税所得是正向显著相关。资本密集度，除2002年受容差限制剔除，2003年和2009年两年回归系数不显著外，其他年份回归系数显著，其中除2007年外，均呈显著负相关。即整体而言，81.82%的概率显示资本密集度与应税所得存在显著的负相关关系。至于存货密集度，除2004年与应税所得不存在显著相关性，2005年和2008年两年呈显著负相关外，其他年份均呈显著正相关，即72.73%的概率显示存货密集度与应税所得之间存在显著正相关关系。公司获利能力与应税所得之间的关系是显著的，除2009年呈显著正相关外，其余年份均呈显著负相关，即90.91%的概率显示公司获利能力与应税所得存在显著负相关关系，其原因可能是公司盈利属于不征税收入或免税收入。因为税法规定，居民企业之间因为直接投资而取得的权益性投资收益是免税的，这也可能从侧面反映出会计利润中权益性投资收益的比重较高。关于这点的分析结果，间接验证了戴德明等（2006）关于投资收益是造成会计利润与应税所得存在差异的重要原因的结论。各年调整的R^2均在0.887以上，表明模型的拟合效果好。

3. *制度变迁与回归模型结构稳定性检验*

将2001—2011年的数据合并成一个混合横截面数据（pooled cross section）样本，用OLS方法估计如下模型：

$$TAXINC = \alpha_1 + \alpha_2 D_i + \beta_2 TPROFIT + \beta_2 D_i TPROFIT + \beta_i ConVars + \mu$$

结果显示所有自变量的$VIF<3$，表明模型不存在多重共线性问题。Breusch-Pagan异方差检验和White异方差检验的结果显示$P<0.000\,1$，表明模型存在异方差问题。将OLS估计原模型得到残差序列的绝对值的倒数作为加权序列W_i，运行WLS估计方法，得到如表11—13所示的回归结果。

表 11—13　　制度变迁（2007—2008 年）的结构稳定性检验

（消除异方差后的 WLS 回归结果）

模型	回归系数	T 值	回归系数	T 值
C	−212 804 337.54	−30.127***	−355 725 299.223	−37.730***
TPROFIT	0.968	401.855***	0.993	451.222***
LEV	215 601.383	1.634	206 224.794	1.491
ROA	3100.548	2.078***	5 913.087	3.746***
SIZE	9 930 986.340	28.639***	16 714 797.324	37.039***
CAPINT	−21 698 070.230	−11.995***	−3 680 714.802	−2.169***
INVINT	45 454 749.446	21.765***	42 102 591.679	18.118***
D07	25 298 384.663	35.332***		
D07×TPROFIT	0.026	6.601***		
D08			28 562 224.001	39.503***
D08×TPROFIT			−0.162	−36.550***
调整 R^2	0.978		0.978	
样本量	6 660		6 660	

说明：*** 表示 1%水平上显著；** 表示 5%水平上显著；* 表示 10%水平上显著。

从 2001—2011 年看来，会计利润、获利能力、公司规模、资产结构对应税所得具有显著影响，其中，会计利润、获利能力、公司规模和存货密集度与应税所得呈正相关关系，资本密集度与应税所得呈显著负相关关系。财务杠杆对应税所得不具有显著影响。

对于 2007 年执行的 CAS 而言，回归结果显示，D07 和 D07×TPROFIT 的回归系数均非常显著，表明 2007 年会计准则变迁使得 2001—2006 年和 2007—2011 年两个时期的回归结果是相异的，即 2007 年会计准则变迁使得回归模型发生了结构性变化。

对于 2008 年实施的 EITL 而言，结果显示，D08 和 D08×TPROFIT 的回归系数也都非常显著，表明 2008 年企业所得税法变迁使得 2001—2007 年和 2008—2011 年两个时期的回归结果也是相异的，即 2008 年会计准则变迁使得回归模型发生了结构性变化。

对于全样本的制度变迁回归模型结构稳定性检验的结果显示，两次制度变迁检验模型调整的 R^2 均为 0.978，表明模型拟合效果好。

分行业检验结果如表 11—14 所示。

表 11—14　　制度变迁（2007—2008 年）分行业结构稳定性检验

（消除异方差后的 WLS 回归结果）

	样本量	D07	D07×TPROFIT	D08	D08×TPROFIT
房地产	623	26 999 866.061 (7.050)***	−0.154 (−6.469)***	39 741 264.492 (11.858)***	−0.266 (−16.039)***
		调整 R^2=0.975		调整 R^2=0.975	
工业	3901	20 651 314.339 (26.465)***	0.059 (12.920)***	20 235 872.839 (22.678)***	−0.094 (−25.887)***
		调整 R^2=0.986		调整 R^2=0.990	
公用事业	623	11 436 804.020 (2.376)***	0.113 (4.689)***	77 690 856.133 (12.436)***	−0.241 (−21.226)***
		调整 R^2=0.989		调整 R^2=0.979	
金融	66	12 355 681.737 (0.424)	0.038 (0.654)	−62 069 658.821 (−1.601)	−0.340 (−5.898)***
		调整 R^2=0.999		调整 R^2=0.999	
商业	541	12 166 172.873 (3.435)***	−0.055 (−2.271)***	838 012.214 (0.194)	0.050 (1.578)
		调整 R^2=0.978		调整 R^2=0.968	
综合	906	45 762 362.508 (14.512)***	−0.037 (−2.905)***	53 061 209.052 (20.150)***	−0.205 (−12.326)***
		调整 R^2=0.970		调整 R^2=0.953	

说明：***表示 1%水平上显著；**表示 5%水平上显著；*表示 10%水平上显著。

从表中可以看出，就房地产行业、工业、公用事业和综合类而言，不管是 2007 年实施的 CAS 还是 2008 年施行的 EITL，回归模型的结构均发生了显著变化。就金融行业而言，2007 年实施的 CAS 并未使得回归模型结构发生显著变化，但是 2008 年施行的 EITL 使得级差斜率发生显著变化，但级差截距并不显著，表明 2008 年前后两个回归是汇合回归，回归模型发生了结构性变化。就商业而言，2007 年 CAS 制度变迁使得回归模型结构发生显著变化，但是 2008 年 EITL 制度变迁，回归模型结构仍是稳定的。

11.4.6　研究结论

本书检验了 BTD 及其变化的显著性，考察了其行业特征。实证结果表明，BTD 确实存在，应税所得比会计利润均值多 14 066 095 元，且应税所得的变异程度高于会计利润，表明公司可能存在较强烈的规避缴纳企业所得税的冲动。

2001 年、2005—2009 年，BTD 存在显著差异，而 2002—2004 年、2010—2011 年，BTD 并不显著。BTD 也具有明显的行业特征：房地产行业，2002—2006、2008—2011 年九年 BTD 是显著的，而 2001 年和 2007 年两年 BTD 不显著。工业类，2001 年、2006—2011 年 BTD 是显著的，而 2002—2005 年四年 BTD 不显著。公用事业类，BTD 在 2001 年、2006—2007 年三年是显著的，2002—2005 年、2008—2011 年八年不显著。金融类，2001—2006 年和 2007—2011 年两个时间区间，BTD 均不显著。商业类，除 2002 年、2007 年、2009 年三年 BTD 不显著外，其余八年 BTD 均显著。综合类，除 2002—2003 年和 2008 年三年 BTD 不显著外，其他九年 BTD 均显著。BTD 具有行业特征的原因如下：一是会计准则和所得税法可能在不同行业制度性差异程度不同；二是不同行业尽管制度性差异不同，但可能税收征管力度不同；三是可能两者兼而有之。

至于 BTD 的变化，与 2006—2011 年相比，2001—2005 年 BTD 的波动不明显。这可能是会计制度和企业所得税法制度性差异不大，两者存在较好的协调效果的反映。年度差异检验结果显示，2003—2004 年、2006—2009 年两个区间，BTD 发生了显著变化。具体结果是：相比上一年，2002 年 BTD 增加不显著，2003 年 BTD 显著下降，2004 年 BTD 显著增加，2005 年 BTD 增加不显著。2006—2007 年 BTD 显著增加，2008—2009 年 BTD 显著下降。2010 年和 2011 年 BTD 分别下降和增加，但均不具有统计意义上的显著性。

从行业特征来看，公用事业类 BTD 最大且波动幅度最大，而房地产、综合和商业类波动相对较小。2006—2009 年，全样本及各行业普遍呈现倒 U 形增减趋势，暗示 2007 年 CAS 和 2008 年 EITL 的制度变迁可能对 BTD 产生了重要影响。

本章讨论并检验了应税所得决定因素年度数据回归模型。81.82%的概率显示，公司规模是影响应税所得的显著正向因素，公司规模越大，应税所得越大；63.64%的概率显示，财务杠杆是影响应税所得的重要因素，但只有 54.54%的概率显示财务杠杆与应税所得呈显著正相关关系；81.82%的概率显示，资本密集度与应税所得存在显著负相关关系；72.73%的概率显示，存货密集度与应税所得之间存在显著正相关关系；90.91%的概率显示，公司获利能力与应税所得存在显著负相关关系，其原因可能是公司盈利属于不征税收入或免税收入。这间接验证了戴德明等（2006）关于投资收益是造成会计利润与应税所得存在差异的重要原因的结论。

本章还以混合样本检验了应税所得决定因素回归模型，发现会计利润、获利能力、公司规模、资产结构对应税所得具有显著影响，其中，会计利润、获利能力、公司规模和存货密集度与应税所得呈正相关关系，资本密集度与应税所得呈显著负相关关系。财务杠杆对应税所得不具有显著影响。此外，A 股上市公司财务风险偏高；A 股上市公司资产规模变化不大、资产结构较为稳定、盈利能力较强，但盈利能力欠稳定，可持续发展能力还有待进一步加强。

本章检验了 2007 年实施的 CAS 和 2008 年施行的 EITL 两类制度变迁对应税所得决定因素回归模型结构稳定性的影响，研究发现，2007 年会计准则变迁和 2008 年企业所得税法变迁均使得回归模型发生了结构性变化。但两类制度变迁对回归模型结构稳定性的影响也具有行业特征：就房地产行业、工业、公用事业和综合类而言，不管是 2007 年实施的 CAS 还是 2008 年施行的 EITL，回归模型的结构均发生了显著变化。就金融行业而言，2007 年实施的 CAS 并未使得回归模型结构发生显著变化，但是 2008 年施行的 EITL 使得回归模型发生了结构性变化。就商业而言，2007 年 CAS 制度变迁使得回归模型结构发生了显著变化，但是 2008 年 EITL 制度变迁，回归模型结构仍是稳定的。

我国会计界已经确立了与国际财务报告准则持续全面趋同的战略，而企业所得税更多地体现为国家宏观经济调控的重要经济手段，遵循“结构性减税”宏观调控目标。因此，税会彻底分离是无法回避的现实。税会分离带来盈余管理、税收规避、征管成本增加等诸多问题，协调税会之间的差异显得尤为重要。为此，我们建议从以下三条途径来缩小税会差异：一是对于制度性差异而言，在制定或修订国际财务报告准则时，我们要积极向 IASB 反映新兴经济体面临的特殊问题，争取在 IFRS 中吸纳符合我国国情的意见，这些意见要重点关注与我国企业所得税法的协调；二是对于税法中没有明确规定的内容，建议国家税务总局采纳会计准则中的相关规定；三是努力培养既掌握税收法规又懂会计准则的复合型税务人员，加大征管力度，防止公司利用税会差异进行恶性盈余管理，提高征收效率。

11.5　会计法律制度体系优化指导原则：最小化改革成本

会计法律制度体系的优化主要针对大陆法系的国家而言，因为普通法系国家的会计法律制度体系具有开放性，“判例原则”生发的会计法律规则能够使该体系内在地调整并适应市场经济环境的变化。但是，作为大陆法系主体形式的“制定法”而言，其修订或制定须经政府立法机关主导，导致其难以快速适应市场经济变化对会计核算的新要求。即在普通法系制度环境下，会计法律制度体系的适应性效率高；而在大陆法系制度环境下，会计法律制度体系的适应性效率相对较低。那么，对于大陆法系国家会计法律制度体系而言，如何提高其适应性效率？这就必须优化会计法律制度体系。如何优化？一般的原则是：最小化改革成本。因为提高适应性效率要求提高会计法律制度体系的制度收益并同时降低其制度成本。整体而言，各个国家的会计法律制度体系是与其制度环境相适应的，即制度收益可以假定为给定的，因此，要提高适应性效率，关键是降低制度成本。这里的制度成本主要是指会计法律制度体系的运行成本。那么如何降低运行成本？这就需要通过会计改革和法律优化来协同实现。为了提高整个会计法律制度体系的适应性效率，形成有效的产权会计法律制度体系，会计改革与法律优化协同有两种模式：一是会计改革遵从现有产权法律制度体系，形成法律遵从型会计制度；二是会计改革遵从 IFRS、形成金融预期型会计制度后，现有法律制度体系吸纳会计制度的合理成分，维持会计法律制度体系的一致性，实现自身的优化。两种协同模式都会带来会计法律制度适应性效率的提高，选择何种模式取决于两种模式的改革成本。因此，会计法律制度体系的优化必须以最小化改革成本为原则来选择协同模式。

11.6　会计法律制度体系优化路径与实施方案

11.6.1　坚持本土特色的优化路径与实施方案

最小化改革成本的原则指导着优化路径的选择。当大陆法系国家会计改革国际趋同收益小于或等于趋同成本时，该国将坚持本土会计制度特色。在此情形下如何优化现有的会计法律制度体系？其实施方案如下。

首先，须明确该国属于法律遵从型会计制度。当市场经济发展到一定阶段，出现新的经济业务时（为讨论方便，假定为虚拟经济），为了实现对虚拟产权[①]的一体化和基础性控制，就需要针对虚拟产权制定新的法律规则和会计规则，且法律规则统驭会计规则，会计规则细化或补充法律规则，确保法律遵从型会计制度得以贯彻。

其次，现实中的优化路径抉择之一："顺流直下"还是"逆流而上"？对于法律遵从型会计制度而言，会计法律制度体系优化的最优选择是顺流直下，即先在法律制度体系中针对虚拟产权制定或修订相关法律条款，之后针对虚拟产权单独制定或修订补充相关的会计制度，以实现优化后的会计制度遵从优化后的法律制度，从而维护整个会计法律制度体系的一致性和统一性，并奠定会计制度在该体系中的基础性地位。当然，对会计法律制度体系优化的次优选择是逆流而上，即先针对虚拟产权的反映和控制问题制定新的会计规则。因为实务中，一旦虚拟产权出现并交易，对其反映和控制就显得尤为迫切，如一些国家会在准则解释中规定相应的会计处理方法，另一些国家则在财政年度终了时由政府部门（一般是财政部门）作出应急会计处理说明，之后再将其吸纳进会计制度中。然后，政府会计主管部门将有关虚拟产权的会计处理方法反映给国家立法部门，立法部门针对虚拟产权的界定和保护展开立法研究，并根据研究成果按立法程序制定、修订或补充相关法律制度。若针对虚拟产权的规定，法律制度和会计制度不冲突，这样仍可以维护整个会计法律制度体系的一致性和统一性；但若两者存在一定的冲突，根据法律遵从型会计制度"上位法决定下位法"的逻辑，建议会计制度再次修改以使其与法律制度保持一致，若不修改，则会导致会计制度偏离法律制度，摩擦成本上升引致适应性效率损失，进而增大会计改革成本。

最后，现实中优化路径抉择之二："循序渐进"还是"平行推进"？循序渐进是指会计法律制度体系的优化要分步骤、有计划、逐步实施，平行推进则是指会计法律制度体系的优化须同时启动、同步优化。对于法律遵从型会计制度而言，会计法律制度体系优化的最优选择是平行推进：（1）当优化路径选择顺流直下时，若针对虚拟产权制定法律制度，应同时启动针对虚拟产权制定会计制度，这样可以确保会计制度对法律制度的高度遵从，维护会计法律制度体系的一致性与统一性。（2）当优

---

① 市场经济由实体经济和虚拟经济构成。根据"市场经济是产权经济"的逻辑可知，产权经济由实体产权经济和虚拟产权经济构成，即产权＝实体产权＋虚拟产权。虚拟产权是与实体产权相对的一个概念，系指虚拟经济中交易的财产权客体。

化路径选择逆流而上时，按照法律遵从型会计制度的要求，也必须同时启动针对虚拟产权制定法律制度。只有这样，会计制度与法律制度才会相互配合，确保会计法律制度体系具备一致性和统一性的特征，从而为实体产权和虚拟产权的一体化控制提供可靠保障。这种平行推进的优化路径可以最大限度地降低会计制度与法律制度之间的不一致引发的摩擦成本，提高会计法律制度体系的适应性效率，符合最小化改革成本原则的要求。

11.6.2　坚持国际趋同的优化路径与实施方案

当大陆法系国家会计改革国际趋同收益大于趋同成本时，该国将选择趋同，并将本土特色限制在极小的范围内。在此情形下如何优化其会计法律制度体系？其实施方案如下。

首先，须明确趋同将使法律遵从型会计制度转向金融预期型会计制度。两种不同类型会计制度的最大区别在于对虚拟产权的会计规范存在实质性差异：前者坚持历史成本计量基础，旨在提高虚拟产权会计信息的可靠性，并使其具有法律证据力，即得到法律制度的认可；而后者坚持公允价值计量基础，以提高虚拟产权会计信息的相关性，满足决策有用的信息需求。因为公允价值的获取存在一定的主观性，加之公允价值变动引致的未实现利得和损失也需进行确认与计量，从而使得会计制度包含了预期因素，沦为金融分析规则。这种金融预期型会计制度与法律遵从型会计制度的差异主要源于虚拟产权（如金融工具，尤其是衍生金融工具）的规制。金融预期型会计制度削弱了法律制度的运行基础，引发整个会计法律制度体系的非一致性，会计信息的法律证据力大大降低，抵减了趋同收益，因而迫切需要优化。

其次，现实中的优化路径抉择之一：“顺流直下”还是“逆流而上”？国际趋同的会计法律制度体系的优化路径只能是逆流而上。因为一旦与 IFRS 趋同，优化会计法律制度体系的基本思路就必须以趋同后的新会计制度为基点，通过逆流而上的方式修改与会计制度不一致的法律制度，最大限度地维护会计法律制度体系的一致性与统一性。具体的路径方案如下：（1）当趋同的具体会计准则与本国会计惯例相符时，表明该项会计准则属于正当会计行为规则。若现行法律制度的相关条款与该会计准则兼容或未有规定时，则法律制度应吸纳该项会计准则的精神进行补充或完善，以确保会计法律制度体系的统一性与一致性；若现行法律制度的相关条款与该会计准则相冲突，表明法律制度的相关条款已经过时，则应逐步修改法律制度相关条款以确保与该项会计准则保持一致，夯实会计法律制度体系的运行基础，因为只有这样，才能确保会计法律制度体系属于正当行为规则，属于良法，这是适应性效率的必然要求。(2) 当趋同的具体会计准则与本国会计惯例冲突时（主要是计量属性选择），表明趋同的会计准则不属于正当会计行为规则，建议采用附注披露或三重列报（即报表表内分三列，分别列示历史成本、公允价值与会计准则要求的数据）来传递本国会计惯例或会计准则的处理方法及结果，从而为会计法律制度体系的正常运转提供各自所需的数据及信息源，切实提高会计法律制度体系的适应性效率。

最后，现实中的优化路径抉择之二："循序渐进"还是"平行推进"？国际趋同使得会计法律制度体系的优化路径只能选择循序渐进。原因在于：一是现实中国际趋同（尤其是持续趋同）的会计准则的发布不可能与法律制度的补充或修订保持同步，法律制度条款的修订往往滞后于会计准则的发布。这归因于 IFRS 强调会计信息的相关性，当某项具体的会计准则无法提供相关的会计信息时，就须及时进行修订，一般经历项目提出、讨论稿、征求意见稿和发布等程序；而法律制度强调信息具有法律证据力，以公平正义为要义，具有稳定预期的功能，其修订或调整更为谨慎，一般须经历法律议案的提出、审议、表决和公布等程序且涉及多个部门的协作。与会计准则的修订相比，法律制度的修订程序更为复杂，涉及的部门更多，耗时更长。二是以趋同后的会计制度为基点，通过逆流而上的方式修订法律制度条款，违背了"上位法决定下位法"的传统，立法部门针对域外的会计规则或法律规则，一般会反复权衡会计准则个人价值目标与本国法律制度社会价值目标的兼容与冲突问题，这将是一个长期的协调过程。

11.7　中国会计法律制度体系优化实施方案：逆流而上与循序渐进

我国属于大陆法系国家，会计改革采纳了趋同战略，因而依前文的逻辑，我国会计法律制度体系优化路径的实施方案是"逆流而上"和"循序渐进"。前文已述我国会计法律制度体系存在的冲突类型及表现，那么具体如何优化？其实施方案如下。

首先，对于实体产权而言，法律制度应与会计制度最大限度地协调一致。因为对于实体产权，其会计计量基础是历史成本计量基础，与法律制度的理念趋于一致。即对于实体产权而言，会计制度的个人价值目标与法律制度的社会价值目标基本一致，这就为两者的协调一致与统一奠定了坚实基础。若现有的针对实体产权的会计制度与法律制度存在冲突，则应以会计制度为标杆，通过逆流而上的方式修订公司法、民法通则、破产法等。一般而言，若实体产权中的会计处理不含预期成分，则会计制度与法律制度可以完全协调一致；若含有预期成分（一般很少，主要是对实体产权计提的各种减值准备），则会计制度与法律制度的差异应保留，并规定以现有会计信息为基础调整至法律制度所需会计信息的方法，从而为法律制度的有效运行奠定信息基础。

其次，对于虚拟产权而言，因为其会计处理中的后续计量一般采用公允价值计量基础，而不是历史成本计量基础，与法律制度的差异十分明显，会计制度的个人价值目标与法律制度的社会价值目标存在重大分歧。因而，将两者完全协调一致是不可能的。由于初始计量时历史成本计量基础与公允价值计量基础两者的结果完全一致，因此针对虚拟产权，建议先将初始确认的会计制度与法律制度完全协调一致。对于后续计量，两种计量基础的结果存在重大差异，只能正视这种差异，并通过改进列报方式来为法律制度的正常运转提供信息基础。那么，如何改进列报方式？其内在逻辑是：使会计报表提供的信息既能满足投资者决策有用的目标，也能满足法律制度的社会目标。由于满足法律制度的社会目标主要依赖历史成本计量基础，因此需要将含预期成分的会计信息予以删除或调整。理论上讲，要彻底满足投资者决策有用的私人目标和法律制度的社会目标，就必须采纳双重计量和双重列报：采用完全的公允价值计量基础满足投资者决策有用的私人目标，采用严格的历史成本计量基础满足法律制度的社会目标。双重列报的主旨就是在现有列报的基础上将预期成分删除，从而为法律制度的正常运行提供会计信息支撑，同时扩大公允价值运用范围，为投资者决策提供最相关的会计信息。这种双重计量和双重列报不仅适用于虚拟产权，而且适用于实体产权。但是，现行准则是一个由历史成本计量基础和公允价值计量基础组成的混合计量系统。为了按照 CAS 提供会计信息，财务报表中还需要按 CAS 标准来列报会计数据。基于此，未来的会计信息若要同时实现其决策有用的私人价值目标、法律所需的社会价值目标并符合国家要求的列报规范，须推行三重列报结构。即在报表中针对每类资产同时列示公允价值数据、历史成本数据和现行准则要求的数据，同时在附注中披露历史成本计量与公允价值计量差异较大的资产负债信息。只有这样，现代会计法律制度体系才能对实体经济和虚拟经济中的产权进行一体化的会计控制，从而奠定其在虚拟经济快速发展的市场经济新形势下的基础性地位。

第12章　产权保护、双重计量与三重列报

12.1　问题缘起

经济学本质上研究的是稀缺资源的产权问题，即产权的界定、交易、分配和保护问题。清晰的产权界定是市场交易的前提。产权界定与产权保护是现代会计的两大基本职能（曹越等，2011）。准确界定产权是有效保护产权的前提。会计在市场经济的有序运行中处于最基础、最重要和最具操作性的地位，是整个产权界定体系和产权保护体系正常运转的基础。资源稀缺，竞争无可避免，决定胜负要有准则，在无数可以采用的准则中，只有市价不会导致租值消散，而市价的使用是基于私有产权的存在（张五常，2009）。作为人类“自生自发的合作秩序”，市场经济秩序的有序运转离不开会计对存量财产权益的准确计量和对增量财产权益的恰当反映。会计法律制度体系须以准确界定产权和有效保护产权为根本目标，形成具有系统性与一致性的正当行为规则体系。计量是会计的核心，为防范租值消散，减少公共领域，以市价为基础的价值计量是一种必然选择。资产计价与收益决定是会计的两大主题，而这又必须由针对财产权利计量和分配的会计制度来决定。

整体而言，现代会计已形成历史成本计量基础和公允价值计量基础。但如何协调决策有用与受托责任、相关性与如实反映、历史成本计量基础和公允价值计量基础，如何为各国（尤其是大陆法系国家）会计法律制度体系良序运行提供会计数据源，财务会计如何进行适应性变革来适应虚拟经济蓬勃发展的态势，是理论界和实务界亟待解决的重大理论与现实难题。

12.2 二元产权经济结构与会计计量

12.2.1 二元产权经济结构与会计计量模式

市场经济是产权经济，根据产权经济是否基于实物资产这一标准，可将产权经济划分为虚拟产权经济和实体产权经济。实体产权经济指商品销售、劳务提供涉及的生产和流通等经济活动，是人类赖以生存和发展的基础。虚拟产权经济是指以股票、期货、债券等金融衍生工具为形式的虚拟资本的交易活动。它依附实体经济而发展。在生产力低下、资源匮乏的早期社会，由于没有较多的社会财富积累，此时的经济表现形式为一元结构，即实体产权经济形式。然而，两次工业革命以及第三次科技革命极大地解放了生产力，社会剩余财富大量积累，存款、小范围流通的有价证券逐渐增多，虚拟产权经济开始萌芽与发展。之后随着金融创新增强、经济全球化不断推进，以及有价证券的市场化、国际化，虚拟产权经济在资本市场的流量不断增加、流速不断加快、规模不断扩大，形成二元产权经济结构。

从会计历史演进过程可以看出，无论是记录行为的产生，还是单式簿记向复式簿记的转变，都源于产权结构的变化及对产权保护的需要(曹越等，2011)。会计的发展是反映性的，经济的转型引致产权结构的变化，会计制度也应作出相应调整。计量是会计制度的核心，会计计量模式的选择对于产权的界定和保护则显得尤为重要。会计计量模式是对现行准则中起主导作用的计量属性的总称。计量属性是指所计量的某一要素的特性方面。计量模式大致分为三种：历史成本计量模式、二元计量模式和公允价值计量模式。历史成本计量模式下的会计主要采用历史成本计量基础，强调成本，反映的是资产或者负债过去的价值。公允价值计量模式则是采用公允价值计量基础，强调价值与预期。二元计量模式则是二者并重，介于历史成本计量模式与公允价值计量模式之间的一种过渡形式。两种计量基础的主要差别在于对后续计量的处理。公允价值是一种复合属性，若历史成本、现值、重置成本、可变现净值的后续计量都可以反映计量日的市场价格，那它们属于公允价值计量基础，反之则属于历史成本计量基础（曹越，2009）。会计的对象是产权价值运动，实体产权与虚拟产权具有不同的特点且利益相关者有不同的计量需求，因此有必要讨论两者的计量模式选择问题。

12.2.2　会计计量模式演进过程及解读

追溯至 20 世纪，美国 1929 年爆发经济大萧条，经济过度自由化导致必要的行业规范缺乏以及市场无人监管，报表造假随处可见。1933 年，罗斯福新政给美国经济带来了转机，经济方面一改过去的放任自由，采用政府干预的政策。在 SEC 的支持下，公认会计原则（GAAP）诞生，财务信息逐渐由无序走向规范。经济大萧条是美国会计准则产生的导火线。当时历史成本计量属性是主要的计量属性。由于历史成本计量传递的信息是真实客观的，相对于胡佛时代的自由放任所带来的报表虚假以及审计失效具有明显的优势。在此后的 40 多年间，历史成本计量服务于政府干预的市场经济，鲜有诟病。

然而自第二次世界大战至 20 世纪七八十年代，全球处于高通胀时期，历史成本计量模式造成了虚盈实亏的假象，单纯使用历史成本计量属性已不能客观真实地反映企业的财务状况与经营成果。因此，FASB 创造性地采用表内确认和表外披露相结合的方法拓展历史成本计量基础的应用空间，化解了利益相关者对历史成本的质疑。但好景不长，在 80 年代，随着信息使用者对财务信息质量的要求越来越高，加之金融创新引发金融衍生工具的普及和广泛使用，证券市场投资者迫切需要会计提供反映企业现在和未来前景的财务信息。而历史成本计量基础主要反映过去的交易或事项，难以满足投资者的信息需求，公允价值应运而生。公允价值始见于 1991 年颁布的 FAS 107 号准则，用于金融衍生工具的表外披露。公允价值正式引入表内确认是 FAS 115 号准则（特定债权和权益证券的会计处理），由此确立了公允价值计量属性的地位。在经历安然事件和 2008 年金融危机后，尽管公允价值引发质疑和反思，但美国 SEC 仍坚定地支持公允价值的使用并强化公允价值计量技术的可靠性，这样，过去单一的历史成本计量模式就转变为历史成本计量基础和公允价值计量基础并存的二元计量模式。

在产权的世界里，最关键的是研究如何通过制度安排做到资源的有效配置。会计制度是产权制度体系的重要组成部分，在该体系中处于基础性地位，会计计量模式是会计制度的重要内容。会计制度的形成属于公共选择，是各个利益集团之间博弈的结果。单纯的历史成本计量模式在一开始以其客观真实、易操作的优点备受青睐，但随着经济发展以及金融创新，产权域秩序与会计制度偏差引致的公共领域不断扩大，历史成本计量模式已经无法满足信息使用者的信息需求，财务信息丧失相关性，减损了财务会计的信任功能，制度出现了供需不均衡的非稳定状态，使得整个社会的交易成本不断提高。尽管公允价值计量面向现在和未来，具有很高的相关性，但是可靠性（如实反映）因大量使用估计和判断引发计量的不确定性而遭受质疑。因而，两种计量模式取长补短、兼容共处可以暂时协调相关性与可靠性之间的矛盾，是一种明智选择，二元计量模式由此产生。

12.3　会计计量：从二元计量到双重计量的嬗变

12.3.1　二元计量的必然性及经济后果

1. 二元计量的形成及其必然性

本书所指的二元计量（又称混合计量）是指，一项资产或负债要么采用历史成本计量基础，要么采用价值计量基础。而单一计量是指全部资产或负债均适用同一计量基础，即历史成本计量基础或价值计量基础。ED将计量基础划分为两大类：历史成本和现行价值，其中现行价值包括针对市场参与主体的公允价值和针对特定个体的使用价值、履行价值(ED para 6.4)。现代市场经济体系由实体经济和虚拟经济构成，形成了二元经济结构。市场经济中的商品交易本质上是一种权利交易，正是权利的价值决定了商品的价值。二元经济结构的背后是二元产权结构，即产权＝实体产权＋虚拟产权。实体产权的显著特征是价值变动风险小，其价值的实现一般具有确定性和稳定性的特征。虚拟经济源自货币和价值符号，是在信用制度和股份制度的基础上发展而来（高德步，2002)，它涵盖整个金融市场体系，是以金融体系为依托的各种金融工具及其交易的总和（成思危，1999；张晓朴和朱太辉，2014)。虚拟经济的显著特点是价值变动风险大、交易频繁，价值的实现一般具有非确定性和“随行就市”的特点。会计计量的对象实际上是财产权利，计量属性的选择须与财产权利的特征相匹配，从而使得个体收益率与经济组织收益率趋于一致，自发促进经济组织生产性努力的增长。计量投入的生产率及对报酬的计量是经济组织两个至关重要的需求，报酬的支付须与生产率保持一致性；如果经济组织的计量能力很弱，报酬与生产率之间只有松散的关系，生产率将较低；但如果经济组织的计量能力很强，生产率就较高（Alchian & Demsetz，1972）。据此可以得出会计计量的一般原则：就计量基础而言，实体产权应采用历史成本，虚拟产权应采用现行价值。产权＝实体产权＋虚拟产权，合乎逻辑地，会计计量＝历史成本＋现行价值，由此形成二元计量模式。该模式形成的必然性如下：

历史成本计量基于过去的交易或事项，能够提供资产、负债、收入和费用信息，尽管并不能反映资产或负债的价格变化，但能反映资产的减值、消耗以及负债的履行（ED para 6.6）。非金融资产的历史成本是资产收购或购建过程中所产生的所有费用，包括给予的对价和交易费用。只有发生资产的消耗（折旧或摊销）和资产历史成本不可收回（减值）时，才须进行调整（para 6.7）。非金融负债的历史成本是承担负债时实际收到的对价（剔除交易成本），只有发生应计利息、负债的履行以及估计的现金流出超过实际收到的对价时，才须进行调整。金融资产与金融负债的历史成本（即摊余成本）与上述类似，其后续的账面价值以摊余成本计量，反映应计利息、预计现金流量（含金融资产减值）、付款或收款的变化，但并不能反映其他因素引起的后续价格的变化。以历史成本计量的收入和费用可能具有预测价值，如对于非金融资产而言，有关过去商品和劳务的供应所收到的对价以及过去消耗方面的信息可以用来评估一个主体未来现金流量的前景。此外，以历史成本计量收入和费用也可能通过反馈过去的现金流量或利润而产生确认价值（ED para 6.14）；与采用现行价值计量相比，历史成本计量更简单、代价更低，更容易理解和验证。会计和审计界之所以选择以历史成本为主要计量属性，根本原因就是保证财务报表真实客观，财务数据可以稽核（葛家澍等，2010）。可见，历史成本计量的显著特点是不反映后续资产或负债价格的变化，坚持实现原则，主要适用于价格变化小、价值变动风险小、管理上不要求报告价格变化的会计要素计量。这与实体产权的特征不谋而合。因而，历史成本计量基础与实体产权计量相匹配。

现行价值计量基础包括公允价值、资产的使用价值和负债的履行价值（ED para 6.20）。现行价值计量使用更新之后的信息来计量当日的资产、负债、收入和费用。因为更新，现行价值能够捕获自前一计量日以来现金流和其他因素积极或消极的变化（ED para 6.19）。公允价值是指市场参与者在正常的有序交易中出售资产所收到或转移负债所支付的价格。公允价值反映了以下因素：一是预计未来现金流量；二是由现金流量固有的不确定性引起的，计量资产或负债未来现金流量估计数和时间的可能变化；三是货币的时间价值；四是承受现金流量固有的不确定性的价格（即风险溢折价）；五是市场参与者考虑的其他因素，如流动性等。以公允价值计量的资产和负债具有预测价值。因为公允价值反映了现金流的数量、时间和不确定性的预期，即反映了市场参与者的预期，并以反映风险偏好的方式来定价。如果财务信息提供关于（确认或改变）前期估计的反馈，那么财务信息具有确认价值。通过提供前期估计数的反馈，公允价值也具有确认价值（ED para 2.9）。以公允价值计量的收入和费用可以通过不同的方式来提供具有预测价值和确认价值的信息①，比如：在资产持有期间，市场参与者期望的回报值；期望的回报值与主体实际使用资产产生的回报值之间的差异；与市场参与者风险偏好的估计变化相结合，市场参与者有关未来回报的数量、时间和不确定性预期的估计变化效应。使用价值和履行价值是特定主体的价值。使用价值是指主体预期从一项资产的持续使用和最终处置中所获现金流量的现值；履行价值是主体预期履行（偿还）一项负债所支付的现金流量的现值（ED para 6.34）。使用价值和履行价值不能被直接观察到，需要借助现金流量基础计量技术来确定。原则上，资产的使用价值与负债的履行价值跟公允价值计量所需考虑的因素相同，但为了提供最有用的信息，它们可能需要根据以下假设进行调整：一是使用市场参与者有关货币时间价值和风险溢价的假设；二是从履行价值中排除主体违约的可能性造成的影响（ED para 6.35）。可见，以现行价值计量的显著特点是反映资产或负债后续基于风险调整等多种市场因素或个体因素引致的价格或现值变化。计量结果反映了市场或特定个体对资产或负债的预期，具有非确定性和“盯市调整”特征，主要适用于价值变动风险大且需及时报告变动结果的金融工具计量，这与虚拟产权的显著特征相吻合。因而，现行价值计量

① 财务信息的预测价值和确认价值是相互关联的。具有预测价值的财务信息通常具有确认价值。比如本年的收入信息可以作为预测以后年度收入的基础，同时也可以与以前年度关于本年收入的预测值进行对比。这些对比的结果可以帮助信息使用者修正和改进先前预测的流程（para 2.10）。

基础与虚拟产权计量相匹配。综上所述，二元产权结构决定了二元计量模式。

2. 二元计量的经济后果

二元计量尽管有其形成的必然性，但也有其难以回避的经济后果：

一是历史成本计量基础即便具有很好的“如实反映”信息质量特征，也可能缺乏“相关性”。比如在不同时期取得或产生的类似资产或负债在财务报表中列报的金额相差很大，导致在不同的报告主体之间以及同一报告主体内部的可比性降低（ED para 6.17）。此外，在价格变化非常显著时，现行成本就比历史成本更相关，因为它符合实物资本保全理念并能更准确地预测未来的利润。相关的信息是指投资者能够用来评估公司现在和未来经济状况的信息，如实反映的信息则是指精确的和不会被管理层操纵的信息。目前已证明，保证投资者获得有效信息的机制虽然能够控制逆向选择，但不一定是激励管理人员（即控制道德风险）的最优机制，相关性与可靠性（如实反映）两相权衡所得到的信息是对投资者最有利的信息（Scott，2006）。这也说明财务信息同时具有高相关性和高如实反映质量特征是一种理想状态，现实中两者时有冲突。

二是现行价值计量即便具有很好的“相关性”，也可能缺乏“如实反映”。如果一项资产或负债的公允价值难以在一个活跃的市场观察到，就需要使用估值技术来确定公允价值。估值过程可能成本高昂且复杂，估值过程中的输入值可能是主观的，很难验证输入值和估值过程的有效性，导致不同的主体对同一资产或负债的计量结果不同，这直接削弱了可比性，间接减损了如实反映。使用价值和履行价值是以现金流量为基础的计量技术，而未来现金流量取决于报告主体的估计，也会存在与公允价值类似的问题。此外，很多资产是与其他资产结合使用的，其使用价值难以单独计量，因而是以一组资产联合计量，然后将结果分配给单一资产。这种分配过程复杂且成本高昂，具有主观性（ED para 6.45）。另外，使用价值和履行价值的估计可能不经意地反映了与其他资产和负债的协同效应，可能不只是计量了所想要的项目（ED para 6.46）。估值过程的主观性、联合计量及分配、计量的协同效应决定了现行价值计量基础可能难以如实反映计量对象。IASB 在 CF ED 中首次增加了对计量的不确定性的讨论，认为计量不确定性是影响财务信息相关性的因素，“当一项资产或负债计量不能被直接观察而必须采用会计估计来替代时，计量的不确定性产生。估计的使用是生成财务信息的一个必不可少的部分，并没有减弱财务信息的相关性，但会计估计需要恰当地描述和披露（ED para 2.12)”。但IASB也承认，“如果估计的不确定性很高，那么该会计估计相对于它本来可以达到的低计量不确定性是不相关的，如一些估计引致的高计量不确定性会偏重某些其他因素到某种程度以至于得出的财务信息不相关”。有用的财务信息必须具有相关性和如实反映的特征。一个不相关经济现象的如实反映或一个相关现象的不如实反映都不能帮助信息使用者作出正确的决策。如果报告主体恰当运用合适的程序、恰当地描述会计估计以及解释任何显著影响估计的不确定性，一项会计估计可以说是如实反映（para 2.20)。如实反映即指客观、公允地反映交易或事项。为了达到完美的如实反映，一项描述要有完整性、中立性和无差错的特征（para 2.15)。而现行价值计量中存在的主观性、高计量不确定性与中立性相悖，联合计量及分配跟无差错相悖，协同效应跟完整性与无差错相悖。这些都可能导致现行价值计量结果难以符合如实反映的质量特征。

三是二元计量使得财务报表汇总数据成为混合数据，降低财务信息的有用性。反映实体产权过去交易或事项的历史成本计量财务数据与反映虚拟产权现在和未来预期交易或事项的现行价值计量财务数据相混淆。已实现的利得或损失与未实现的利得或损失（如公允价值变动损益、其他综合收益等）相混淆。报表使用者难以识别财务报表中哪些数据是面向过去的，哪些数据是面向现在和未来的；财务报表中的净利润，哪些是已实现、可分配的，哪些是未实现、不可分配的。报表使用者也难以识别财务报表数据反映的主体面临的风险，如以公允价值计量且其变动计入当期损益的金融资产在资产负债表日的公允价值与初始投资成本之间差额大小蕴含的风险。这些都降低了财务报表数据的有用性。财务报表混合计量（二元计量）的矛盾是当前财务报表面临的实质问题，它威胁到当前的财务报表能否实现评估管理层的受托责任和资源配置决策有用的财务目标，也关系到报表中的财务状况、经营成果和现金流量是否符合会计信息如实反映和相关性等基本质量特征，因此必须得到妥善解决（葛家澍和叶丰滢，2009)。

四是二元计量与会计稳健性。二元计量使得会计稳健性的存废问题成为争论的焦点。会计稳健性对实务的影响至少有500年，它是会计确认与计量的传统和原则，是会计理论中最有影响力的计量准则。稳健性原则又称谨慎性原则，顾名思义是指企业在处理经济业务时应保持谨慎的态度。学术界将会计稳健性分为条件稳健性与非条件稳健性，条件稳健性指企业确认好消息和坏消息时的不对称行为，如存货后续计量时，采用可变现净值孰低来判断减值准备的计提；非条件稳健性指在取得资产或发生负债之初就决定会计处理方法，采用这些方法会使股东权益的账面价值低于其市场价值，例如固定资产折旧方法的选择。两者的主要区别在于是否利用了新的信息。

历史成本计量以事实为基础，强调成本。当纯粹采用历史成本计量时，资产的账面价值在初始确认到后续计量这段期间内是不会改变的。然而企业的生存和发展与环境密切相关，产权关系日趋复杂，加之会计具有"状态依存性"，会计信息会受税率、通货膨胀率、物价变动指数等影响，资产价值改变是客观存在的。为了弥补历史成本计量的缺点以对产权经济关系进行有效的反映与控制，稳健性原则被引入会计制度，对以历史成本计量的财务信息进行修正，如做减值测试等。另外，稳健性一定程度上减弱了历史成本计量的缺陷，使历史成本计量的地位得到稳固，同时也确立了自身在财务会计中的重要性。宏观上看，历史成本与会计稳健性是相互依存、相互契合的。非条件稳健性主要是指事前的稳健，它源于更多强制规定（如会计准则或者制度），以做到不多计资产和收益，同时不少计负债和费用，强调规则导向。非条件稳健性独立于外部信息的特点，与历史成本计量客观性和独立性特点相契合。非条件稳健性应用了在资产取得期开始时已知的信息，条件稳健性则应用了资产未来价值的预期信息。显然，历史成本不能提供相关的预测信息。在历史成本计量下，非条件稳健性起主导作用。

公允价值强调决策有用，要求满计损益，会计信息真实可预测，表面上看，这与会计稳健性是完全相悖的。但是，会计稳健性是为了降低经营活动风险和不确定性。公允价值计量显然与非条件稳健性相悖，会计准则引入公允价值计量从一定程度上降低了非条件稳健性。然而，条件稳健性又称事后稳健性，需要借助外部信息即运用严格的证据对价值予以判断，以及时确认损失，它以原则为导向。因此，公允价值有利于资产或负债价值的判断，其公允性保证了外部信息的相关性与一定程度的可靠性。即公允价值计量符合条件稳健性。显然高质量的会计准则需要的是条件稳健性。可见，适当地引入会计稳健性既可以对现行公允价值进行修正，又可以通过公允价值来矫正会计稳健性的使用强度，进而减少公允价值的顺周期效应及会计稳健性引发的价值偏离度。可见，在历史成本计量基础下，非条件稳健性增强，条件稳健性作用较弱；公允价值计量基础的引入则会降低非条件稳健性，同时提高条件稳健性的强度。

CF ED将有用财务信息的质量特征分为基本的质量特征和增强的质量特征。前者包括相关性和如实反映，后者包括可比性、可验证性、及时性和可理解性，并没有将谨慎性（稳健性）单独作为一个信息质量特征。现行价值计量侧重相关性，要求财务信息具有预测价值、确认价值或两者兼而有之。而预测要求公允地考虑资产或负债的未来风险、违约情况、资金时间价值等各种因素，这与谨慎性的内涵背道而驰。稳健性是指确认好消息比坏消息有更高的可验证性程度倾向（Basu，1997），对资产与负债、收入与费用、利得与损失进行非对称处理。经验证据表明，稳健性是普遍存在的，已成为一个国际会计惯例，其产生主要归因于契约、诉讼、税收和政治（Watts，1993；Basu，1997；Holthausen & Watts，2001；Watts，2003；毛新述和戴德明，2008；张敦力和李琳，2011）。公允价值与会计稳健性之间的关系在历史成本会计模式下若即若离，在公允价值会计模式下彻底背离，在混合会计模式（二元计量）下适度耦合（张荣武和伍中信，2010）。可见，现行价值计量基础与稳健性相悖。实际上，IASB在2010年CF第3章中删除了谨慎性概念的应用，在2013年CF DP中就谨慎性不符合中立性、低估资产或高估负债导致难以真实公允地反映交易或事项的经济实质展开讨论（ED para 9.18～9.22）。许多反馈者建议重新引入谨慎性概念的明确指引，因而IASB在CF ED中增加了“谨慎性”指引，“中立性由谨慎性支持。谨慎性是指在不确定的情况下做出判断需要保持一定的注意，其运用体现为资产和收入不能被高估或低估、负债不能被低估或高估”（ED para 2.18）。而这已经偏离了稳健性的初始含义，因为谨慎性被解释为在确保财务信息中立性时需要保持注意。会计稳健性作为一种国际会计惯例具有普适性，会计制度的演进遵循着“会计习惯→会计习俗→会计惯例→会计法律制度”的进路。若在CF中删除稳健性，则将使得以CF为指导的IFRS舍弃稳健性原则，这是建构理性主义“致命的自负”（Hayek，2000），源于会计惯例的稳健性原则属于正当行为规则，强制删除稳健性将使得IFRS丧失“正当性”，阻碍趋同进展，难以建立全球公认的高质量财务报告准则体系。

五是二元计量与会计法律制度体系冲突。英美法系会计法律制度体系主要由宪法、财产法、契约法、继承法、公司法、破产法和会计准则构成，大陆法系会计法律制度体系主要由宪法、民商法、公司法、税法和会计制度构成。英美法系国家沉淀了个人主义历史传统，证券市场蓬勃发展以来会计制度服务私人决策意识浓烈，遵循判例法传统，往往形成金融预期型会计制度，具有私益性；大陆法系国家法典式会计制度特色鲜明，遵从上位法决定下位法，往往形成法律遵从型会计制度，具有公益性。与大陆法系相比，英美法系会计法律制度因判例法传统而具有更高的适应性效率（曹越等，2014）。二元计量的引入使得会计制度与法律制度的理念发生重大分歧。现行价值计量基础的引入使得会计制度由法律遵从型转变为金融预期型：会计制度以决策有用为目标，以相关性为首要信息质量特征，沦为证券市场投资者交易公司股权（外化为股票、基金、期权、期货、认股权等金融工具）的估价工具；而法律制度以维护社会公平正义为要义，强调基于交易的可稽核、可验证的证据，重视证据的可信度和公信力，坚持历史成本计量、实现原则和配比原则。会计制度处于会计法律制度体系的基础层次，现行价值计量基础的引入使得会计法律制度体系的运行基础被架空，难以为会计法律制度体系的有序运行提供有效的数据源。

12.3.2　双重计量发轫：不完全契约与财权理论

双重计量是指对每一项资产或负债既采用历史成本计量又采用现行价值计量。会计是以货币为主要量度，依据公认标准来界定财权（产权）和保护财权（产权）以内部化外部性的微观计量系统（曹越等，2011）。贯穿会计发展史，会计的对象是产权流（伍中信，1998）或产权价值运动（郭道扬，2004；施先旺，2006）。但是，现代会计是一个货币计量系统，产权的价值形态即为财权。财权是一种财力及与之相伴的权力的耦合体，即财权＝财力＋(相应的)权力。其中，财力表现为一种价值，是企业的财务资金或本金，相应的权力则是隐藏在财力背后并支配财力所具有的权能。在财权归属于产权的内容中，主管价值形态的权能，并构成法人财产权的核心内容（伍中信，1999）。财权流是现代会计对象的恰当表述。财权（产权）的载体是契约，契约的基础是财权（产权）。基于不完全契约理论，财权在现实中也体现为一种不完全财权契约：该契约中的完备部分（即能够用条款规定且其结果可由第三方验证）形成通用财权契约，不完备部分（即不能事先由条款规定或即便能用条款规定但结果具有不可验证性）则形成剩余财权契约。其中，通用财权契约的保护侧重公平，旨在为合同交易双方提供稳定预期，一般由法律、公司章程予以规制，遵循休谟的“稳定财产占有法则”和“履行许诺法则”；而剩余财权契约的保护侧重效率，旨在促进合同交易双方自愿交易和自由缔约，一般由交易习惯、习俗和惯例来调整，遵循休谟的“根据同意转移所有物的法则”。可见，财权＝通用财权＋剩余财权，财权是一个二元结构价值体系，即由基于公平价值观的通用财权和基于效率价值观的剩余财权构成。前文已述，现代市场经济是由实体产权和虚拟产权构成的二元产权结构，其价值化形成实体财权和虚拟财权，即财权＝实体财权＋剩余财权。结合前文所述实体产权和虚拟产权的显著特征可知：就实体财权而言，其构成是“通用财权为主，剩余财权为辅”；就虚拟财权而言，其构成则是“剩余财权为主，通用财权为辅”。通用财权遵循“稳定预期”和“履行许诺”，要求会计计量遵循确定性原则、财务会计具有信任功能及财务信息应具有可验证性，这与历史成本计量的特征相吻合，即与通用财权相匹配的计量基础是历史成本；而剩余财权遵循“自愿交易”和“自由缔约”，要求会计计量及时提供面向现在和未来的具有预测价值、确认价值的信息，财务信息应具有估值功能，这与现行价值计量的特征相一致，即与剩余财权相匹配的计量基础是现行价值。可见，进一步的分析表明，对于实体产权而言，其计量基础是“历史成本为主，现行价值为辅”；对于虚拟财权而言，其计量基础是“现行价值为主，历史成本为辅”，由此形成双重计量。即对每一项财权，均从历史成本计量和现行价值计量两个维度来刻画其增减变动及结果，揭示其风险，从而为解决二元计量情景下的难题和推进 IASB 趋同奠定坚实基础。双重计量的形成逻辑如图 12—1 所示：

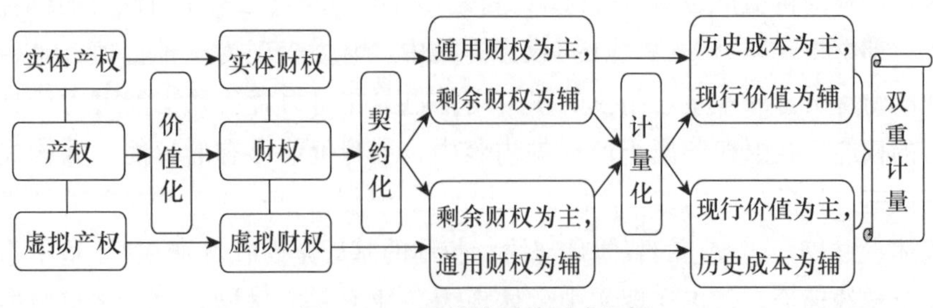

图 12—1　双重计量的形成逻辑

12.4　三重列报：财务会计适应性变革的可行路径

12.4.1　三重列报操作方案及推广成本

三重列报是指将财务报表改造成三栏式，分别列示“历史成本”“现行价值”和“现行准则要求数据”。推行三重列报须基于双重计量。美国会计学会于 1966 年在其著名报告《基本会计理论说明书》（ASOBAT）的附录中，建议将财务报表改成“历史成本”和“现行成本”两栏式结构以应对当时剧烈的物价变动。基于此，葛家澍和叶丰滢（2010）主张将现行财务报表改为“历史成本”“公允价值”和“合计”三栏，将报表的“合计数”分解为“历史成本”和“现行价值”，从而将由二元计量引致的混合数据变为清晰可辨的数字，提高财务报表数据有用性。具体的操作方案是：根据现行准则，凡准则要求或允许按公允价值计量的项目列示在“公允价值”一栏，凡准则要求按历史成本计量的项目列示在“历史成本”一栏。“合计”栏的数据等于“历史成本数据合计＋公允价值数据合计”，从而向报表使用者传递出合计数中历史成本与公允价值的构成比例关系，有助于报表使用者了解主体公允价值运行的范围及程度，从而调整自己的决策。然而，该列报方式是基于二元计量（混合计量），仍无法解决二元计量情景下面临的难题，从而催生出三重列报。该列报的具体操作方案是：（1）对于实体财权而言，因其计量基础是“历史成本为主，现行价值为辅”，所以在列示时，初始计量列示在“历史成本”中。后续计量若是折旧、摊销，仍列示在“历史成本”中；若发生减值，“历史成本”列示减值之前的账面价值，“现行价值”列示减值测试的标准（如长期资产一般为可收回金额、存货为可变现净值、贷款和应收款项为现值）；若未发生减值，则将账面价值列示在“历史成本”中。涉及连续会计年度时，主要涉及再次减值或升值的列示。若年末再次发生减值，“历史成本”列示自上一会计期间以来资产在本年年末的账面价值（即上期期末数据剔除折旧、摊销后的余额），“现行价值”列示当年年末发生减值测试的标准（同上）。这样，在期末将“历史成本”和“现行价值”对比就可以传递累计发生的减值损失金额。若涉及升值（可能源于物价变动），则“现行价值”仍列示减值测试的标准（同上）。这样，“历史成本”和“现行价值”在年末的对比就可以反映出自初始计量以来，该资产累计的现行价值变动结果。处置时，在利润表中，“历史成本”列示处置时的售价减去处置时该资产的账面价值（按资产负债表中的“历史成本”列示数据）及相关税费来确定，“现行价值”列示处置时的售价减去处置时该资产的“现行价值”列数据（按资产负债表中的“现行价值”列示数据）及相关税费来确定。（2）对于虚拟产权而言，其计量基础是“现行价值为主，历史成本为辅”。初始计量时，在“历史成本”列和“现行价值”列同时分别列示资产或负债的历史成本与现行价值。一般而言，两者金额相等。后续计量时，公允价值或现值的变动在资产负债表“现行价值”列中列示经过调整之后的公允价值/使用价值/履行价值（即资产负债表日的现行价值），同时在利润表“公允价值变动损益”或资产负债表“其他综合收益”项目中的“现行价值”列中列示。若该资产发生减值（如可供出售金融资产），则将减值测试的标准（资产负债表日的公允价值）列示在资产负债表“现行价值”列中，同时利润表对应报表项目中将按现行准则规定确认的资产减值损失金额列示在“现行价值”列中。若发生减值之后的资产又升值（现行准则也允许转回），则遵从现行准则处理，将相关计量结果列示在报表的“现行价值”列中。处置时，利润表中对应项目“历史成本”列列示“售价减去初始计量的历史成本及处置中发生的相关税费”（该数据即为企业所得税法规定的投资资产处置所得），“现行价值”列列示“售价减去处置日的账面价值、处置税费，同时加上将未实现的收益（公允价值变动损益和可转当期损益的其他综合收益）转化为已实现收益（投资收益）”。不管是虚拟财权还是实体财权，第三列均按现行会计准则的要求列示数据，从而形成三重列报操作方案。

该方案具有较低的推广成本：一是可以保持现有报表体系结构，仅将现有报表的金额由一栏分解为三栏，在财务软件或电子化表格中容易操作。二是就虚拟产权而言，“现行价值”列列示的数据与现行准则的要求一致，而“历史成本”列的数据在初始计量时易取得且可验证，并不会实质性增加财会人员的工作负担。三是就实体财权而言，财会人员的工作量会有所增加。初始计量时“历史成本”列与现行准则要求一致。后续计量时若未发生减值或升值，也与现行准则要求一致，若发生减值或升值，则“历史成本”列需要列示不考虑减值或升值情况下资产的账面价值（即考虑折旧、摊销），实际上在现行准则中也有类似规定：持有至到期投资发生减值后又升值时，原确认的减值损失应当予以转回，计入当期损益，但转回后的账面价值不得超过假定不计提减值准备情况下该金融资产在转回日的摊余成本（对持有至到期投资而言，摊余成本即为账面价值）。后续计量“现行价值”列列示的是判断是否发生减值或升值时的标准（除使用寿命不确定的无形资产和商誉外，只有出现减值迹象时才须进行减值测试；根据重要性原则，建议只有出现明显的升值迹象时才需要升值测试；减值测试和升值测试的标准相同）。这种数据也容易获得，只是升值测试会增加财会人员的工作量，但并非大幅增加。四是不需要在记账凭证、明细账和总账中增加“历史成本”和“现行价值”列，可以在保持现有会计核算的基础上获取所需的数据源，不会实质性增加现有会计实务的核算成本，容易在实务中推广。综上所述，三重列报是一种低成本改进财务报表列报、提高财务信息有用性的列报方案。

12.4.2　三重列报与财务会计适应性变革

三重列报有助于二元计量难题的解决，是财务会计适应性变革的可行路径：

一是通过兼容财务报告决策有用和受托责任的目标，切实解决财务信息相关性与如实反映的冲突问题。IASB 在《2010 年财务报告概念框架》第 1 章（通用目的财务报告的目标）中指出，“通用目的财务报告的目标就是提供报告主体的财务信息以有助于现在和潜在的投资者、债权人作出是否向该主体提供资源的决策”（OB2）。在 IASB 发布 CF DP 后，很多反馈者要求财务报告目标应更加重视评价管理层对主体资源受托责任所需信息的重要性。IASB 在 CF ED 中指出，“财务报表的目标是提供一个主体的资产、负债、权益、收入和费用的相关信息，有助于报表使用者评价主体未来净现金流入的前景以及评价管理层对主体资源的受托责任”（ED para 3.4）。在这一点上体现了 IASB 有望将受托责任纳入 CF。财务报告的目标是 CF 的基础，CF 的其他方面均源自目标的逻辑推演。一般而言，决策有用强调相关性，而受托责任强调如实反映。然而，就投资者的保护作用而言，决策有用观取决于特定的经济体制、商业惯例和相关市场成长发育特征，受托责任观则是发挥公司治理机制的功能；公司治理机制是业绩的基础特征，受托责任的财务信息有助于完善公司治理机制，从而更基础、更长远地保护投资者（夏冬林，2015）。然而，相关的信息并不一定如实反映，如实反映的信息并不一定相关。相关性偏向采用现行价值计量基础，如实反映则偏向历史成本计量基础。三重列报将历史成本和现行价值分别列报，可以满足报表使用者多方面的信息需求，能够打破决策有用与受托责任、相关性与如实反映长久以来的争论僵局，使得列报的财务信息既能如实反映，又具有相关性。

二是三重列报将现有的混合数据改进为历史成本和现行价值，可以协调财务会计信任功能与估值功能的矛盾。财务会计的基本职能既不试图提供可能的未来信息，又不产生非财务信息，其任务是为企业提供历史的财务信息（葛家澍，2003）。财务报表是以过去的交易和事项为基础，以有力的客观且可稽核的证据来支撑；其他财务报告以报告日为基础，运用估计、判断和模型来捕捉不确定性，这些不确定性可能提供财务和其他经济信息，有助于使用者作出决策；两者都是完全必需的，但财务报表是中心，其他财务报告是补充（葛家澍和刘峰，2011）。上述主张旨在维护财务会计的信任功能，因为财务会计是一种低成本的信息机制。然而，随着虚拟经济的蓬勃发展，证券市场交易规模不断扩大、交易日益频繁，IASB 认为财务报告应向使用者提供有关主体未来净现金流入的前景，这实际上是要求财务报告具有估值功能。一般而言，信任功能要求会计计量采用历史成本基础，财务信息具有完整性、中立性、无差错和可验证性；估值功能要求会计计量采用现行价值基础，财务信息具有预测价值或确认价值，信息生成充满估计与判断。在财务报表中采用历史成本计量基础确保财务会计具有信任功能，而在其他财务报告中采用现行价值计量基础实现财务会计的估值功能，也是一种理想的列报模式，但与 IASB 当前的工作思路和各国现有准则的实际情况不符，这种列报模式将颠覆现有的会计实务，改革成本高昂。此外，将估值功能放在其他财务报告中且处于补充地位，可能减损整个财务报告体系的决策有用性。而三重列报中“历史成本”列可以确保财务会计具有信任功能，“现行价值”列可以实现财务会计的估值功能，两者平行列报，可以同时充分实现财务会计的信任功能和估值功能，协调二元计量情景下两者的矛盾。

三是三重列报可以使会计稳健性这一国际会计惯例得以保留。本质上而言，会计准则的国际趋同应以会计惯例具有共性为前提。经验证据表明，会计稳健性是一个国际会计惯例，遵从“斯密—门格尔—哈耶克”的演进理性主义进路，IASB 应将其纳入 CF 及具体准则，从而确保 IFRS

属于正当会计行为规则。然而，IASB 为了提升财务报告的估值功能，在现有 CF 中删除稳健性以指导 IFRS 的修订，并强制性推进 IFRS 的趋同进程，这必将使 IFRS 难以成为正当会计行为规则而被世界各国普遍接受，这是“凡伯伦—康芒斯—诺斯”工具理性主义进路“致命的自负”。全球性会计制度变革必须以各主权国家统一会计制度为基础，由一国会计制度向全球性会计制度演进须经过长期的反复协调过程；全球性会计制度改革的基本方针应以协调为指导，将全球性会计准则构建的基本范围分为一致性、趋同性与协调性三个维度，依次增进，建立现阶段全球会计准则体系（郭道扬，2013）。那么，三重列报“现行价值”列通过实现财务报告的估值功能为 IASB 在 CF 及 IFRS 中吸纳稳健性等国际会计惯例奠定了基础、提供了可行路径。这对于提高 IFRS 的普适性、加快趋同进程具有重要意义。

四是三重列报可以为会计法律制度体系的良序运行提供数据源，切实解决二元计量境势下的会计法律制度体系冲突问题。前文已述，法律制度强调基于交易的可稽核的数据，主张依法记账，贯彻历史成本计量、实现原则和配比原则。经济史中先后诞生了两类会计规则：一是遵循民商经济法、追求公共利益的法律遵从型会计制度；二是面向证券市场、谋求私人利益的金融预期型会计准则（周华等，2008）。2007 年实施的企业会计准则使得我国的会计制度从法律遵从型过渡到金融预期型，报表中，利润总额因包含未实现的利得和损失不具有可分享性而不被企业所得税法和公司法认可，净资产因包含预期公允价值变动而不代表实际新增的确定性财产权益。会计准则与税收法规、公司法等民商经济法相分离。2010 年我国确立了中国企业会计准则与国际财务报告准则持续全面趋同战略，要求会计准则与 IFRS 保持同步。在此背景下，三重列报中“历史成本”列可以为民商经济法的良序运行提供基础性的数据源，如利润表中“历史成本”列的利润总额就代表新增的确定性利润，具有可分配性，符合税法、公司法和破产法等民商经济法理念，是企业所得税法应纳税所得额和公司法可供分配利润的基础数据源。“现行准则要求数据”列列示的数据符合趋同战略和政府监管部门的要求，降低因报表不被其他国家认可而发生的调整成本，有助于促进跨国交易、投资，享受国际趋同收益。总之，三重列报可以有针对性地解决会计法律制度体系冲突问题，有助于建立以准确界定产权和有效保护产权为目标、具有系统性与一致性特征的会计法律制度体系。这对于破解各国（尤其是大陆法系国家）会计制度国际趋同引致的会计法律制度体系冲突难题，解决强制趋同获得的收益与法律体系高昂的调整成本之间的矛盾，化解趋同障碍，加快趋同进程，建立全球统一的高质量会计准则体系具有借鉴意义。

结　论

本书旨在挖掘财产权利与会计制度之间的内在联系，为财产权利的保护、会计理论的产权解释、会计制度设计及变迁、会计法律制度体系优化等重大理论与现实问题贡献新知和解决方案。

本书的主要结论有：

1. 从会计学的角度来看，科斯定理存在两个致命缺陷：交易费用难以量化以及以交易费用为基础的专业化、一体化、企业边界理论和产权制度（体制）选优准则未考虑配比问题。本书运用会计学中的配比思想完善了专业化、一体化、企业边界理论以及产权制度选优准则，并从会计学的角度给出拓展科斯定理应用范围的六个推论，完善和推进了科斯定理。

科斯定理遵循经济学传统以帕累托效率为标准、以效率最大化为价值取向是无可非议的。纯经济效率本身就是经济公平的要义。科斯定理对法学界的重要启迪是：尽管公平正义是法的精神要义，但法学界在制定法规和判案时仍应考虑以效率原则进行权利界定对资源配置效率的重要影响。产权效率体制的三大标准与休谟主张的正义三自然法则（财产占有稳定，根据同意转移所有物，履行许诺）具有高度的耦合性，效率传统与公平正义传统并不必然矛盾。我们往往指责产权经济学家将产权改革等同于私有化，实际上他们的本意是强调产权界定清晰。

从经济学角度和法学角度来看，科斯定理没有致命缺陷，但是从会计学角度来看，科斯定理存在两个致命缺陷：（1）交易费用的量化难题。交易费用难以量化首先归因于交易费用概念模糊，即关于交易费用的定义至今没有定论。其次，由于生产费用和交易费用被联合决定，使得对交易费用的单独计量相当困难。在现实交易中，部分交易费用构成了会计核算体系中生产费用的内容，进而体现在产品成本中，使得产品生产成本被交易费用和生产费用联合决定。要计量交易费用，则必须从产品成本中分离出交易费用，这增大了交易费用单独量化的难度。尽管产权经济学家从宏观和微观两个维度对交易费用的度量进行了艰辛探索，但因交易费用定义及计量指标的模棱两可而备受争议。这些计量难题严重限制了以科斯定理为核心的产权经济学理论在现实中的应用，从而使得交易费用分析难以摆脱凭感觉决策的困境。交易费用的量化问题亟待解决。(2) 交易费用配比问题。科斯定理隐喻的重要政策建议是在进行制度选择时，以交易费用孰低为准则。然而，这一准则忽略了会计学上的一个重要原则——配比原则。一项交易活动之所以会发生，是因为交易双方想获取交易收益，并为此付出交易费用。只有当交易收益大于交易费用时，才会激励交易活动发生。当交易收益小于交易费用时，交易很可能因过高的交易费用抵减了交易收益而使得交易利润出现亏损，进而阻碍交易进行。因而，在选择一种产权制度时，我们不能仅仅比较交易费用孰低，而是要综合考虑不同制度安排所带来的生产性收益、生产费用、交易收益和交易费用的权衡。产权制度的选优准则亟待考虑配比原则来加以完善。

关于专业化、一体化与企业边界。资源配置究竟是采用市场交易方式还是一体化方式呢？科斯认为，标准取决于哪种方式下的交易费用较低。以此为基础，科斯推断出关于企业边界的重要结论：当企业的组织管理费用与市场交易费用相等时，企业规模达到最大。科斯认为一体化与专业化标准成立的前提是两者的未来预期收益相等，也就是会计学上的关于原材料自制还是外购的决策标准。若未来预期收益不一致，则此时选择一体化还是专业化的标准必须综合考虑两种方式下收益扣减成本费用后（即利润）的权衡。仅仅考虑交易费用而作出企业最优边界的结论是值得商榷的。企业的边界应由收入与费用（包括生产费用和交易费用）共同决定。科斯的企业边界理论忽略了会计学中非常重要的配比原则隐喻的经济含义。

关于产权制度选优准则。科斯定理的重要政策之一就是：在两种产权制度之间进行选择时，应以交易费用孰低为准则。这一决策准则存在如下缺陷：首先，没有考虑配比原则，我们不仅要考虑制度运行费用（交易费用），还要考虑制度综合成本（包括生产费用和交易费用）和制度综合收益（包括生产收益和交易收益）的权衡；其次，没有考虑权利的初始界定中原制度过渡到新制度的过渡成本，这也是一种重要的交易费用，是决定产权制度能否变迁的重要因素。因而，科斯的制度选优准则中两种制度优劣的比较应实现从交易费用理论到利润理论的转变，以及在现实中选择新制度时需考虑从原制度过渡到新制度的费用，即过渡费用。由于科斯没有利用会计学里的配比原则，使得他的产权制度（或经济体制）选优准则亟待改进。这也充分体现了会计学对产权经济学理论的重要贡献。

关于会计学对科斯定理的六个推论。会计存在的直接原因是减少信息不对称，根本原因是通过界定产权和保护产权来内部化信息不对称引致的外部性，使得组织的个人收益率与社会收益率趋于一致，促进生产性努力的增长，提高资源配置效率。会计学既具有经济学的学科属性（是优化资源配置的信号灯），也具有法学的学科属性（是优化权利配置的垫脚石）。遵循科斯的经济学和法学传统，我们可以从会计学角度对科斯定理作如下推论：

推论 1：若交易费用为零，会计信息质量高低不影响资源配置效率。

推论 2：若交易费用为正，会计信息质量高低对资源配置效率具有重大影响。

推论 3：建立国际趋同的会计准则以消除私人合作协议障碍。

推论 4：当争议双方能够通过合作解决争端时，无论会计准则如何界定权利，他们的行为都是有效的。

推论 5：随着市场经济的完善程度逐步提高（降低），会计信息在资源配置中的重要性逐渐下降（上升）。

推论 6：在由计划经济向市场经济过渡的进程中，会计信息质量对资源配置效率具有重大影响。

2. 外部性内部化作为产权的基本功能是伴随产权的形成和调整过程的。会计学的产权变革表明：会计的本质就是外部性内部化，会计的目标是内部化外部性，现代会计的对象是财权流。会计要素与产权要素具有天然的同源性。会计等式演进史强调了特定时期占主导地位的产权主体的财产权益，并由主导产权关系决定。

外部性内部化作为产权的基本功能是伴随产权的形成和调整过程的。会计的起源过程充分证明，会计是维护产权权能（占有、使用、收益和处分）、实现产权利益和内部化外部性的最基础、最重要和最具操作性的计量机制，外部性内部化是会计诞生的根本原因。有关会计的技术论、信息系统论、管理活动论和控制论等都是对会计本质某一层面的正确认识，然而，隐藏在其背后的共同本质属性都是为了使得交易或事项等经济业务的外部性予以内部化。纵观会计萌芽、产生和发展的历史，我们可以合理推断：会计的本质就是外部性内部化。

人类会计发展史表明，在未出现成熟的资本市场之前，基于资本雇佣劳动逻辑，对所有者的产权保护始终处于支配地位，因而受托责任观占主导地位；在出现成熟的资本市场后，基于共同治理逻辑，对要素所有者的产权保护日渐盛行，决策有用观占据主流也就顺理成章了。会计目标的演进旨在维护占支配地位的产权关系，保护相应产权主体的财产权利。会计的目标就是内部化外部性。不论是受托责任观还是决策有用观，都是不同社会环境下会计内部化外部性的不同表述方式而已，体现了会计发展的不同阶段。而内部化外部性的表述可以克服会计信息服务主体是管理层还是利益相关者的争论，并且可以贯穿会计发展的历史进程。因为会计作为一个过程，本身就是内部化外部性的过程，也就是对产权进行界定，并对界定的财产进行保护的过程。内部化外部性是会计目标的产权表述，也是会计目标的恰当表述。

对会计对象的描述应从价值和权利相结合的层面进行，使得会计对象的表述更加科学。资金流并不是一个贯穿会计发展史的恰当的会计对象表述，有待发展。产权流是权利层面的表述，产权价值运动中的“产权价值”是一个联合概念，并没有实现两者的真正结合。产权流动是贯穿会计发展史的会计对象的恰当表述。产权价值运动适用于产权能够用货币量化的近现代会计对象表述。现实中，现代产权经济业务，只有财权才能纳入会计反映和控制范畴，会计主体内部财权流转的经济业务形成“事项”，外部财权流转经济业务形成“交易”。财权流是现代会计对象的恰当表述。财权流既是现代会计的对象，又是现代财务的对象，也是现代财务与会计的关联点。

会计要素与产权要素具有天然的同源性。资产是一种确定性绝对产权，负债是一种契约型相对产权，所有者权益本质上是一种不确定的剩余财产权利。收入属于企业日常性经营导致的财产权利的增加，费用属于企业日常性经营导致的财产权利的减少。会计中的收入与费用强调日常活动有其深刻的产权缘由，产权越稳定，越有利于企业的利益相关者（即产权主体）形成稳定预期，从而有助于产权主体作出正确的经济决策，进而为建立企业信誉奠定坚实基础。利润是一个信号，能够引导产权主体将自己的财产投入利润高的行业与部门，从而引导资源进行有效配置。企业实现利润表明产权主体的财产权利增值，这本身是企业对社会的重要责任。

会计学中的“资产”在法学中的对应概念是“财产权”，“负债”的对应概念是“债务”，“所有者权益”的对应概念是“物权”和“知识产权”。会计要素对应的法律体系是民法。通过会计等式反推财产权结构的逻辑展示出：财产法律体系须以保护债权人合法权益为优先原则，一般对其责任归属应采用过失责任原则；而对物权主体和知识产权主体的保护应采用平等保护，让其分享企业剩余，一般对其责任归属应采用严格责任原则。

纵观会计等式演进史，可以发现每一种会计等式的变形都强调了特定产权主体的财产权益，并由主导产权关系决定。当前的会计报表体系设计都遵循“企业的所有权是投资者的”逻辑，投资者享有剩余索取权和剩余控制权。当未来的企业理论占主导时，相应的会计核算和报表体系均需作出重新设计，这预示着未来会计变革的方向将遵循“反映主导产权关系”这一演进路径。

3. 会计核算过程体现了会计界定产权具有基础性、针对性和可操作性的突出优势。会计对模糊产权的界定是先化整为零，再归零为整。会计监督过程及特征体现了会计保护产权具有内部性、基础性和制衡性特征。

会计核算的过程实质上是通过界定各产权主体的财权关系以反映产权结构变化，并通过产权报告（财务报告）的形式将财权流转关系的过程、状态及结果报告给各产权主体的过程。它奠基于现代会计核算方法体系，即由设置账户、复式记账、填制和审核凭证、登记账簿、成本计算、财产清查和编制财务会计报告构筑的核算方法体系。设置账户是将财权流划分为若干项目（即会计账户），从而使所设账户既有分工又有联系地反映财权流动的具体内容；复式记账就是对每笔经济业务都以相等的金额在相互关联的两个或两个以上有关账户中进行登记，从而使得两个或两个以上的账户之间产生对应关系，这实质上是反映财权交易或事项的来龙去脉，使得财权流转过程中权利与义务关系得以平衡揭示，该双重记录体现的平衡关系凸显了会计对产权（财权）关系的平等对待，这是准确、连续、综合、系统地界定产权（财权）的必然要求；填制和审核凭证反映了各类财权交易或事项必须以合理、合法的凭证作为登记账簿的依据，这种监督对于准确界定产权（财权）是非常重要的，只有合法、正常的财权交易和事项才能纳入会计核算系统，即会计界定产权

（财权）是以财权合理、合法为前提的；登记账簿是指将有关财权交易或事项按其发生顺序分门别类地记入有关账簿，定期汇总和对账，使账证、账账、账实和账表之间保持一致，以确保准确界定财权流信息，维护产权主体利益；成本计算的目的在于通过收入与成本相配比以确定产品售价并正确核算企业利润，从而直接影响各产权主体的切身利益；财产清查是指通过查明财产的实存数与账存数是否存在差异，并找出差异的原因、明确责任，以确保实际的法人财产支配权与应有的支配权相对应，维护产权主体利益；编制财务会计报告是指会计主体将某一特定日期财权流的分布状态和某一会计期间的财权流转结果对外报告和揭示，旨在综合反映会计界定产权（财权）的结果。

在核算程序方面，会计先将引起财权流动的交易或事项纳入会计核算系统，通过确认、计量、记录和报告等基本环节，使财权流信息按“原始凭证→会计科目→账户→记账凭证→科目汇总表→账簿→报告”的路径逐级正确地传递，将零碎、片断和基础的财权流信息逐步加工为综合、连续和系统的财权流信息，实现财权流信息由分到合的完整准确的蜕变。这个过程体现了会计界定产权具有基础性、针对性和可操作性等突出优势。会计理论的发展经历“会计本质→会计目标→会计职能→会计对象→会计要素→会计等式→会计原则→信息质量要求→会计科目→账户”路径，则体现了会计对产权交易或事项采取的化整为零思路，即由合到分。结合会计理论发展和会计核算流程，我们发现，会计对模糊产权的界定是先化整为零，再归零为整。

“原始凭证→记账凭证→账簿→报表”账务处理程序中的会计监督是为会计准确界定产权服务的，真实、公允的财权流信息要予以准确地反映出来，必须由会计监督提供技术支撑。会计监督的过程实质上就是会计保护产权的过程。在这个过程中，会计主体在经济组织层面发展了以会计监督为基础的内部产权保护体系，这种内部产权保护体系的目标是促使会计在基础层面准确界定产权，进而保护产权。

4. 财务会计是人类低成本界定产权和保护产权的信任机制，其信任功能源于信息不对称、会计本质与目标、会计职能与计量属性以及复式簿记方法。财务会计信任功能的制度基础是建立以“正当会计行为规则”为基础、以“准确界定产权和有效保护产权”为目标的会计法律制度体系，该体系须属于良法，且具有统一性和一致性特征。

由于市场竞争机制的存在，委托人可以通过自己的判断来选择是否相信代理人，如果选择不信任，就可以随时替换代理人；反过来，代理人为了不失去在企业的现有地位，会尽量提供真实的会计信息，这在一定程度上保障了会计信息的可信度。会计信息通过降低委托人和代理人之间的信息不对称性、减少代理人的投机行为来增进委托人对代理人的信任，使委托人和代理人之间的契约关系得以维系。而委托—代理关系中存在信息不对称的客观现实使财务会计作为一种信任机制得以生发。纵观会计产生与发展的过程可以发现，财务会计实际上是人类低成本界定产权和保护产权的信任机制。

财务会计的信任功能是会计能够解除受托责任的基础。受托责任观强调会计受经营者和所有者之托，经营者之托为会计的直接受托责任，所有者之托为会计的间接受托责任，即受托责任链条为：所有者→经营者→会计。决策有用观强调会计受利益相关者（含经营者和所有者）之托，经营者之托仍为会计的直接受托责任，所有者之托仍为会计的间接受托责任，其他利益相关者（除经营者和所有者之外）之托为会计的第三级次受托责任，即受托责任链条为：其他利益相关者→所有者→经营者→会计。这种受托责任链条的延伸与维系必须建立在财务会计具有信任功能的基础之上。

财务会计具有信任功能，体现为财务会计能够为利益相关者提供值得信赖的信息，强调会计制度遵从法律制度，建立法律遵从型会计法律制度体系，主张依法记账，以解除自身的受托责任，而这又基于信息的可靠性。以复式簿记为基础的现代会计核算方法体系，不仅可以进行试算平衡，还可以进行账证核对（账簿与凭证）、账账核对（总账与明细账）、账实核对（财产清查）以及账表核对（总账与会计报表），确保会计信息真实可靠，从技术层面确保财务会计在准确界定和有效保护利益相关者财产权利方面具有信任功能。

演进理性主义认为，会计法律制度源自会计惯例，是会计惯例经司法先例的积累（英美法系）或主权者的认可（大陆法系）而形成的。经由“会计习惯→会计习俗→会计惯例→会计法律制度”演进路径形成的会计制度称为“正当会计行为规则”，是财务会计具有信任功能的最重要的制度基础。工具理性主义路径形成的会计法律制度通过“自上而下”建构而来，“法典式会计制度”特色鲜明，往往形成法律遵从型会计法律制度体系，是财务会计具有信任功能的重要制度基础。

5. 秩序的形成本质上源于人类的相互依赖性，源于人类生存、发展

所需交换的财产。本书通过构建产权域秩序与“三域”机制，为分析会计信息失真和内部化信息失真引致的外部性提供了一种新的分析范式，提出了最优会计制度设计原则和实施细则。具有共性的会计习俗和会计惯例的逐渐演化是统一会计制度形成的根本原因。在开放进入社会秩序中，采用民间职业团体准则制定模式是最优选择。而在有限进入社会秩序中，最优会计准则制定权是由政府或立法机构主导的。

秩序的形成本质上源于人类的相互依赖性，源于人类生存、发展所需交换的财产。产权域秩序是不同的产权主体以其所投入的资源为依据而对分享产权界区内价值流和权利流的份额及比重进行冲突与协调的结果，是产权博弈过程中的动态均衡。产权域秩序作为一种自发社会秩序，其生成也需经历最初的产权主体的习惯，习惯在类似的情势中重复出现，习惯播化为群体或社会的习俗，习俗经长时间驻存形成稳定的预期之后，硬化为产权惯例，形成社会产权规范。产权保护的实质就是维持产权域秩序，以便各产权主体形成稳定的预期，因为产权的稳定性是产权效率的源泉。产权域秩序与会计域秩序、审计域秩序之间，会计域秩序与审计域秩序之间相互影响、相互联结、相互促进，形成了以产权域秩序为内核的互动机制，即“三域”机制。产权域秩序与“三域”机制为分析会计信息失真和内部化信息失真引致的外部性提供了一种新的分析范式。

最优会计制度设计原则是“会计制度完全遵从或重叠于会计域秩序”，两者不存在任何偏离。最优会计制度设计原则的实施细则如下：(1) 对于通用财权，应以规则导向为基础设计会计制度；对于剩余财权，应以原则导向为基础设计会计制度。(2) 若财权中通用财权占主导，则会计制度设计应坚持“规则基础为主，原则基础为辅”；若财权中剩余财权占主导，则会计制度设计应坚持“原则基础为主，规则基础为辅”。

具有共性的会计习俗和会计惯例的逐渐演化，形成会计的社会规范，并制度化为统一会计制度，这是会计从一个自发秩序到扩展秩序的演进过程。在开放进入社会秩序中，采用民间职业团体准则制定模式是最优选择。而在有限进入社会秩序中，最优会计准则制定权是由政府或立法机构主导的。会计准则制定程序的科学性是确保会计准则遵从会计域秩序程度的关键，也是确保高质量会计准则的关键。

6. 财务会计概念框架层级形成的产权动因是清晰界定并有效保护产权主体的财产权利。会计对称实质上就是指一致性。会计信息真实性悖

论根源于依据程序理性生成的会计信息却导致了结果虚假，跳出悖论要求提高会计准则对会计域秩序的遵从度，形成法律遵从型会计准则。会计信息的真实性应定位于“结果理性优先，兼顾程序理性”。会计信息先天性失真归因于会计域秩序偏离产权域秩序，现实性失真则主要发轫于会计制度偏离会计域秩序。

财务会计概念框架层级形成的产权动因是清晰界定并有效保护产权主体的财产权利。会计对称实质上就是指一致性。非对称异象会损害会计信息质量，降低会计准则对会计域秩序的遵从度，这是完善会计准则体系需重点关注的重大问题。现实中依据程序理性生成的会计信息却导致了结果虚假，也就是程序理性严重偏离了结果理性，这是存在会计信息真实性悖论的根本原因。跳出该悖论要求提高会计准则对会计域秩序的遵从度，形成法律遵从型会计准则。

会计信息的真实性应定位于“结果理性优先，兼顾程序理性”。结果理性标准与程序理性标准分别对应于会计法律责任归责上的无过错责任（严格责任）原则和过错责任原则。为了确保会计信息的真实性和准则的有效性，建议对管理层和准则制定机构及成员实施连带责任。

融合结果理性与程序理性，本书发现会计信息失真可以划分为先天性失真和现实性失真两个维度。会计信息先天性失真归因于会计域秩序偏离产权域秩序，现实性失真则主要发轫于会计制度偏离会计域秩序。会计信息现实性失真分为违规性失真和行为性失真。

7. 会计制度的相对静止与会计域秩序的动态生发决定会计制度变迁具有必然性。经济史中的会计制度变迁遵循从法律遵从型到金融预期型的演进路径，勾画了会计制度变迁的一般规律。最优会计制度变迁路径原则就是以最低的交易费用实现新的会计制度高度遵从会计域秩序。对于开放进入社会秩序而言，最优会计制度变迁路径细则是“诱致性变迁为主，强制性变迁为辅”；对于有限进入的社会秩序而言，最优会计制度变迁路径细则是“强制性变迁为主，诱致性变迁为辅”。中国会计制度变迁的最优路径是“强制性变迁为主，诱致性变迁为辅”。

会计制度的相对静止与会计域秩序的动态生发决定会计制度变迁具有必然性。经济史中的会计制度变迁遵循从法律遵从型到金融预期型的路径。法律遵从型会计制度是1973年以前经济史中会计规范的一种常态。1973年之后，脱离法律原则，强调金融预期的会计理论逐渐瓦解法律遵从型会计理论，并占据主导地位。

会计制度变迁的一般规律是：(1) 会计制度变迁的终极目标是通过准确界定产权和有效保护产权以内部化外部性，促使产权主体的个人收益率趋向或等同于社会收益率，促进生产性努力的增长，助推产权经济持续健康发展；(2) 会计制度和产权法律制度的演进遵循由习惯到习俗，由习俗到惯例，由惯例到社会规范，再由社会规范到制度的过程；(3) 虚拟经济的快速发展决定了法律遵从型会计制度演进到金融预期型会计制度的必然性，保护虚拟经济中产权主体的正当产权利益是这一转变的根本原因。

会计制度变迁的过程就是会计制度遵从会计域秩序的过程。会计制度变迁路径表明如何实现会计制度持续遵从会计域秩序。最优会计制度变迁路径原则就是以最低的交易费用实现新的会计制度高度遵从会计域秩序。会计制度的诱致性变迁一般表现为遵循由会计习惯到会计习俗，由会计习俗到会计惯例，由会计惯例到会计社会规范，再由会计社会规范到会计制度的演进过程；会计制度的强制性变迁则由政府直接颁布会计准则以实现会计制度对会计域秩序的遵守。一般而言，与会计制度诱致性路径相对应的准则制定机构是民间会计职业团体，与会计制度强制性变迁相对应的准则制定机构则是政府或立法机构。整体而言，前者制定的会计制度一般不具有法律强制效力，除非得到政府权威机构的直接确认；而后者制定的会计制度由政府部门颁布，具有法律强制力，是法的一种形式。那么如何选择最优会计制度变迁路径？总的原则是变迁净收益最大化。

对于开放进入社会秩序而言，最优会计制度变迁路径细则是：诱致性变迁为主，强制性变迁为辅。因为开放进入社会秩序一般实行的是普通法传统，普通法本身由无数的习俗、惯例和先例累积演进而成，它是一个开放的系统，其实际运作与实施本质上就是一个从习惯、习俗、惯例演化为先例、法律的“自然”转化与发展过程。而诱致性会计制度变迁的逻辑正好是普通法形成的逻辑。因此，开放进入社会秩序中最优会计制度变迁应以诱致性变迁为主。但同时，为推动会计制度有效实施，建议诱致性变迁的结果得到政府部门的直接确认或微调以法律形式公布。这样就可以获得诱致性变迁的好处，同时节省新会计制度实施成本。

对于有限进入社会秩序而言，最优会计制度变迁路径细则是：强制性变迁为主，诱致性变迁为辅。因为有限进入社会秩序大多实行大陆制定法传统，故强调国家制定法律的权威。在有限进入社会秩序中，政府一般处于强势地位，人们服从政府权威，因而政府可以借鉴成熟市场经济国家（即开放进入社会秩序国家）的会计制度范本，结合本国会计习俗、会计惯例特殊性，高效制定会计制度，并获得法律权威，以有助于贯彻实施。同时为了确保制定的会计制度是有效的，建议颁布新的会计制度前，多关注本国会计惯例与国际会计惯例的共性及特殊性，多征求利益相关者的意见，吸纳各产权主体的意见，建构科学的会计制度制定程序。这些共性、特殊性、吸纳的各方意见都是诱致性会计制度变迁的特征，即以诱致性变迁为辅，这样可以提高变迁后会计制度的有效性。

8. 会计法律制度体系是市场经济中的基础性产权保护制度安排。基于国际趋同与本土特色的艰难抉择，本书揭示了会计改革悖论的根本原因并提供了跳出悖论的可行思路，总结了当前中国会计法律制度体系的冲突类型，并以税会差异为例检验了冲突程度，提出了会计法律制度体系优化的一般原则与实施方案。我国会计法律制度体系优化路径的实施方案是“逆流而上”和“循序渐进”。

会计法律制度体系是市场经济中的基础性产权保护制度安排。会计改革悖论源于：若与 IFRS 趋同，则将使本国的会计准则丧失本土特色，难以适应本国会计实务需求；若不与 IFRS 趋同，虽保持了本土特色，但其提供的会计报表及信息难以获得其他国家的一致认可，这就会带来按其他国家准则或按 IFRS 重编报表的调整成本。跳出悖论的现实可行的思路是：将一个市场经济国家的会计惯例与国际会计惯例进行对比，找出共性和特殊性；对共性部分可直接采纳 IFRS 的相关规定，对特殊性部分则单独制定适合本国国情的会计制度。

2006 年的会计改革使得中国的会计准则由法律遵从型转向金融预期型，导致会计制度与其他产权会计法律制度发生冲突，降低了会计信息的法律证据力。当前存在的主要冲突有：一是严格执行会计准则生成的会计信息，其真实性并未得到法学界的广泛认可；二是会计准则与法律制度的理念发生重大分歧；三是会计准则与税收法规彻底分离。

本书检验了会计利润与应税所得差异（BTD）及其变化的显著性，考察了其行业特征。实证结果表明，BTD 确实存在，且应税所得的变异程度高于会计利润，表明公司可能存在较强烈的规避缴纳企业所得税的冲动。建议从三条途径来缩小税会差异：一是对于制度性差异而言，在制定或修订国际财务报告准则时，我们要积极向 IASB 反映新兴经济体面临的特殊问题，争取在 IFRS 中吸纳符合我国国情的意见，这些意见要重点关注与我国企业所得税法的协调；二是对于税法中没有明确规定的内容，建议国家税务总局采纳会计准则中的相关规定；三是努力培养既掌握税收法规又懂会计准则的复合型税务人员，加强征管力度，防止公司利用税会差异进行恶性盈余管理，提高征收效率。

会计法律制度体系的优化主要针对大陆法系的国家而言，优化的一般原则是最小化改革成本。（1）当大陆法系国家会计改革国际趋同收益小于或等于趋同成本时，该国将选择不趋同，维持本国的会计制度特色。在此情形下优化现存会计法律制度体系的实施方案如下：就“顺流直下”和“逆流而上”而言，其优化的最优选择是顺流直下，次优选择是逆流而上；就“循序渐进”和“平行推进”而言，其优化的最优选择是平行推进。（2）当大陆法系国家会计改革国际趋同收益大于趋同成本时，该国将选择国际趋同，并将本国的本土特色限制在极小的范围内，在此情形下，大陆法系的国家该如何优化其会计法律制度体系？就“顺流直下”和“逆流而上”而言，其优化路径只能是逆流而上；就“循序渐进”和“平行推进”而言，国际趋同使得其优化路径选择只能是循序渐进。我国属于大陆法系国家，会计改革采纳了趋同战略，我国会计法律制度体系优化路径的实施方案是“逆流而上”和“循序渐进”。

9. 准确界定产权是有效保护产权的前提，计量是会计的核心，现代会计计量的对象是财权流。财权可以划分为基于企业公平的通用财权和基于企业效率的剩余财权。在财权的构成内容中：实体财权是“通用财权为主，剩余财权为辅”；虚拟财权则是“剩余财权为主，通用财权为辅”。与通用财权和剩余财权匹配的计量基础分别是历史成本和现行价值。实体财权的计量基础是“历史成本为主，现行价值为辅”；虚拟财权的计量基础是“现行价值为主，历史成本为辅”，由此形成双重计量与三重列报方案，该方案可以解决决策有用与受托责任、相关性与如实反映、信任功能与估值功能、会计稳健性的存废、会计法律制度体系冲突等难题，是财务会计适应性变革的可行路径。

财权（产权）的载体是契约，契约的基础是财权（产权）。基于不完全契约理论，财权在现实中也体现为一种不完全财权契约：该契约中的完备部分（即能够用条款规定且其结果可由第三方验证）形成通用财权契约，不完备部分（即不能事先由条款规定或即便能用条款规定但结果具有不可验证性）则形成剩余财权契约。其中，通用财权契约的保护侧重公平，旨在为合同交易双方提供稳定预期，一般由法律、公司章程予以规制，遵循休谟的“稳定财产占有法则”和“履行许诺法则”；而剩余财权契约的保护侧重效率，旨在促进合同交易双方自愿交易和自由缔约，一般由交易习惯、习俗和惯例来调整，遵循休谟的“根据同意转移所有物的法则”。可见，财权＝通用财权＋剩余财权，财权是一个二元结构价值体系，即由基于公平价值观的通用财权和基于效率价值观的剩余财权构成。现代市场经济是由实体产权和虚拟产权构成的二元产权结构，其价值化形成实体财权和虚拟财权，即财权＝实体财权＋剩余财权。就实体财权而言，其构成是“通用财权为主，剩余财权为辅”；就虚拟财权而言，其构成则是“剩余财权为主，通用财权为辅”。通用财权遵循“稳定预期”和“履行许诺”，要求会计计量遵循确定性原则、财务会计具有信任功能及财务信息应具有可验证性，这与历史成本计量的特征相吻合，即与通用财权相匹配的计量基础是历史成本；而剩余财权遵循“自愿交易”和“自由缔约”，要求会计计量及时提供面向现在和未来的具有预测价值、确认价值的信息，财务信息应具有估值功能，这与现行价值计量的特征相一致，即与剩余财权相匹配的计量基础是现行价值。可见，进一步的分析表明，对于实体产权而言，其计量基础是“历史成本为主，现行价值为辅”；对于虚拟财权而言，其计量基础是“现行价值为主，历史成本为辅”，由此形成双重计量。即对每一项财权，均从历史成本计量和现行价值计量两个维度来刻画其增减变动及结果，揭示其风险，从而为解决二元计量情景下的难题和推进 IASB 趋同奠定坚实基础。

三重列报是指将财务报表改造成三栏式，分别列示“历史成本”“现行价值”和“现行准则要求数据”。该列报的具体操作方案是：（1）对于实体财权而言，因其计量基础是“历史成本为主，现行价值为辅”，所以在列示时，初始计量列示在“历史成本”中。后续计量若是折旧、摊销，仍列示在“历史成本”中；若发生减值，“历史成本”列示减值之前的账面价值，“现行价值”列示减值测试的标准（如长期资产一般为可收回金额、存货为可变现净值、贷款和应收款项为现值）；若未发生减值，则将账面价值列示在“历史成本”中。涉及连续会计年度时，主要涉及再次减值或升值的列示。若年末再次发生减值，“历史成本”列示自上一会计期间以来资产在本年年末的账面价值（即上期期末数据剔除折旧、摊销后的余额），“现行价值”列示当年年末发生减值测试的标准（同上）。这样，在期末将“历史成本”和“现行价值”对比就可以传递累计发生的减值损失金额。若涉及升值（可能源于物价变动），则“现行价值”仍列示减值测试的标准（同上）。这样，“历史成本”和“现行价值”在年末的对比就可以反映出自初始计量以来，该资产累计的现行价值变动结果。处置时，在利润表中，“历史成本”列示处置时的售价减去处置时该资产的账面价值（按资产负债表中的“历史成本”列示数据）及相关税费来确定，“现行价值”列示处置时的售价减去处置时该资产的“现行价值”列数据（按资产负债表中的“现行价值”列示数据）及相关税费来确定。(2) 对于虚拟产权而言，其计量基础是“现行价值为主，历史成本为辅”。初始计量时，在“历史成本”列和“现行价值”列同时分别列示资产或负债的历史成本与现行价值。一般而言，两者金额相等。后续计量时，公允价值或现值的变动在资产负债表“现行价值”列中列示经过调整之后的公允价值/使用价值/履行价值（即资产负债表日的现行价值），同时在利润表“公允价值变动损益”或资产负债表“其他综合收益”项目中的“现行价值”列中列示。若该资产发生减值（如可供出售金融资产），则将减值测试的标准（资产负债表日的公允价值）列示在资产负债表“现行价值”列中，同时利润表对应报表项目中将按现行准则规定确认的资产减值损失金额列示在“现行价值”列中。若发生减值之后的资产又升值（现行准则也允许转回），则遵从现行准则处理，将相关计量结果列示在报表的“现行价值”列中。处置时，利润表中对应项目“历史成本”列列示“售价减去初始计量的历史成本及处置中发生的相关税费”（该数据即为企业所得税法规定的投资资产处置所得），“现行价值”列列示“售价减去处置日的账面价值、处置税费，同时加上将未实现收益（公允价值变动损益和可转当期损益的其他综合收益）转化为已实现收益（投资收益）”。不管是虚拟财权还是实体财权，第三列均按现行会计准则的要求列示数据，从而形成三重列报操作方案。

三重列报是一种低成本改进财务报表列报、提高财务信息有用性的列报方案。三重列报有助于二元计量难题的解决，是财务会计适应性变革的可行路径：一是通过兼容财务报告决策有用和受托责任的目标，切实解决财务信息相关性与如实反映的冲突问题。二是三重列报将现有的混合数据改进为历史成本和现行价值，可以协调财务会计信任功能与估值功能的矛盾。三是三重列报可以使会计稳健性这一国际会计惯例得以保留。四是三重列报可以为会计法律制度体系的良序运行提供数据源，切实解决二元计量境势下的会计法律制度体系冲突问题。三重列报有助于建立以准确界定产权和有效保护产权为目标、具有系统性与一致性特征的会计法律制度体系。这对于破解各国（尤其是大陆法系国家）会计制度国际趋同引致的会计法律制度体系冲突难题，解决强制趋同获得的收益与法律体系高昂的调整成本之间的矛盾，化解趋同障碍，加快趋同进程，建立全球统一的高质量会计准则体系具有借鉴意义。

参考文献

[1]〔德〕柯武刚，史漫飞：《制度经济学：社会秩序与公共政策》，韩朝华译，北京，商务印书馆，2000年。

[2]〔加〕斯科特：《财务会计理论》，陈汉文等译，北京，机械工业出版社，2006年。

[3]〔美〕O. 哈特：《企业、合同与财务结构》，费方域译，上海，上海三联书店，2006年。

[4]〔美〕Y. 巴泽尔：《产权的经济分析》，费方域，段毅才译，上海，上海人民出版社，1997年。

[5]〔美〕阿尔钦，德姆塞茨：《生产、信息费用与经济组织》，载〔美〕科斯等：《财产权利与制度变迁：产权学派与新制度学派译文集》，上海，上海人民出版社，2004年。

[6]〔美〕阿尔钦：《产权：一个经典注释》，载〔美〕科斯，阿尔钦，诺斯等：《财产权利与制度变迁：产权学派与新制度学派译文集》，刘守英等译，上海，上海人民出版社，2004年。

[7]〔美〕埃里克·弗鲁博顿，〔德〕鲁道夫·芮切特：《新制度经济学：一个交易费用分析范式》，姜建强，罗长远译，上海，上海人民出版社，2006年。

[8]〔美〕保罗·J. 扎克：《产权与增长》，《经济研究》1995年第3期，第3页。

[9]〔美〕波斯纳：《法律的经济分析》，蒋兆康译，北京，中国大百科全书出版社，1997年。

[10]〔美〕查特菲尔德：《会计思想史》，文硕等译，北京，中国商业出版社，1989年。

[11]〔美〕德姆塞茨：《关于产权的理论》，载〔美〕科斯，阿尔钦，诺斯等：《财产权利与制度变迁：产权学派与新制度学派译文集》，刘守

英等译，上海，上海人民出版社，1994 年。

[12]〔美〕德姆塞茨：《所有权、控制与企业——论经济活动的组织》，段毅才等译，北京，经济科学出版社，1999 年。

[13]〔美〕菲吕博腾，配杰威齐：《产权与经济理论：近期文献的一个综述》，载〔美〕科斯，阿尔钦，诺斯等：《财产权利与制度变迁：产权学派与新制度学派译文集》，刘守英等译，上海，上海人民出版社，1994 年。

[14]〔美〕哈耶克：《自由秩序原理》，邓正来译，北京，生活·读书·新知三联书店，2003 年。

[15]〔美〕康芒斯：《制度经济学》，赵睿译，北京，华夏出版社，2009 年。

[16]〔美〕科斯：《企业、市场与法律》，盛洪，陈郁译，上海，格致出版社，2009 年。

[17]〔美〕罗伯特·D. 考特，托马斯·S. 尤伦：《法和经济学》，施少华，姜建强等译，上海，上海财经大学出版社，2002 年。

[18]〔美〕米德：《效率、公平与产权》，施仁译，北京，北京经济学院出版社，1992 年。

[19]〔美〕诺思：《制度、制度变迁与经济绩效》，杭行译，北京，格致出版社，2008 年。

[20]〔美〕诺思：《理解经济变迁过程》，钟正生，邢华译，北京，中国人民大学出版社，2008 年。

[21]〔美〕诺思，等：《西方世界的兴起》，厉以平等译，北京，华夏出版社，1999 年。

[22]〔美〕诺思：《经济史中的结构与变迁》，陈郁等译，上海，上海三联书店，1991 年。

[23]〔美〕斯密德：《制度与行为经济学》，刘璨、吴水荣译，北京，中国人民大学出版社，2004 年，第 12-17 页。

[24]〔美〕威廉姆森，温特：《企业的性质——起源、演变和发展》，姚海鑫，邢源源译，北京，商务印书馆，2007 年。

[25]〔美〕威廉姆森：《交易费用经济学：契约关系的规制》，载陈郁：《企业制度与市场组织：交易费用经济学文选》，上海，上海人民出版社，2006 年。

[26]〔美〕沃尔克，等：《会计理论：政治和经济环境方面的概念性

议题》，陈艳等译，大连，东北财经大学出版社，2010年。

[27]〔美〕坎宁：《会计中的经济学》，宋小明，谢盛纹译，上海，立信会计出版社，2014年。

[28]〔美〕斯普拉格：《账户的哲学》，许家林，刘霞译，上海，立信会计出版社，2014年。

[29]〔意〕帕乔利：《簿记论》，林志军等译，上海，立信会计出版社，2009年。

[30]〔英〕庇古：《福利经济学（上册）》，陆民仁译，台北，台湾银行经济研究室编印，1971年。

[31]〔英〕哈耶克：《致命的自负》，冯克利等译，北京，中国社会科学出版社，2000年。

[32]"会计目标"课题组：《对我国会计目标定位的思考》，《会计研究》2005年第8期，第21-25页。

[33]蔡立新，崔也光：《在线会计服务中的产权问题》，《会计研究》2011年第12期，第9-15页。

[34]蔡宁，等：《投资者保护变迁与会计改革的共生互动性》，《会计研究》2008年第3期，第19-26页。

[35]曹越，等：《产权保护、二元准则与适应性效率》，《中南财经政法大学学报》2012年第2期，第32-39页。

[36]曹越，等：《两大法系会计法律制度：架构、特征与适应性效率》，《会计研究》2014年第10期，第13页。

[37]曹越，等：《现代会计理论的产权基础》，《财经理论与实践》2011年第5期，第60-64页。

[38]"产权界定问题"课题组：《企业资产产权界定：问题与对策》，《财经科学》1995年第3期，第13页。

[39]车菲：《所得税改革、会计—税收差异与会计稳健性》，《中南财经政法大学学报》2012年第6期，第93-99页。

[40]陈汉文，等：《国家、股权结构、诚信与公司治理——以宏智科技为例》，《管理世界》2005年第8期，第134-141页。

[41]陈军梅：《股权激励、内部控制与会计稳健性》，《现代财经》2015年第4期，第81-92页。

[42]陈美华：《价值理论与公允价值》，《经济问题》2004年第12期，第6-8页。

[43] 陈美华：《公允价值计量基础研究》，北京，中国财政经济出版社，2006 年，第 5-6 页。

[44] 陈舜：《权利及其维护：一种交易成本观点》，北京，中国政法大学出版社，1999 年。

[45] 陈文华，尚丽霞：《浅谈中国会计的起源与发展》，《史学理论研究》1997 年第 3 期，第 130-133 页。

[46] 陈小悦，等：《中国股市弱型效率的实证研究》，《会计研究》1997 年第 9 期，第 16 页。

[47] 陈旭东，黄登仕：《公司治理与会计稳健性——基于上市公司的实证研究》，《证券市场导报》2007 年第 3 期，第 10-17 页。

[48] 陈余友：《对我国会计命名起源及其最初含义的考析》，《财贸研究》1992 年第 1 期，第 74-80 页。

[49] 陈郁：《产权不受保护制度下的资源浪费——我国经济学译著中重复劳动案例分析》，《经济研究》1993 年第 6 期，第 41 页。

[50] 陈郁：《寻求生产的制度结构——关于科斯和科斯定理》，《经济研究》1991 年第 9 期，第 23-29 页。

[51] 成思危：《虚拟经济与金融危机》，《管理科学学报》1999 年第 1 期，第 4-6 页。

[52] 崔建远：《合同法》，北京，法律出版社，2003 年。

[53] 戴德明，姚淑瑜：《会计—税收差异及其制度因素分析——来自中国上市公司的经验证据》，《财经研究》2006 年第 5 期，第 48-49 页。

[54] 戴德明，周华：《会计制度与税收法规的协作》，《经济研究》2002 年第 3 期，第 44-53 页。

[55] 戴德明，等：《我国会计制度与税收法规的协作研究——基于税会关系模式与二者差异的分析》，《会计研究》2005 年第 1 期，第 50-95 页。

[56] 〔美〕戴维斯，诺斯：《制度变迁的理论：概念与原因》，载〔美〕科斯，阿尔钦，诺斯等：《财产权利与制度变迁：产权学派与新制度学派译文集》，刘守英等译，上海，上海人民出版社，1994 年。

[57]〔美〕戴维斯，诺斯：《制度创新的理论：描述、类推与说明》，载〔美〕科斯，阿尔钦，诺斯等：《财产权利与制度变迁：产权学派与新制度学派译文集》，刘守英等译，上海，上海人民出版社，1994 年。

[58] 杜兴强：《会计信息产权的逻辑及其博弈》，《会计研究》2002

年第2期，第52-58页。

[59] 杜兴强：《会计信息的产权问题研究》，《会计研究》1998年第7期，第15-18页。

[60] 杜兴强：《会计信息的产权问题研究》，大连，东北财经大学出版社，2002年。

[61] 段毅才：《西方产权理论结构分析》，《经济研究》1992年第8期，第76页。

[62] 樊纲：《公共选择与改革过程》，载盛洪：《现代制度经济学（下册）》，北京，北京大学出版社，2003年。

[63] 樊纲：《论改革过程》，载盛洪：《中国的过渡经济学》，上海，上海人民出版社，2006年。

[64] 樊纲：《制度改变中国：制度变革与社会转型》，北京，中信出版社，2014年。

[65] 方竹兰：《人力资本所有者拥有所有权是一种趋势》，《经济研究》1997年第6期，第36-40页。

[66] 费方域：《企业的产权分析》，上海，上海人民出版社，1998年。

[67] 盖地，车菲：《递延所得税项目、条件稳健性与非条件稳健性》，《云南财经大学学报》2013年第1期，第133-141页。

[68] 盖地，孙晓妍：《财务指标、非财务指标与会税差异——基于我国上市公司面板数据的经验研究》，《财经问题研究》2012第1期，第68-75页。

[69] 盖地，孙雪娇：《税务会计计量属性及其与财务会计计量属性的比较》，《会计研究》2009年第4期，第1-18页。

[70] 高德步：《虚拟经济的起源》，《南开经济研究》2002年第4期，第55页。

[71] 高鸿钧，等：《英美法原论》，北京，北京大学出版社，2013年。

[72] 葛家澍，陈朝琳：《财务报告概念框架的新篇章——评美国FASB第8号概念公告》，《会计研究》2011年第3期，第3-9页。

[73] 葛家澍，高军：《论会计的对象、职能和目标》，《厦门大学学报（哲学社会科学版）》2013年第2期，第30-37页。

[74] 葛家澍，李翔华：《关于会计对象再探讨——会计的反映对象

和作为一个信息系统的处理对象》,《厦门大学学报(哲学社会科学版)》1986 年第 1 期,第 35-40 页。

[75] 葛家澍,林志军:《现代西方会计理论》,厦门,厦门大学出版社,2001 年。

[76] 葛家澍,刘峰:《论企业财务报告的性质及其信息的基本特征》,《会计研究》2011 年第 12 期,第 3-9 页。

[77] 葛家澍,刘峰:《会计理论:关于财务会计概念结构的研究》,北京,中国财政经济出版社,2002 年。

[78] 葛家澍,孙丽影:《论新制度学派(含产权学派)对市场、企业与会计的影响》,《会计论坛》2008 年第 1 期,第 3-10 页。

[79] 葛家澍,徐跃:《会计计量属性的探讨——市场价格、历史成本、现行成本与公允价值》,《会计研究》2006 年第 9 期,第 7-14 页。

[80] 葛家澍,叶丰滢:《论财务报表的改进——着眼于正确处理双重计量模式的矛盾》,《审计研究》2009 年第 5 期,第 5-6 页。

[81] 葛家澍,叶丰滢:《双重计量在财务报表中列报的新探索》,《厦门大学学报(哲学社会科学版)》2010 年第 1 期,第 38-40 页。

[82] 葛家澍:《财务会计的本质、特点及其边界》,《会计研究》2003 年第 3 期,第 3 页。

[83] 葛家澍:《会计·信息·文化》,《会计研究》2012 年第 8 期,第 7 页。

[84] 葛家澍:《财务会计理论研究》,厦门,厦门大学出版社,2006 年。

[85] 葛家澍,等:《财务会计计量模式的必然选择:双重计量》,《会计研究》2010 年第 2 期,第 7-10 页。

[86] 龚光明,陈若华:《产权保护、收益计量与会计制度改革》,《会计研究》2012 年第 7 期,第 8-15 页。

[87] 龚翔,许家林:《会计法规变迁与产权保护机制演进》,《会计研究》2008 年第 10 期,第 9-17 页。

[88] 郭道晖:《法理学精义》,长沙,湖南人民出版社,2005 年。

[89] 郭道扬:《论两大法系的会计法律制度》,《会计研究》2002 年第 8 期,第 9 页。

[90] 郭道扬:《复式簿记起源历史环境新论》,《会计研究》2007 年第 12 期,第 15-23 页。

[91] 郭道扬:《会计制度全球性变革研究》,《中国社会科学》2013年第6期,第72-76页。

[92] 郭道扬:《论产权改革与产权会计观》,《财经论丛》2004年第1期,第71页。

[93] 郭道扬:《论产权会计观与产权会计变革》,《会计研究》2004年第2期,第8-17页。

[94] 郭道扬:《论两大法系的会计法律制度体系》,《会计研究》2002年第8期,第3-10页。

[95] 郭道扬:《论两大法系的会计法律制度体系(续)》,《会计研究》2002年第9期,第16页。

[96] 郭道扬:《论统一会计制度》,《会计研究》2005年第1期,第11-24页。

[97] 郭道扬:《人类会计思想演进的历史起点》,《会计研究》2009年第8期,第3页。

[98] 郭道扬:《修订〈会计法〉的历史性进步》,《会计研究》1999年第11期,第8-10页。

[99] 郭道扬:《产权会计史研究(序)》,北京,中国财政经济出版社,2006年。

[100] 郭道扬:《郭道扬文集》,北京,经济科学出版社,2009年。

[101] 郭道扬:《会计史研究(第一卷)》,北京,中国财政经济出版社,2004年。

[102] 郭道扬:《会计史研究(第二卷)》,北京,中国财政经济出版社,2004年。

[103] 郭道扬:《会计史研究(第三卷)》,北京,中国财政经济出版社,2008年。

[104] 郭复初:《财务通论》,上海,立信会计出版社,1997年。

[105] 郭复初:《国家财务论》,成都,西南财经大学出版社,1993年。

[106]〔英〕哈耶克:《法律、立法与自由》,邓正来等译,北京,中国大百科全书出版社,2000年。

[107] 何勤华:《外国法制史》,北京,法律出版社,2006年,第4版。

[108] 洪银兴:《市场秩序和规范》,上海,上海人民出版社,2007年。

［109］胡光志：《会计法律制度及其前沿问题探讨》，《现代法学》2003 年第 3 期，第 71 页。

［110］胡汝银：《中国改革的政治经济学》，载盛洪：《中国的过渡经济学》，上海，上海人民出版社，1992 年。

［111］黄少安，王怀震：《从潜产权到产权：一种产权起源假说》，《经济理论与经济管理》2003 年第 8 期，第 13－16 页。

［112］黄少安：《产权起源探索》，《经济学家》1995 年第 3 期，第 83－94 页。

［113］黄少安：《产权经济学导论》，经济科学出版社，2004 年。

［114］黄晓波：《基于广义资本的财务报告》，《会计研究》2007 年第 10 期，第 3－10 页。

［115］黄信：《经济转型、制度环境与制度适应性效率》，《社会科学战线》2011 年第 9 期，第 260－261 页。

［116］纪坡民：《产权与法》，北京，生活·读书·新知三联书店，2001 年。

［117］贾丽虹：《外部性理论研究》，北京，人民出版社，2007 年。

［118］江曙霞，谢杰斌：《产权保护：公共物品？私有物品?》，《南开经济研究》2008 年第 2 期，第 82 页。

［119］井尻雄士：《三式记账法的结构和原理》，娄尔行译，上海，立信会计图书用品社，1989 年。

［120］康均：《产权会计史研究》，北京，中国财政经济出版社，2006 年。

［121］〔美〕考特，尤伦：《法和经济学》，张军等译，上海，上海人民出版社，1999 年。

［122］〔英〕科斯，王宁：《变革中国：市场经济的中国之路》，北京，中信出版社，2013 年。

［123］劳秦汉：《会计理论研究的新视角：从现代会计的双重受托责任看会计的本质、职能与目标》，《会计研究》1998 年第 8 期，第 43－46 页。

［124］雷光勇：《交易费用、纳什均衡与会计准则》，《经济科学》1999 年第 4 期，第 112－116 页。

［125］雷光勇：《经济后果、会计管制与会计寻租》，《会计研究》2001 年第 9 期，第 50－53 页。

[126] 雷光勇：《会计契约论》，北京，中国财政经济出版社，2004 年。

[127] 雷新途，石道金：《生态产权会计：一个理论分析框架》，《财经论丛》2007 年第 3 期，第 58-64 页。

[128] 雷兴虎，冯果：《论股东的股权与公司的法人财产权》，《法学评论》1997 年第 2 期，第 78-82 页。

[129] 雷宇：《财务会计的信任功能》，《会计研究》2012 年第 3 期，第 26-30 页。

[130] 李刚，等：《会计盈余质量与权益资本成本关系的实证分析》，《审计与经济研究》2008 年第 5 期，第 57-62 页。

[131] 李军林：《权利、均衡与制度变迁》，《南开经济研究》1998 年第 2 期，第 54-60 页。

[132] 李连华：《股权配置中心论：完善公司治理结构的新思路》，《会计研究》2002 年第 10 期，第 43-47 页。

[133] 李连军：《会计制度变迁与政府治理结构》，《会计研究》2007 年第 6 期，第 33-39 页。

[134] 李明：《各国会计法律制度特点与启示》，《财务与会计》2014 年第 12 期，第 63-64 页。

[135] 李心合：《会计制度的信誉基础》，《会计研究》2002 年第 4 期，第 17 页。

[136] 李心合，等：《公司财权：基础、配置与转移》，《财经问题研究》2005 年第 12 期，第 17 页。

[137] 李心源，戴德明：《税收与会计关系模式的选择与税收监管》，《税务研究》2004 年第 11 期，第 65-67 页。

[138] 梁慧星：《民法总论》，北京，法律出版社，2001 年，第二版。

[139] 梁爽：《会计目标与会计环境的逻辑关系剖析》，《会计研究》2005 年第 1 期，第 55-61 页。

[140] 林立：《波斯纳与法律经济分析》，上海，上海三联书店，2005 年。

[141] 林翔，陈汉文：《增长、盈余管理和应计持续性》，《中国会计评论》2005 年第 1 期，第 117-142 页。

[142] 林毅夫：《诱致性制度变迁与强制性制度变迁》，载盛洪：《现代制度经济学（下册）》，北京，北京大学出版社，1991 年。

［143］刘斌，徐先知：《新会计准则国际趋同的效果研究——基于盈余稳健性视角的分析》，《财经论丛》2010年第2期，第78-84页。

［144］刘昌盛，汤湘希：《会计信息产权配置理论：财富最大化假说》，《管理世界》2010年第1期，第177-178页。

［145］刘峰：《会计·信任·文明》，《会计研究》2015年第11期，第3-11页。

［146］刘峰，葛家澍：《会计职能·财务报告性质·财务报告体系重构》，《会计研究》2012年第3期，第15-20页。

［147］刘峰，黄少安：《科斯定理与会计准则》，载伍中信，田昆儒：《产权理论与中国会计学》，北京，中国人民大学出版社，2003年。

［148］刘峰，周福源：《国际四大意味着高审计质量吗——基于会计稳健性角度的检验》，《会计研究》2007年第3期，第79-87页。

［149］刘峰：《会计准则变迁》，北京，中国财政经济出版社，2000年。

［150］刘峰：《会计准则研究》，大连，东北财经大学出版社，1996年。

［151］刘峰，等：《会计的社会功用：基于非历史成本研究的回顾》，《会计研究》2009年第1期，第36-42页。

［152］刘峰，等：《会计准则能提高会计信息质量吗——来自中国股市的初步证据》，《会计研究》2004年第5期，第8-20页。

［153］刘谷金，胡振国：《产权保护与公允价值计量》，《财经问题研究》2012年第12期，第122-126页。

［154］刘贵生：《财务原理论纲——财务分配论》，成都，西南财经大学出版社，1995年。

［155］刘慧凤，邓阳：《会计利润与应税所得之间的制度性差异：协调与效果》，《财经论丛》2011年第6期，第79-84页。

［156］刘伟，李风圣：《产权通论》，北京，北京出版社，1998年。

［157］刘玉廷：《关于企业会计准则体系建设、趋同、实施与等效问题》，载财政部会计司编写组：《企业会计准则（2008）》，北京，人民出版社，2008年。

［158］刘玉廷：《中国会计改革开放三十年回顾与展望（下）》，《财务与会计》2009年第3期，第19页。

［159］刘云：《关于我国会计活动起源的考证》，《会计研究》2001年

第11期，第64页。

[160] 刘运国，等：《产权性质、债务融资与会计稳健性——来自中国上市公司的经验证据》，《会计研究》2010年第1期，第43-50页。

[161] 龙月娥，叶康涛：《会计—税收差异、盈余管理与证券市场估值》，《中南财经政法大学学报》2013年第2期，第117-123页。

[162] 卢太平，等：《论会计法律制度对财务报告质量的影响》，《财贸经济》2005年第4期，第58-60页。

[163] 卢现祥：《论产权的起源与国家在产权制度形成中的作用》，《经济理论与经济管理》1996年第5期，第8-11页。

[164] 卢现祥：《西方新制度经济学》，北京，中国发展出版社，1996年，第2版。

[165] 罗婷，等：《解析新会计准则对会计信息价值相关性的影响》，《中国会计评论》2008年第2期，第129-140页。

[166] 吕兆德，何子衡：《上市公司年度盈余持续性影响因素研究》，《北京师范大学学报（社会科学版）》2012年第2期，第121-129页。

[167] 马克思，恩格斯：《马克思恩格斯全集》，北京，商务印书馆，1979年。

[168] 马克思：《资本论》，北京，人民出版社，1975年。

[169] 马永金，黄少安：《恩格斯与新制度经济学产权起源观的异同》，《学习与探索》1999年第4期，第18-21页。

[170] 毛新述，戴德明：《会计制度变迁与盈余稳健性：一项理论分析》，《会计研究》2008年第9期，第26-32页。

[171] 欧阳爱平，徐俭：《企业会计准则实施后的相关性质量分析》，《北京工商大学学报（社会科学版）》2009年第3期，第77-81页。

[172] 彭汉英：《财产法的经济分析》，北京，中国人民大学出版社，2000年。

[173] 漆江娜，罗佳：《会计准则变迁对会计信息价值相关性的影响研究——来自中国证券市场1993—2007的经验证据》，《当代财经》2009年第5期，第103-109页。

[174] 钱春杰，夏文贤：《对适合我国上市公司研究的会计—税收差异计量方法探讨》，《涉外税务》2007年第3期，第65-68页。

[175] 钱春杰，周中胜：《会计—税收差异、审计收费与“不清洁”审计意见》，《审计研究》2007年第1期，第59-67页。

[176] 曲晓辉，邱月华：《强制性制度变迁与盈余性——来自深沪证券市场的经验证据》，《会计研究》2007 年第 7 期，第 20-28 页。

[177] 盛洪：《生产性努力的增长》，载盛洪：《现代制度经济学（下册）》，北京，北京大学出版社，2003 年。

[178] 盛洪：《寻求改革的稳定形式》，《经济研究》1991 年第 1 期，第 36 页。

[179] 盛洪：《分工与交易——一个一般理论及其对中国非专业化问题的应用分析》，上海，上海人民出版社，2006 年。

[180] 盛洪：《现代制度经济学（下册）》，北京，北京大学出版社，2003 年。

[181] 盛洪：《寻求改革的稳定形式》，上海，上海财经大学出版社，2002 年。

[182] 施先旺：《财务会计基础概念：基于产权价值运动视角的分析》，《会计研究》2010 年第 1 期，第 35-42 页。

[183] 施先旺：《产权价值运动：基于会计对象视角的分析》，《会计研究》2006 年第 6 期，第 35-41 页。

[184] 宋小明：《会计本质的确证及在会计史研究中的解释性应用》，《中南财经政法大学学报》2007 年第 1 期，第 85-91 页。

[185] 孙刚：《控股权性质、会计稳健性与不对称投资效率——基于我国上市公司的再检验》，《山西财经大学学报》2010 年第 5 期，第 74-84 页。

[186] 孙光国，赵健宇：《产权性质差异、管理层过度自信与会计稳健性》，《会计研究》2014 年 5 期，第 52-58 页。

[187] 孙雪娇：《上市公司对递延税项的确认稳健吗？——来自中国资本市场的经验证据》，《财经论丛》2015 年第 1 期，第 63-70 页。

[188] 汤谷良：《现代企业的产权思考》，《会计研究》1994 年第 5 期，第 6-10 页。

[189] 唐国琼：《亏损公司会计盈余价值相关性实证研究》，《金融研究》2008 年第 11 期，第 146-158 页。

[190] 陶晓慧，柳建华：《会计稳健性与会计信息的信贷决策有用性》，《税务与经济》2010 年第 4 期，第 48-52 页。

[191] 陶永谊：《旷日持久的论战——经济学的方法论之争》，西安，陕西人民教育出版社，1992 年。

［192］田昆儒：《论产权制度与会计信息揭示》，《会计研究》1999 年第 11 期，第 59-60 页。

［193］田昆儒：《企业产权会计论》，北京，经济科学出版社，1999 年。

［194］田培源，等：《盈余管理与税费负担——基于会计差错更正数据的分析》，《北京工商大学学报》2010 年第 5 期，第 78-85 页。

［195］汪猛，徐经长：《公允价值计量、会计—税法差异与条件稳健性》，《当代财经》2014 年第 9 期，第 120-129 页。

［196］王爱国：《我的碳会计观》，《会计研究》2012 年第 5 期，第 3-8 页。

［197］王斌：《现金流转说：财务经理的财务观点》，《会计研究》1997 年第 5 期，第 30-34 页。

［198］王虎超，夏文贤：《排放权及其交易会计模式研究》，《会计研究》2010 年第 8 期，第 16-23 页。

［199］王开田：《现代会计对象的再认识》，《会计研究》1997 年第 3 期，第 40-43 页。

［200］王庆成，孙茂竹：《我国近期财务管理若干理论观点述评》，《会计研究》2003 年第 6 期，第 40 页。

［201］王秋生：《基于公允价值计量的产权保护研究》，《人民论坛》2012 年第 11 期，第 60-61 页。

［202］王世定：《学习新〈会计法〉的几点认识》，《会计研究》1999 年第 11 期，第 10-12 页。

［203］王遂昆，康均：《睡虎地秦简会计法制论考》，《中南财经政法大学学报》2012 年第 5 期，第 108-113 页。

［204］王延明：《中国公司所得税负担研究——来自上市公司的经验证据》，上海，上海财经大学出版社，2004 年。

［205］王毅春，孙林岩：《银企关系、股权特征与会计稳健性》，《财政研究》2006 年第 7 期，第 70-72 页。

［206］王仲兵：《论企业本质、会计信息产权、会计核心竞争力的逻辑关系》，《北京工商大学学报（社会科学版）》2005 年第 3 期，第 47 页。

［207］王子林：《产权界定的体制目标和基本规则》，《财贸经济》1991 年第 10 期，第 49 页。

［208］韦森：《社会制序的经济分析导论》，上海，上海三联书店，

2001年。

[209] 韦森:《文化与制序》,上海,上海人民出版社,2003年。

[210] 温世扬:《物权法要义》,北京,法律出版社,2007年。

[211] 吴联生:《会计信息失真的“三分法”:理论框架与证据》,《会计研究》2003年第1期,第26-30页。

[212] 吴联生:《利益相关者对会计规则制定的参与特征》,《经济研究》2004年第3期,第88-97页。

[213] 吴联生:《利益协调与审计制度安排》,《审计研究》2003年第2期,第16-21页。

[214] 吴泷:《对人力资源会计理论的创新》,《会计研究》2008年第10期,第31-36页。

[215] 吴泷:《基于产权行为研究的人力资源会计模式再造》,《会计研究》2007年第1期,第10-14页。

[216] 吴世农:《我国证券市场效率的分析》,《经济研究》1996年第4期,第18页。

[217] 吴宣恭:《论法人财产权》,《中国社会科学》1995年第2期,第26-37页。

[218] 伍丽娜,李蕙伶:《投资者理解公司会计利润和应税利润的差异信息吗?》,《管理世界》2007年第10期,第114-122页。

[219] 伍中信,曹越:《产权保护、“三域”秩序与审计信息真实性》,《会计研究》2007年第12期,第82-87页。

[220] 伍中信,田昆儒:《产权理论与中国会计学:问题与争论》,北京,中国人民大学出版社,2003年。

[221] 伍中信:《财权流:财务本质理论的恰当表述》,《财政研究》1998年第2期,第32-33页。

[222] 伍中信:《受托责任论——会计本质理论的重新确认》,《会计研究》1996年第11期,第35页。

[223] 伍中信,肖美英:《信息、产权与博弈:会计监督的经济学》,《会计研究》1997年第12期,第14-17页。

[224] 伍中信:《产权会计与财权流研究》,成都,西南财经大学出版社,2006年。

[225] 伍中信:《产权与会计》,上海,立信会计出版社,1998年。

[226] 伍中信:《现代财务经济导论:产权、信息与社会资本分析》,

上海，立信会计出版社，1999 年。

[227] 伍中信，等：《财务动态治理论纲》，《财经理论与实践》2007 年第 2 期，第 77-82 页。

[228] 伍中信，等：《产权范式的会计研究：回顾与展望》，《会计研究》2006 年第 7 期，第 83-89 页。

[229] 夏成才，邵天营：《公允价值会计实践的理论透视》，《会计研究》2007 年第 2 期，第 24 页。

[230] 夏冬林：《受托责任、决策有用性与投资者保护》，《会计研究》2015 年第 1 期，第 25 页。

[231]〔美〕夏恩·桑德：《会计与控制理论》，方红星等译，大连，东北财经大学出版社，2000 年。

[232] 谢德仁：《会计规则制定权合约安排的范式与变迁——兼及会计准则性质的研究》，《会计研究》1997 年第 9 期，第 23-29 页。

[233] 谢德仁：《企业剩余索取权：分享安排与剩余计量》，上海，上海人民出版社，2001 年。

[234] 谢诗芬：《公允价值：国际会计前沿问题研究》，长沙，湖南人民出版社，2004 年。

[235]〔英〕亚当·斯密：《国民财富的性质和原因的研究（上卷）》，郭大力，王亚南译，北京，商务印书馆，1981 年。

[236] 闫大卫：《个体能力差异在产权起源过程中的作用和意义》，《西安交通大学学报（社会科学版）》2009 年第 5 期，第 18-22 页。

[237] 阎达五：《马克思的价值学说与会计理论建设》，《会计研究》1983 年第 1 期，第 3-5 页。

[238] 颜延：《物权法定的会计含义》，《会计研究》2007 年第 4 期，第 27-33 页。

[239] 杨丹，等：《会计稳健性与上市公司投资行为——基于资产减值角度的实证分析》，《会计研究》2011 年第 3 期，第 27-33 页。

[240] 杨丹，等：《中国会计改革 30 年——经济和会计互动的中国路径》，《会计研究》2009 年第 1 期，第 43-47 页。

[241] 杨立新：《大众物权法》，北京，北京大学出版社，2007 年。

[242] 杨瑞龙，聂辉华：《不完全契约理论：一个综述》，《经济研究》2006 年第 2 期，第 105 页。

[243] 杨时展：《会计信息系统说三评——决策论和受托责任论的论

争》，《财会通讯》1992 年第 6 期，第 5-7 页。

[244] 杨雄胜：《会计本质：全球性诚信危机背景下的新思考》，《会计研究》2002 年第 11 期，第 41-47 页。

[245] 叶康涛：《盈余管理与所得税支付：基于会计利润与应税所得之间差异的研究》，《中国会计评论》2006 年第 2 期，第 205-224 页。

[246] 衣龙新：《公司财务治理论》，北京，清华大学出版社，2005 年。

[247] 于玉林，李端生：《会计基础理论研究》，北京，经济科学出版社，2001 年。

[248] 张栋，杨淑娥：《论企业财权配置——基于公司治理理论发展视角》，《会计研究》2005 年第 4 期，第 56-59 页。

[249] 张国源：《会计稳健性、盈余管理和投资效率——来自中国上市公司的经验证据》，《证券市场导报》2013 年第 6 期，第 44-48 页。

[250] 张金鑫，王逸：《会计稳健性与公司融资约束——基于两类稳健性视角的研究》，《会计研究》2013 年第 9 期，第 44-50 页。

[251] 张军：《现代产权经济学》，上海，上海三联书店，1991 年。

[252] 张龙平，李长爱：《试论财务会计理论结构体系》，《会计研究》1989 年第 2 期，第 47-51 页。

[253] 张荣武，伍中信：《产权保护、公允价值与会计稳健性》，《会计研究》2010 年第 1 期，第 28-35 页。

[254] 张荣武，伍中信：《产权保护：现代会计、财务与审计的共同使命》，《财经理论与实践》2005 年第 6 期，第 66 页。

[255] 张维迎：《法律制度的信誉基础》，《经济研究》2002 年第 1 期，第 1-13 页。

[256] 张维迎：《市场的逻辑》，上海，上海人民出版社，2010 年。

[257] 张维迎：《信息、信任与法律》，上海，生活・读书・新知三联书店，2006 年。

[258] 张五常：《中国的经济制度（神州大地增订版）》，北京，中信出版社，2009 年。

[259] 张晓朴，朱太辉：《金融体系与实体经济关系的反思》，《国际金融研究》2014 年第 3 期，第 43-46 页。

[260] 张兆国，张五新：《试论企业财权配置》，《武汉大学学报（哲学社会科学版）》2005 年第 6 期，第 790 页。

[261] 张兆国，等:《公司治理、税收规避和现金持有价值——来自我国上市公司的经验证据》,《南开管理评论》2015 年第 1 期，第 15-24 页。

[262] 赵春光:《中国会计改革与谨慎性的提高》,《世界经济》2004 年第 4 期，第 53-62 页。

[263] 赵德武，等:《独立董事监督力与盈余稳健性——基于中国上市公司的实证研究》,《会计研究》2008 年第 9 期，第 55-63 页。

[264] 赵士信:《会计对象之探讨》,《会计研究》1995 年第 7 期，第 14-18 页。

[265] 赵守国:《科斯定理的实质及其学术纷争》,《经济学家》2004 年第 4 期，第 92-96 页。

[266] 赵西卜:《会计对称性理论及其在多层面信息需求中的应用》,《会计研究》2004 年第 9 期，第 54 页。

[267] 赵西卜，等:《会计对称理论：会计准则制定的优化路径》,《当代财经》2012 年第 1 期，第 116 页。

[268] 周冰，宋智勇:《法律产权、经济产权与会计本质》,《中南财经政法大学学报》2008 年第 4 期，第 70-74 页。

[269] 周冰:《适应性效率：理解诺斯经济变迁理论的钥匙》,《中国经济问题》2014 年第 1 期，第 13-19 页。

[270] 周华，刘俊海:《会计理论的演进与盯市会计的形成》,《理论学刊》2009 年第 8 期，第 40-47 页。

[271] 周华，等:《财产权利的计量规则与企业利润的可分享性》,《财贸经济》2008 年第 7 期，第 46-53 页。

[272] 周华，等:《会计准则与法律制度的理念分歧——关于会计准则之价值导向的反思》,《社会科学战线》2009 年第 7 期，第 178-185 页。

[273] 周其仁:《市场里的企业：一个人力资本与非人力资本的特别合约》,《经济研究》1996 年第 6 期，第 71-79 页。

[274] 周其仁:《改革的逻辑》，北京，中信出版社，2013 年。

[275] 周玮，徐玉德:《会计稳健性与公司债务融资行为研究》,《财政研究》2014 年第 7 期，第 72-75 页。

[276] 周泽将，杜兴强:《税收负担、会计稳健性与薪酬业绩敏感度》,《金融研究》2012 年第 10 期，第 167-179 页。

[277] 周泽将:《实际税率影响会计稳健性的实证研究》,《山西财经

大学学报》2012年第3期，第117－124页。

［278］周志方，肖序：《排污权交易会计国际发展评述及启示》，《当代财经》2010年第1期，第120－128页。

［279］朱凯，等：《信息环境与公允价值的股价相关性》，《财经研究》2008年第7期，第133－143页。

［280］朱星文：《中国会计法制建设三十年回眸及展望》，《当代财经》2008年第11期，第5－11页。

［281］祝继高：《会计稳健性与债权人利益保护——基于银行与上市公司关于贷款的法律诉讼的研究》，《会计研究》2011年第5期，第50－57页。

［282］AAA，1966：A Statement of Basic Accounting Theory，Para 1.

［283］AAA，1971："Report of the Committee on Foundations of Accounting Measurement"，Accounting View Supplement to 46（1）：1.

［284］Abdallah A. et al.，2012："Do Accounting Standards Matter to Financial Analysts? An Empirical Analysis of the Effect of Cross-listing from Different Accounting Standards Regimes on Analyst Following and Forecast Error"，*The International Journal of Accounting*，47：168－197.

［285］Agrawal A. K.，2013："The Impact of Investor Protection Law on Corporate Policy and Performance：Evidence from the Blue Sky Law"，*Journal of Financial Economics*，107：417－435.

［286］Ahmed A. S.，Duellman S.，2007："Accounting Conservatism and Board of Director Characteristics：An Empirical Analysis"，*Journal of Accounting and Economics*，43（3）：411－427.

［287］Alchian A. A.，1967："Pricing and Society"，Occasional Papers，No. 17 Westminster：Institute of Economic Affairs，2－3.

［288］Atwood T. J. et al.，2010："Book-tax Conformity，Earnings Persistence and the Association between Earnings and Future Cash Flows"，*Journal of Accounting and Economics*，50：111－125.

［289］Ball R.，Shivakumar L.，2005："Earnings Quality in U. K. Private Firms"，*Journal of Accounting and Economics*，39（1）：83－128.

［290］Ball R. et al.，2000："The Effect of International Factors on Properties of Accounting Earnings"，*Journal of Accounting and Economics*，29：1－51.

[291] Barth M. , D. Taylor , 2010: "In Defense of Fair Value: Weighing the Evidence on Earnings Management and Asset Securitizations", *Journal of Accounting and Economics*, 49: 26-33.

[292] Barth M. E. et al. , 1995: "Fair Value Accounting: Effects on Banks, Earnings Volatility, Regulatory Capital, and Value of Contractual Cash Flows", *Journal of Banking & Finance*, 19: 577-605.

[293] Barth M. E. et al. , 2008: "International Accounting Standards and Accounting Quality", *Journal of Accounting Research*, 46: 467-498.

[294] Basu S. , 1997: "The Conservation Principle and the Asymmetric Timeliness of Earnings", *Journal of Accounting and Economics*, 24 (1): 3-37.

[295] Beaver W. H. , Ryan S. G. , 2000: "Biases and Lags in Book Value and Their Effects on the Ability of the Book-to-Market Ratio to Predict Book Return on Equity", *Journal of Accounting Research*, 38: 127-148.

[296] Beaver W. H. , Ryan S. G. , 2005: "Conditional and Unconditional Conservatism: Concepts and Modeling", *Review of Accounting Studies*, 10 (2-3): 269-309.

[297] Belkaoui , 2004: *Accounting Theory*, Chicago: Cengage Learning EMEA, 5nd edition.

[298] Bengtsson E. , 2011: "Repoliticalization of Accounting Standard Setting-The IASB, the EU and the Global Financial Crisis", *Critical Perspectives on Accounting*, 22: 567-580.

[299] Benstonv G. J. , 2008: "The Shortcomings of Fair-value Accounting Described in SFAS 157", *Journal of Accounting and Public Policy*, 27: 101-114.

[300] Berman H. J. , 1983: *Law and Revolution: The Formation of the Western Legal Tradition*, Cambridge: Harvard University Press.

[301] Bhargava R. , Dubofsky D. A. , 2001: "A Note on Fair Value Pricing of Mutual Funds", *Journal of Banking & Finance*, 25: 339-354.

[302] Biondi B. Y. et al. , 2007: *The Firm as An Entity: Implications for Economics Accounting and the Law*, Routledge, Oxon, 2-387.

[303] Blacconiere W. G. et al. , 2011: "Are Voluntary Disclosures that

Disavow the Reliability of Mandated Fair Value Information Informative or Opportunistic?", *Journal of Accounting and Economics*, 52: 235–251.

[304] Blaylock B. et al., 2012: "Tax Avoidance, Large Positive Temporary Book-Tax Differences, and Earnings Persistence", Accounting Review, 87 (1): 91–120.

[305] Bliss, 1924: *Management through Accounts*, New York: The Rinald Press Co.

[306] Bowen R. M., Khan U., 2014: "Market Reactions to Policy Deliberations on Fair Value Accounting and Impairment Rules during the Financial Crisis of 2008–2009", *Journal of Accounting and Public Policy*, 33: 233–259.

[307] Bradley B. et al., 2012: "The Association between Book-tax Conformity and Earnings Management", *Review of Accounting Studies*, 1–32.

[308] Buchanan J. M., W. E. Stubblebine, 1962: "Externality", *Economica*, 29: 371.

[309] Busco C. et al., 2006: "Trust for Accounting and Accounting for Trust", *Management Accounting Research*, 17: 11–41.

[310] Bushman R. M., Piotroski J. D., 2006: "Financial Reporting Incentives for Conservative Accounting: The Influence of Legal and Political Institutions", *Journal of Accounting and Economics*, 42 (1): 107–148.

[311] Bushman R. M. et al., 2011: "Capital Allocation and Timely Accounting Recognition of Economic Losses", *Journal of Business Finance and Accounting*, 38 (1) & (2): 1–33.

[312] Chan K. H. et al., 2010: "Will a Departure from Tax-based Accounting Encourage Tax Noncompliance? Archival Evidence from a Transition Economy", *Journal of Accounting and Economics*, 50: 58–73.

[313] Chaney R. K. et al., 2011: "The Quality of Accounting Information in Political Connected Firm", *Journal of Accounting and Economics*, 51: 58–76.

[314] Chen H. et al., 2010: "Association between Borrower and Lender State Ownership and Accounting Conservation", *Journal of Ac-*

counting Research, 48 (5): 973-1014.

[315] Cheung S., 1983: "The Contractual Nature of the Firm", *Journal of Law and Economics*, 26: 1-21.

[316] Choudhary P., 2011: "Evidence on Differences between Recognition and Disclosure: A Comparison of Inputs to Estimate Fair Values of Employee Stock Options", *Journal of Accounting and Economics*, 51: 77-94.

[317] Coase R. H., 1937: "The Nature of the Firm", *Economica*, 4: 386-405.

[318] Commons J. R., 1934: *Institutional Economics: Its Place in Political Economy*, Madison: The University of Wisconsin, 438.

[319] Comprix J. et al., 2011: "Empirical Evidence on the Impact of Book-tax Differences on Divergence of Opinion among Investors", *Journal of the American Taxation Association*, 33 (1): 51-78.

[320] Cooper C. et al., 2011: "Accounting for Human Rights: Doxic Health and Safety Practices-The Accounting Lesson from ICL", *Critical Perspectives on Accounting*, 22: 738-758.

[321] Dechow P. et al., 2010: "Fair Value Accounting and Gains from Asset Securitizations: A Convenient Earnings Management Tool with Compensation Side-benefits", *Journal of Accounting and Economics*, 49: 2-25.

[322] DeFond M. et al., 2007: "Investor Protection and the Information Content of Annual Earnings Announcements: International Evidence", *Journal of Accounting & Economics*, 43 (1) : 37.

[323] Demerjian P., 2011: "Accounting Standards and Debt Covenants: Has the 'Balance Sheet Approach' Led to a Decline in the Use of Balance Sheet Covenants?", *Journal of Accounting and Economics*, 52: 178-202.

[324] Demsetz H., 1967: "Toward a Theory of Property Rights", *American Economic Review*, 57: 347-359.

[325] Dhaliwal D. S. et al., 2004: "Last-Chance Earnings Management: Using the Tax Expense to Meet Analysts' Forecasts", *Contemporary Accounting Research*, 21 (2): 431-458.

［326］ Dietrich J. R. et al.，2000：“The Reliability of Investment Property Fair Value Estimates”，*Journal of Accounting and Economics*，30：125－158.

［327］ Ewert R.，A. Wagenhofer ，2005：“Economic Effects of Tightening Accounting Standards to Restrict Earnings Management”，*The Accounting Review*，80（4）：1101－1124.

［328］ Fairfield P. M. et al.，2003：“Accrued Earnings and Growth：Implications for Future Profitability and Market Mispricing”，*The Accounting Review*，78（1）：353－371.

［329］ Fama E.，1980：“Agency Problems and the Theory of the Firm”，*Journal of Political Economy*，88：288－307.

［330］ Fornaro J. M.，H. Huang，2012：“Further Evidence of Earnings Management and Opportunistic Behavior with Principles-based Accounting Standards：The Case of Conditional Asset Retirement Obligations”，*Journal of Accounting and Public Policy*，31：204－225.

［331］ Francis J.，Martin，X.，2010：“Acquisition Profitability and Timely Loss Recognition”，*Journal of Accounting and Economics*，49：179－183.

［332］ Free C.，2008：“Walking the Talk? Supply Chain Accounting and Trust among UK Supermarkets and Suppliers”，*Accounting*，*Organizations and Society*，33：629－662.

［333］ Gallhofer S. et al.，2011：“Accountability and Transparency in Relation to Human Rights：A Critical Perspective Reflecting upon Accounting，Corporate Responsibility and Ways forward in the Context of Globalization”，*Critical Perspectives on Accounting*，22：765－780.

［334］ Gangolly J. S.，Hussein M. E. A.，1996：“Generally Accepted Accounting Principles：Perspectives from Philosophy of Law”，*Critical Perspectives on Accounting*，7：383－407.

［335］ Gasset J. O.，1927：Mirabeau o el Politico，Obras Completas（Madrid 1947），3：603.

［336］ Gauri B. G. et al.，2011：“Panacea，Pandora's Box，or Placebo：Feedback in Bank Mortgage-backed Security Holdings and Fair Value Accounting”，*Journal of Accounting and Economics*，52：153－173.

[337] Givoly D. et al., 2007: "Measuring Reporting Conservatism", *The Accounting Review*, 82 (1): 65-106.

[338] Goh et al., 2015: "Market Pricing of Banks' Fair Value Assets Reported under SFAS 157 since the 2008 Financial Crisis", *Journal of Accounting and Public Policy*, 34: 129-145.

[339] Graham J. R. et al., 2012: "Research in Accounting for Income Taxes", *Journal of Accounting and Economics*, 53: 412-434.

[340] Graveson R. H., 1942: "The Movement from Status to Contracts", *Modern Law Review*, Vol. IV (1940-1941).

[341] Gray R., S. Gray 2011: "Accountability and Human Rights: A Tentative Exploration and a Commentary", *Critical Perspectives on Accounting*, 22: 781-789.

[342] Grossman S., O. Hart, 1986: "The Cost and Benefits of Ownership: a Theory of Vertical and Lateral Integrations", *Journal of Political Economics*, 94: 691-719.

[343] Guay W., Verrecchia R., 2006: "Discussion of an Economics Framework for Conservative Accounting by Bushman and Piotroski", *Journal of Accounting and Economics*, 42: 149-165.

[344] Guenther D. A., Sansing R. C., 2000: "Valuation of the Firm in the Presence of Temporary Book-tax Differences: The Role of Deferred Tax Assets and Liabilities", *The Accounting Review*, 75 (1): 1-12.

[345] Hadani M. et al., 2011: "Institutional Investors, Shareholder Activism, and Earnings Management", *Journal of Business Research*, 64: 1352-1360.

[346] Hanlon M., 2005: "The Persistence and Pricing of Earnings, Accruals, and Cash Flows When Firms Have Large Book-Tax Differences", *The Accounting Review*, 80 (1): 133-167.

[347] Hanlon M., Heitzman S., 2010: "A Review of Tax Research", *Journal of Accounting and Economics*, 50 (2): 127-178.

[348] Hanlon M. et al., 2008: "An Unintended Consequence of Book-tax Conformity: A Loss of Earnings Informativeness", *Journal of Accounting and Economics*, 46: 294-311.

[349] Haw I. et al., 2014: "Debt Financing and Accounting Con-

servatism in Private Firms", *Contemporary Accounting Research*, 31 (4): 1220—1259.

[350] Hellmann A. et al., 2013: "Continental European Accounting Model and Accounting Modernization in Germany", *Advances in Accounting*, incorporating Advances in International Accounting, 29: 124—133.

[351] Heltzer W., 2009: "Conservatism and Book-Tax Difference, Journal of Accounting", *Auditing and Finance*, 24 (3): 469—504.

[352] Hendriksen V. B., 1992: *Accounting Theory*, Illnois: Irwin Professional Publishing, 5nd edition.

[353] Holthausen R. W., R. W. Leftwich, 1983: "The Economic Consequences of Accounting Choice: Implications of Costly Contracting and Monitoring", *Journal of Accounting and Economics*, 5: 77—117.

[354] Holthausen R. W., Watts R. L., 2001: "The Relevance of the Value-Relevance Literature for Financial Accounting Standard Setting", *Journal of Accounting and Economics*, 31: 3—75.

[355] IASB, 2013: Discussion Paper: "A Review of the Conceptual Framework for Financial Reporting", available at: http://www.ifrs.org/Pages/default.aspx.

[356] IASB, 2015: Exposure Draft: "Conceptual Framework for Financial Reporting", available at: http://www.ifrs.org/Pages/default.aspx.

[357] Iriji Y., 1979: *Theory of Accounting Measurement*, New York: Harvard University Press.

[358] Jiang H., A. Habib, 2012: "Split-share Reform and Earnings Management: Evidence from China", *Advances in Accounting*, incorporating Advances in International Accounting, 28: 120—127.

[359] Kam, 1990: *Accounting Theory*, New Jersey: John Wiley and Sons, 2nd edition.

[360] Kellogg M., 1984: "Accounting Activities, Security Prices, and Class Action Lawsuits", *Journal of Accounting and Economics*, 6: 185—204.

[361] Khurana I. K., Kim M. S., 2003: "Relative Value Relevance of Historical Cost vs. Fair Value: Evidence from Bank Holding

Companies", *Journal of Accounting and Public Policy*, 22: 19-42.

［362］ Kim B., Jung K., 2007: "The Influence of Tax Costs on Accounting Conservatism", Working Paper.

［363］ Kirschenheiter M., 1999: "Optimal Contracting, Accounting Standards and Market Structures", *Contemporary Accounting Research*, 16: 243-276.

［364］ Kohlbeck M., T. Warfield, 2010: "Accounting Standard Attributes and Accounting Quality: Discussion and Analysis", *Research in Accounting Regulation*, 22: 59-70.

［365］ LaFond R., Watts R. L., 2008: "The Information Role of Conservatism", *The Accounting Review*, 83 (2): 447-478.

［366］ Lamber R. A., 2001: "Contracting Theory and Accounting", *Journal of Accounting and Economics*, 32: 3-87.

［367］ Lara J. M. et al., 2009: "Accounting Conservatism and Corporate Governance", *Review of Accounting Studies*, 14: 161-201.

［368］ Lawson F. H., Rudden, 1982: *The Law of Property*, Oxford: Clarendon.

［369］ Lennox C., Li B., 2014: "Accounting Misstatements Following Lawsuits against Auditor", *Journal of Accounting and Economics*, 57: 58-75.

［370］ Lev B., D. Nissim, 2004: "Taxable Income, Future Earnings and Equity Values", *The Accounting Review*, 4: 1039-1074.

［371］ Li S. et al., 2011: "Keep Silent and Make Money: Institutional Patterns of Earnings Management in China", *Journal of Asian Economics*, 22: 369-382.

［372］ Littleton, 1953: The Structure of Accounting Theory, Sarasota: American Accounting Association.

［373］ Littleton A. C., 1933: *Accounting Evolution to 1900*, New York: Garland Press.

［374］ Littleton A. C., 1966: *Accounting Evolution to 1900*, New York: American Institute Publishing Company, Reprinted by Russell, New York.

［375］ Livne G. et al., 2011: "Bankers, Compensation and Fair

Value Accounting", *Journal of Corporate Finance*, 17: 1096－1115.

[376] Lobo G. J., Zhou J., 2008: "Did Conservatism in Financial Reporting Increase after the Sarbanes-Oxley Act? Initial Evidence", *Social Science Electronic Publishing*, 26－65.

[377] M. Aliakbari et al., 2015: "The Effect of Abnormal Operating Cash Flows on Unconditional Conservatism", *International Journal of Academic Research in Accounting, Finance and Management Sciences*, 5 (1): 39－45.

[378] Maine S. H., 1861: *Ancient Law*, London: Murray.

[379] Marshall A., 1920: *Principles of Economics*, London: Macmillan, 8th ed.

[380] McMillan K. P., 2004: "Trust and the Virtues: a Solution to the Accounting Scandals?", *Critical Perspectives on Accounting*, 15: 943－953.

[381] Menger C., 1883: *Problems of Economics and Sociology*, Urbana: University of Illinois Press.

[382] Mills P. A., 1993: "The Courts, Accounting Evolution and Freedom of Contract: A Comment of the Case Law Research", *Accounting, Organizations and Society*, 18: 765－781.

[383] Moers F., 2006: "Performance Measure Properties and Delegation", *The Accounting Review*, 81 (4): 897－924.

[384] Neu D., 1991: "Trust, Impression Management and the Public Accounting Profession", *Critical Perspectives on Accounting*, 2: 295－313.

[385] North D., 1981: *Structure and Change in Economic History*, New York: Norton Press.

[386] North D., 1990: *Institutions, Institutional Change and Economic Performance*, Cambridge: Cambridge University Press.

[387] North D. C. et al., 2007: *A Conceptual Framework of Interpreting Recorded Human History*, George Mason University: Mercatus Center Working Paper, 75.

[388] Palmrose Z., 2009: "Science, Politics, and Accounting: a Review from the Potomac", *The Accounting Review*, 84 (2): 281－297.

[389] Paton, Littleton, 1940: *An Introduction to Corporate Ac-*

counting Standards, Sarasota: American Accounting Association.

[390] Perotti P., 2010: "Order Aggressiveness as a Metric to Assess the Usefullness of Accounting Information", *The International Journal of Accounting*, 45: 306-333.

[391] Phillips J. et al., 2003: "Earnings Management: New Evidence Based on Deferred Tax Expense", *The Accounting Review*, 78 (2): 491-521.

[392] Polanyi M., 1951: *The Logic of Liberty*, London: Liberty Fund.

[393] Qiang X., 2007: "The Effects of Contracting, Litigation, Regulation, and Tax Costs on Conditional and Unconditional Conservatism: Cross-Sectional Evidence at the Firm Level", *The Accounting Review*, 82 (3): 759-796.

[394] Rezaee Z., 2010: "Convergence in Accounting Standards: Insights from Academicians and Practitioners", *Advances in Accounting*, incorporating Advances in International Accounting, 26: 142-154.

[395] Roggi O., Giannozzi A., 2015: "Fair Value Disclosure, Liquidity Risk and Stock Returns", *Journal of Banking & Finance*, 58: 327-342.

[396] Savigny F. C. von., 1831: *Of the Vocation of Our Age for Legislation and Jurisprudence*, Trans. By A. Hayward, London: Arno Press.

[397] Shackelford D. A., Shevlin T., 2001: "Empirical Tax Research in Accounting", *Journal of Accounting and Economics*, 31 (1): 321-387.

[398] Shao R. et al., 2012: "Profits and Losses from Changes in Fair Value, Executive Cash Compensation and Managerial Power: Evidence from A-share Listed Companies in China", *China Journal of Accounting Research*, 5: 269-292.

[399] Shotter A., 1981: *The Economic Theory of Social Institutions*, Cambridge: Cambridge University Press.

[400] Sloan R. G., 1996: "Do Stock Prices fully Reflect Information in Accruals and Cash Flows about Future Earnings?", *Accounting*

Review, 289-315.

[401] Smith A., 1880: *An Inquiry into the Nature and Causes of the Wealth of Nation*, Oxford: Clarendon Press.

[402] Smith A., 1976: *The Theory of Moral Sentiments*, Oxford: Oxford Press.

[403] Smith C. W. J., 1993: "A Perspective on Accounting-based Debt Covenant Violations", *The Accounting Review*, 68 (2): 289-303.

[404] Sprague, 1922: The Philosophy of Accounts, New York: Ronald Press Company.

[405] Sunder S., 1996: *Theory of Accounting and Control*, Boston: South-Western College Publishing.

[406] Tang T. Y. H., 2006: "The Value Relevance of Book-Tax Differences-An Empirical Study in China's Capital Market", The Australian National University, Working Paper.

[407] Tsamenyi M. et al., 2013: "The Contract, Accounting and Trust: A Case Study of an International Joint Venture in the United Arab Emirates", *Accounting Forum*, 37: 182-195.

[408] Unerman J. et al., 2007: *Sustainability Accounting and Accountability*, London U K: Routledge.

[409] Vatter W. J., 1947: *The Fund Theory of Accounting and Its Implications for Financial Reports*, Chicago: University of Chicago Press.

[410] Veblen T., 1899: *The Theory of Leisure Class: An Economic Study of Institutions*, New York: Vanguard Press.

[411] Vosselman E. et al., 2009: "Accounting for Control and Trust Building in Interfirm Transactional Relationships", *Accounting, Organizations and Society*, 34: 267-283.

[412] Wang Y. et al., 2012: "Accounting Standard Changes and Foreign Analyst Behavior: Evidence from China", *China Journal of Accounting Research*, 5: 27-43.

[413] Watrin C., R. Ullmann, 2012: "Improving Earnings Quality: The Effect of Reporting Incentives and Accounting Standards", *Advances in Accounting*, incorporating Advances in International Account-

ing, 28: 179-188.

[414] Watts R., 1983: "Zimmerman J. Agency problems, Auditing and the Theory of the Firm: Some Evidence", *Journal of Law and Economics*, 10: 613-633.

[415] Watts R., 2003: "Conservation in Accounting Part I: Explanations and Implications", *Accounting Horizons*, 17 (3): 207-221.

[416] Watts R., J. Zimmerman, 1986: *Positive Accounting Theory*, Englewood Cliffs: Prentice Hall.

[417] Weber M., 1978: *Economy and Society*, 12Vol, Berkeley: The University of California Press.

[418] Williamson O. E., 1985: *The Economic Institutions of Capitalism*, New York: Free Press.

[419] Wilson R., 2009: "An Examination of Corporate Tax Shelter Participants", *The Accounting Review*, 3: 69-99.

[420] Wittgenstein L., 1921: *Tractatus Logico-Philosophicus*, London: Routledge & Kegan Paul (1961).

[421] Xie J., 1996: "Accounting Research with Contracting Frictions", *Contemporary Accounting Research*, 13 (2): 423-433.

[422] Zéghal D. et al., 2011: "An Analysis of the Effect of Mandatory Adoption of IAS/IFRS on Earnings Management", *Journal of International Accounting, Auditing and Taxation*, 20: 61-72.

[423] Zhang J., 2008: "The Contracting Benefits of Accounting Conservatism to Lenders and Borrows", *Journal of Accounting and Economics*, 45: 27-54.

[424] Zhang Y. et al., 2013: "How Do Accounting Standards and Insiders, Incentives Affect Earnings Management? Evidence from China", *Emerging Markets Review*, 16: 78-99.

索　引

图书在版编目（CIP）数据

财产权利与会计制度研究/曹越著．—北京：中国人民大学出版社，2017.1
国家社科基金后期资助项目
ISBN 978-7-300-23767-1

Ⅰ.①财… Ⅱ.①曹… Ⅲ.①会计制度-研究 Ⅳ.①F233

中国版本图书馆 CIP 数据核字（2016）第 317399 号

国家社科基金后期资助项目
财产权利与会计制度研究
曹　越　著
Caichan Quanli yu Kuaiji Zhidu Yanjiu

出版发行	中国人民大学出版社		
社　　址	北京中关村大街 31 号	邮政编码	100080
电　　话	010－62511242（总编室）		010－62511770（质管部）
	010－82501766（邮购部）		010－62514148（门市部）
	010－62515195（发行公司）		010－62515275（盗版举报）
网　　址	http://www.crup.com.cn		
经　　销	新华书店		
印　　刷	固安县铭成印刷有限公司		
开　　本	720 mm×1000 mm　1/16	版　　次	2017 年 1 月第 1 版
印　　张	19.75 插页 2	印　　次	2024 年 8 月第 2 次印刷
字　　数	314 000	定　　价	118.00 元